smARt lesen – Augmented Reality by Haufe

Mit der App smARt Haufe wird Ihr Fachbuch interaktiv!

Mit der App können Sie digitale Zusatzinhalte wie Videos und Arbeitsmaterialien zu Ihrem Buch abrufen. Der Content wird Ihnen direkt auf Ihrem mobilen Endgerät angezeigt. Sie können ihn abspeichern und jederzeit – auch ohne dass Ihnen das Buch vorliegt – erneut öffnen.

So einfach geht's:

1. **App herunterladen**
   Laden Sie die kostenlose App „smARt Haufe" im App-Store (iOS oder Android) auf Ihr Smartphone oder Tablet.

2. **Produkt auswählen**
   Wählen Sie über die Produktauswahl das Ihnen vorliegende Buch aus.

3. **Seiten im Buch scannen**
   Starten Sie die „Scannen"-Funktion und scannen Sie anschließend die gewünschte Abbildung mit der App. Alle Bilder mit Zusatzcontent sind mit diesem Icon gekennzeichnet.

4. **Digitalen Content nutzen, teilen und speichern**
   Der hinterlegte Content wird Ihnen nun angezeigt. Sie haben zudem die Möglichkeit, den Content zu teilen oder als Favorit zu speichern.

Testen Sie die App gleich hier an diesem Bild oder auf dem Buchcover.

Mehr erfahren auf: **www.haufe.de/smart**

Die Arbeitshilfen zum Download finden Sie auch auf: **http://mybook.haufe.de**   Buchcode: ROU-4487

Digital Expert Branding

Martina Fuchs

Digital Expert Branding

Die Positionierungs- und Marketingstrategie für mehr
Sichtbarkeit, Erfolg und Kunden

2. Auflage

Haufe Group
Freiburg · München · Stuttgart

Bibliografische Information der Deutschen Nationalbibliothek

Die Deutsche Nationalbibliothek verzeichnet diese Publikation in der Deutschen Nationalbibliografie; detaillierte bibliografische Daten sind im Internet über http://dnb.dnb.de/ abrufbar.

Print:	ISBN 978-3-648-14116-8	Bestell-Nr. 10438-0002
ePub:	ISBN 978-3-648-14117-5	Bestell-Nr. 10438-0101
ePDF:	ISBN 978-3-648-14118-2	Bestell-Nr. 10438-0151

Martina Fuchs
Digital Expert Branding
2. Auflage, Juli 2020

© 2020 Haufe-Lexware GmbH & Co. KG, Freiburg
www.haufe.de
info@haufe.de

Bildnachweis (Cover): Bimbim, shutterstock

Produktmanagement: Judith Banse
Lektorat: Peter Böke

Inhaltsverzeichnis

Einführung

Sind Ihre Auftragsbücher gut gefüllt? Wissen potenzielle Kunden und Interessenten, dass Sie der führende Experte in Ihrem Fachgebiet sind? Weiß die Presse, dass man mit Ihnen sprechen muss, dass Sie der beste Interviewpartner sind, wenn es um Ihr Themengebiet geht?

Wenn Sie auch nur eine dieser Fragen mit Nein beantworten, dann sind Sie in Ihrer Branche ein *Hidden Champion* für potenzielle Neukunden, Medien, Kooperationspartner und Presse. Und wenn ich hier von einem *Hidden Champion* spreche, dann meine ich damit nicht die heimlichen Weltmarktführer, die weder Schlagzeilen noch Werbung benötigen. Allein in Deutschland zählen dazu gut 1.600 Unternehmen. Ihr Erfolgsgeheimnis ist, dass sie sich hochgradig spezialisiert haben und mit ihrem Produkt oder ihrer Dienstleistung nur eine ganz bestimmte Marktnische bedienen.

Abb. 1: Sind Sie ein Hidden Champion in Ihrer Branche?

Sollten Sie ein echter *Hidden Champion* sein, dann gratuliere ich Ihnen. Wenn Sie aber nicht zu dieser Spezies zählen und dort auch nicht ihr Wirkungsfeld sehen, dann sollte Ihre zentrale Aufgabe lauten: Auf- und Ausbau Ihres Expertenstatus innerhalb Ihres Marktfeldes und Ihrer Branche.

Die Gründe für den ungewollten Status *Hidden Champion* sind vielfältig. Hier einige Beispiele aus meiner Praxis:
- Es fehlt eine eindeutige Positionierung. Das führt dazu, dass man im breiten Marktfeld einfach untergeht.
- Die Experten-Alleinstellungsmerkmale sind nicht herausgearbeitet und die Kunden können nicht erkennen, was Sie von Ihren Mitbewerbern maßgeblich unterscheidet.

- Es fehlt ein Signature-Angebot, ein eigener Ansatz, für den Sie mit Ihrer Expertise stehen und wofür Sie bekannt sind.
- Es herrscht keine Klarheit über die essenziellen Bedarfsgruppen, die einen echten Bedarf an Ihrer Expertise haben. Es fehlen klar identifizierte Buyer Personas.
- Die Customer Journey wurde nicht sauber herausgearbeitet und es fehlt an Wissen über die wichtigsten Touchpoints, an denen Sie mit Ihrer Expertise präsent sein müssen.
- Es werden die falschen Marketing- und Medienkanäle genutzt, weil Strategie und Planung fehlen oder nicht auf Ihre wichtigsten Kundengruppen ausgerichtet sind.
- Es wird ständig nach neuen »Shiny-Objects & Marketingmaßnahmen« gegriffen, weil man hofft, dass dies jetzt endlich der Schlüssel zum Erfolg ist, oder weil sie gerade am Markt gehypt werden.
- Als Unternehmer verstecken Sie sich hinter Ihrer Marke oder Ihrem Unternehmen und vermeiden jegliche Art von öffentlicher Sichtbarkeit.
- Man sieht sich selbst nicht als Experte bzw. zweifelt daran, ob man sich selbst wirklich als Experte bezeichnen kann und so nach außen treten und sichtbar werden darf.

Letzteres ist übrigens eine der größten Hürden, wenn es um die Expertenpositionierung und das Expert Branding geht, unabhängig von Ausbildung, Berufserfahrung oder Erfolg. Früher oder später taucht die Frage: »Bin ich wirklich ein Experte?« in meinen Beratungen auf und dann ist es wichtig, das richtige Experten-Mindset zu etablieren.

Expertenstatus als Game-Changer

Ein Expertenstatus ist einer der größten Game-Changer für Sie und Ihr Unternehmen, denn wer als Experte wahrgenommen wird, wirkt wie ein großer Magnet auf Interessenten, Medien, potenzielle Neukunden und Bestandskunden sowie interessante Kooperationspartner.

Wenn Sie Ihren Markt, Ihre Branche betrachten, dann werden Sie sicherlich die wichtigsten Experten innerhalb Ihrer Branche benennen können. Jeder Markt wird von Experten dominiert. Und egal von welcher Richtung oder aus welchem Blickwinkel wir uns diesem Markt, dieser Branche nähern, diese Experten werden sofort mit ihrem Thema assoziiert. Sie bestimmen das Thema und ihr Wort hat Gewicht.

Daran orientieren sich Medien ebenso wie Kunden, und wenn wir es nicht schaffen, diesen Expertenstatus zu erlangen, dann teilen wir uns den Markt mit vielen anderen Mitbewerbern. Hier herrscht neben einem hohen Konkurrenzdruck, Austauschbarkeit und Preiskampf, denn wenn Kunden nicht erkennen, was Sie von anderen Anbietern unterscheidet, dominiert immer der Preis die Kaufentscheidung.

Um aus diesem Kreislauf von Vergleichbarkeit, Preisdiktaten sowie großer Konkurrenz herauszutreten, lautet der Schlüssel zum Erfolg **Expert Branding**. Eine klare Expertenpositionierung sowie der konsequente Aufbau Ihrer Expertenmarke sind Ihre Eintrittskarte in die Expertenliga. Das sorgt nicht nur dafür, dass Sie als Experte wahrgenommen werden, sondern auch dafür, dass Sie das breite Marktfeld der Austauschbarkeit endlich hinter sich lassen.

Und das ist heute so einfach wie nie zuvor für Sie möglich, denn die digitale Kommunikationswelt stellt Ihnen alles, was Sie dafür brauchen zum Teil sogar völlig kostenfrei zur Verfügung, um mit Ihrer Expertise am Markt sichtbar und erlebbar zu werden. Und dies sogar völlig unabhängig von Unternehmensgröße oder Marketingbudget. Man kann sogar sagen, dass heute KMUs und selbst Solopreneure einen Vorteil gegenüber großen Konzernen haben, denn sie können schnell am Markt agieren. In der heutigen Zeit ein unschlagbarer Vorteil.

Als ich vor 25 Jahren meine Karriere bei den Medien startete, gab es drei zentrale Kommunikationskanäle auf dem Markt: Print, TV und Hörfunk. Das Angebot der TV- und Radiostationen war überschaubar und der Printbereich wurde innerhalb der jeweiligen Publikums-, Nachrichten-, Wirtschafts- und Fachzeitschriftensegmente von Titeln wie beispielsweise Stern, Spiegel, Bunte, Vogue oder Cosmopolitan bestimmt.

Wenn ich an meine aktive Zeit zu Beginn meiner Karriere bei Cosmopolitan und Harper's Bazaar zurückdenke, kann ich mich noch gut an die Redaktionsbesuche der PR-Agenturen oder an die vielen Presse-Events erinnern, zu denen man eingeladen wurde. Das war damals einer der Wege, wie man sich die Aufmerksamkeit und Gunst der Medienvertreter sichern wollte, um mit einem redaktionellen Bericht oder einer Erwähnung ins nächste Heft zu kommen. Denn es war für alle Seiten klar, dass wir, die Medienmacher, am langen Hebel saßen und bestimmt haben, wer ins nächste Heft oder in die nächste Sendung kommt. Das hieß im Umkehrschluss, dass man hier als Türöffner eine gute PR-Agentur und auch ein entsprechendes Budget benötigte oder mit seinem Expertenthema so trendy war, dass die Presse ganz wild darauf war.

Nach wie vor hat sich an diesen Spielregeln bei den Medien nichts geändert, genauso wenig wie daran, dass die Person, die man interviewt oder zur Sendung einlädt, über eine entsprechende Expertise zum Thema verfügen muss. Eines der wichtigsten Gütesiegel für den akzeptierten Expertenstatus bei Medienvertretern ist beispielsweise das eigene Buch. Darüber hinaus zählt heute auch die digitale Sichtbarkeit sowie die Reichweite und der Einfluss – also der Influencer-Status des jeweiligen Experten innerhalb seines Themenfeldes – als Kriterium für den Expertenstatus.

Als *Hidden Champion* kann es also ganz schön schwer werden, hier eine Tür zu öffnen. Aber das ist auch gar nicht nötig, denn die digitale Kommunikations- und Marketingwelt bietet uns ein breites Portfolio an Marketinginstrumenten, die uns völlig unabhängig machen von der Gunst der Medien, PR-Agenturen oder großen Marketing- und PR-Budgets.

Heute können Sie mit geringstem Aufwand und mit jeder Budgetgröße Ihre Expertise sichtbar und erlebbar machen und so gezielt Ihren Expertenstatus sowie Ihr Expert Branding aufbauen und etablieren. Sie können innerhalb eines Tages mit einem Podcast Ihre eigene Radioshow starten, mit YouTube und Facebook Live einen eigenen Experten-TV-Kanal ins Leben rufen oder mit einem Blog Ihr eigenes Lifestyle Magazin publizieren. Alles, was Sie dafür machen müssen, lässt sich in drei Buchstaben zusammenfassen: TUN.

Starten Sie dort, wo Sie aktuell als Experte mit Ihrem Unternehmen stehen, und entwickeln Sie darauf aufbauend Ihre Expert-Branding-Strategie am besten »on the go«. Warten Sie nicht, bis alles perfekt ist, bevor Sie damit rausgehen, denn die digitale Welt fordert von uns auch schnelles Handeln und Umsetzen. Das gilt auch für Ihre drei wichtigsten Schlüsselaufgaben als Experte: Sichtbar werden, sichtbar sein und sichtbar bleiben.

Und Sie müssen auch eines verstehen: Die Zeiten, in denen Sie sich hinter Ihrem Unternehmen oder Ihre Marke verstecken können, sind vorbei, denn die virtuelle Welt, in der wir uns täglich bewegen, fordert Sichtbarkeit und Transparenz. Wer nicht sichtbar ist, ist nicht existent.

Machen Sie es sich also zur obersten Priorität, jeden Tag etwas für Ihr Expert Branding und den Aufbau Ihres Expertenstatus zu tun. Als Impuls können Ihnen dazu folgende Fragen helfen:
- Was kann ich heute für meine Sichtbarkeit tun?
- Wie kann ich heute meine Expertise nutz- und gewinnbringend für meine wichtigsten Kundengruppen erlebbar machen?
- Welche Kommunikationskanäle unterstützen mich am effektivsten und wirkungsvollsten dabei?

Und dann setzen Sie diese Impulse in die Tat um.

Wenn Sie diese Strategie konsequent umsetzen und verfolgen, werden die Medienvertreter automatisch durch Ihre zunehmende Sichtbarkeit, Reichweite, Einflussnahme und Bekanntheit als Experte auf Sie aufmerksam und öffnen Ihnen dann gerne ihre Tür.

Nutzen Sie also die vielfältigen Möglichkeiten der digitalen Kommunikations- und Marketingkanäle, entwickeln Sie für sich eine wirksame wie effektive Expertenmarketingstrategie und vergessen Sie die Roadmap für die Umsetzung nicht. Sie sorgt dafür, dass Sie auf Ihrem Weg vom *Hidden Champion* zum gefragten Experten auf Kurs bleiben.

So arbeiten Sie mit diesem Buch
In dieses Buch habe ich meine ganze Erfahrung und die Essenz aus den letzten 25 Jahren Marketing und Medien gepackt. Es ist aus der Praxis der Arbeit mit meinen Kunden entstanden. Mit diesem Buch begleite ich Sie persönlich auf Ihrem Weg zum gefragten Experten und versorge Sie mit allem, was Sie zum Aufbau einer erfolgreichen Expertenmarke benötigen. Den Fokus habe ich bewusst auf digitale Kommunikations- und Marketingkanäle gelegt, da sie für mich der smarte, statt harte Weg zum gefragten Experten, zu neuen Kunden und mehr Erfolg sind.

Ich empfehle Ihnen, dieses Buch zunächst einmal vollständig zu lesen. Betrachten Sie es bitte als Arbeitsbuch und machen Sie sich während des Lesens Notizen. Legen Sie sich, zum Beispiel in Evernote, ein digitales Notizbuch an, in dem Sie diese Notizen sammeln. Wenn Sie das Buch gelesen haben, nehmen Sie Ihre Notizen zur Hand und legen Sie die Themen fest, die Sie vertiefen und als Erstes umsetzen möchten. Formen Sie daraus einzelne To-dos und Meilensteine.

Wichtig ist mir, dass Sie sofort ins Handeln kommen, damit Sie den größten Mehrwert und Nutzen aus dieser Lektüre für sich und den Aufbau Ihres Expertenstatus herausholen können.

Ich möchte Sie auch einladen, sich mit mir online zu vernetzen. So können Sie mir von Ihren Erfolgen beim Aufbau Ihres Expert Brandings mithilfe dieses Buches berichten und ich kann Sie mit aktuellen News, Tipps und Tools zum Thema Expertenpositionierung und Marketing versorgen. Sie wissen ja selbst, dass es gerade bei den digitalen Medien und Marketingkanälen ständig zu neuen Updates kommt. Hier finden Sie mich:
- Web: https://www.martina-fuchs.com
- Termin: https://www.martina-fuchs.com/termin
- Podcast: https://www.martina-fuchs.com/podcast
- LinkedIn: https://www.linkedin.com/in/martina-fuchs/
- Instagram: https://www.instagram.com/martinafuchs.official/

- Facebook: https://www.facebook.com/smartzumerfolg
- YouTube: https://www.youtube.com/MartinaFuchs
- Twitter: https://twitter.com/SmartZumErfolg
- Pinterest: https://www.pinterest.de/MartinaFuchs1

Wenn Ihnen das Buch gefällt und es Ihnen weitergeholfen hat, freuen wir uns, wenn Sie auf Amazon eine positive Rezension hinterlassen.

Und selbstverständlich freue ich mich auch über Ihr Feedback auf einem meiner Social-Media-Kanäle.

So und jetzt sind Sie dran. Legen Sie los!

1 Begehrt als Experte in Krisenzeiten – mein Impuls zur zweiten Auflage

Es ist April 2020. Während ich dieses Buch für die zweite Auflage aktualisiere, beherrscht ein Thema unser Leben und unsere Schlagzeilen: Die Corona-Krise. Wer hätte sich Anfang Februar vorstellen können, dass ein kleiner unsichtbarer Virus unser aller Leben bedroht, die Welt aus den Angeln hebt und völlig auf den Kopf stellt. Das Ausmaß und die weltweiten Folgen dieser Krise sind derzeit noch nicht abzusehen und ich kann nur hoffen, dass Sie gut durch diese Zeiten kommen. Eines ist aber sicher: In der Krise haben Experten Hochkonjunktur, denn besonders in stürmischen Zeiten zeigt sich, welcher Experte wirklich Substanz hat und auch versteht, was von ihm gerade jetzt gebraucht und gefordert wird.

1.1 Öffentlich wirksame Experten in der Corona-Krise

Eines der führenden Experten-Gesichter der Corona-Krise ist der Virologe Prof. Dr. Christian Drosten von der Charité, Berlin, deren Virologie er leitet. Er ist das Paradebeispiel einer Expertenautorität, die quasi über Nacht zum weltweit begehrten Experten geworden ist. Natürlich dürfen wir nicht vergessen, dass sein »Über-Nacht-Erfolg« auf vielen Jahren intensiver Arbeit und Forschung beruht, die dafür gesorgt haben, dass er zu einem der führenden Virologen, insbesondere auch für Corona-Viren, zählt. Bereits zu SARS-Zeiten hatte er sich mit dem von ihm und seinem Team entwickelten Schnelltest weltweit einen Namen gemacht.

Was ihn besonders auszeichnet, ist, dass er sein Wissen großzügig mit der Welt teilt und nichts zurückhält, wie dies in Forschungskreisen gelegentlich der Fall ist, um es dann später groß im *New England Journal of Medicine* zu veröffentlichen. Dieses humanitäre und selbstlose Verhalten und seine Forschungserfolge haben ihm unter anderem das Bundesverdienstkreuz und renommierte Preise beschert.

Dennoch war er vor der Corona-Krise außerhalb seines wissenschaftlichen Fachgebietes und Zirkels kein Experten-Gesicht, das jedermann kannte, wenn man sich nicht explizit mit seinem Expertenthema auseinandersetzte oder davon betroffen war. Das hat sich schlagartig geändert. Verantwortlich dafür sind vor allem die Medien, die ihn zum Ansprechpartner Nummer 1 auserkoren haben.

Ob Print- und Onlinemedien wie FOCUS und WELT, TV-Sender wie ZDF und ARTE oder Radiosender – jeder will aufgrund seiner Expertise mit ihm sprechen. Dabei hatte der NDR eine ganz besonders gute Idee. Sie haben mit Prof. Dr. Christian Drosten die

Radiosendung »Coronavirus Update« ins Leben gerufen, die im Anschluss als Podcast und auch auf YouTube zur Verfügung steht.

Ein echter »Über-Nacht-Erfolg«, der zu Platz 1 in den Apple Podcast-Charts führte und seit Ende Februar immer in den Top 3 zu finden ist. Generell hat das Medium Podcast durch Nachfolge-Formate wie dem »Corona-Kompass« mit dem Virologen Prof. Alexander S. Kekulé im MDR oder auch dem Stern-Podcast »Wir und Corona« enorm profitiert. Dies sei hier nur am Rande vermerkt, falls Sie gerade selbst überlegen, einen Podcast zu Ihrem Expertenthema zu starten.

Neu und beachtenswert

Yvonne & Berner · Seite an Seite - Der Podcast von... · Apokalypse & Filterkaffee · Schöne neue Welt von Aldous Huxley ... · Schneller schlau - Der tägliche Podca... · EduFunk

Coronavirus: Bleib informiert

Corona aktuell – der Podcast der... · Das Coronavirus-Update mit Christia... · Kekulés Corona-Kompass mit MDR... · Wirtschaft in Zeiten von Corona - alles i... · Coronavirus - Alltag einer Pandemie · Smarter leben - Unser Corona-Alltag

Abb. 2: Die iTune-Podcast-Charts – das Medium Podcast hat durch die Corona-Krise profitiert.

Was aber zeichnet nun Prof. Dr. Christian Drosten und sein tägliches NDR Info »Coronavirus Update« aus? Hier gibt es als Erstes natürlich aktuelle Informationen rund um das Thema Corona, seriös, fundiert und vor allem für jedermann verständlich erläutert. Gleichzeitig werden aber auch brennende Fragen der Hörer beantwortet. Auch das zeichnet ihn als Experten aus: Drosten geht wirklich auf jede Frage ein und beantwortet sie von Mensch zu Mensch und nicht als abgehobener Wissenschaftler, und zwar so, dass es wirklich jeder versteht.

Das gilt übrigens auch für seinen Kollegen Prof. Alexander S. Kekulé. Der deutsche Bartträger atmet auf, wenn Kekulé in seinem Podcast die männliche Hälfte der Nation beruhigt, indem er erklärt, dass der Bart nicht ab muss, wenn die Maske rauf muss, außer beim medizinischen Personal. Und wenn Drosten darüber spricht, dass er sich auch Sorgen um seinen 70-jährigen Vater macht und damit hadert, wie er es ihm am besten beibringt, dass sein geliebter Stammtisch in Zeiten von Corona und Social Distancing einfach ausfallen muss. Da menschelt es. Man fühlt sich einfach verstanden und verbunden.

Beide sind eine Case-Study dafür, was in einer Krise von Experten gefordert wird und was zu den Aufgaben von Experten mit Substanz in stürmischer Wetterlage gehört: Da zu sein und nicht irgendwo abgeschottet in einem wissenschaftlichen Olymp. Ehrlich Klartext sprechen und genau dadurch aufzuklären. Wo möglich, zu beruhigen und auch ein Stückweit Sicherheit und Orientierung zu geben. Diese Aufgaben und Eigenschaften gelten im Übrigen nicht nur für Wissenschaftler oder Mediziner, sondern lassen sich auch auf andere Branchen und Themenfelder übertragen.

Aber das Beispiel von Drosten und Kekulé zeigt auch, welche »Medien-Türen« ein Expertenstatus, übrigens nicht nur in Krisenzeiten, öffnet und welchen Einfluss man mit einem Expertenstatus nehmen kann, wenn man zur richtigen Zeit mit der richtigen Expertise an Ort und Stelle ist. Gleichzeitig möchte ich betonen, dass beide Wissenschaftler diesen öffentlichen Erfolg natürlich nicht in ihrem Fokus hatten, frei nach dem Motto: Wo ist die nächste Krise, der ich mein Gesicht geben kann? Nein, der Erfolg ist vielmehr die natürliche Folge ihrer langjährigen Forschung und wissenschaftlichen Arbeit, die sich in ihrem Expertenstatus ausdrückt und dann zu dem hohen Ansehen und Renommee führt. Deswegen sind diese Experten bei den Medien heute so begehrt.

Wenn Sie also als Experte die Tür zu den Medien öffnen möchten, dann müssen Sie auf alle Fälle Expertise vorweisen können und in Ihrem Fachgebiet auch als Experte wahrgenommen werden, wenn Sie für die Presse relevant sein wollen. Das gilt natürlich gleichermaßen für Ihre Kundengewinnung, denn gerade in schwierigen Zeiten wenden sich Menschen bevorzugt an Experten, denen sie folgen, an denen sie sich orientieren können und in deren Expertise sie ihr Vertrauen setzen.

Das heißt für Sie im Umkehrschluss, dass die Investition in den Auf- und Ausbau Ihres Expertenstatus, ob nun zeitlich oder monetär, eine der besten Investitionen ist, die Sie für sich und Ihr Unternehmen tätigen können. Sie profitieren davon sowohl in guten wie in schlechten Zeiten, denn ein Expertenstatus wirkt wie ein Vollkaskoschutz in Krisenzeiten.

Und was uns diese Zeit noch lehrt, ist, dass spätestens jetzt die Zeit für Sie gekommen ist, sich nicht nur offline, sondern vor allem in der digitalen Welt als führende Expertin oder Experte zu positionieren und somit zur führenden Digital Expert Brand in Ihrem Markt und in Ihrer Nische zu werden. Nur so können Sie der breiten Masse und dem Lärm im Marktplatz des Mittelfeldes entkommen und sich mit Ihrer Expertise an der Spitze für jedermann sichtbar wie ein Leuchtturm absetzen.

1.2   Aufgaben von Experten in Krisenzeiten

Um als Experte wahrgenommen und anerkannt zu werden, müssen wir nicht nur kontinuierlich am Auf- und Ausbau unseres Expertenstatus arbeiten, sondern – wie oben anhand der Wissenschaftler Drosten und Kekulé geschildert – gewisse Aufgaben erfüllen, wie unter anderem auch in Kapitel 3.9 beschrieben. Dies gilt vor allem und insbesondere in Krisenzeiten. Allerdings stechen in turbulenten Zeiten sechs Aufgaben besonders hervor.

1. Zeigen Sie Präsenz
Eine Krise ist nicht die Zeit, sich als Experte zu verstecken, sondern Sie müssen mehr denn je Präsenz zeigen. Seien Sie erlebbar, nahbar und erreichbar mit Wissen, das weiterhilft für Ihre bestehenden wie potenziellen Kunden. Genau wie Prof. Drosten oder Prof. Kekulé. Beide sind täglich über ihre Radiosendung im NDR oder MDR sowie später im jeweiligen Podcast und auf YouTube präsent.

Diese regelmäßige Begleitung schafft Nähe, baut eine Verbindung sowie Vertrauen auf und das zahlt sich vor allem spätestens nach einer Krise aus. Menschen erinnern sich immer an diejenigen Menschen, die mit ihnen durch eine schwierige Phase gegangen sind und sie unterstützt haben. Diesen geben sie immer den Vorzug. Darüber hinaus ist Vertrauen der wichtigste und entscheidendste Baustein, wenn es darum geht, aus potenziellen Interessenten Kunden zu machen.

2. Seien Sie ein Leader
Experten gehen voran. Als Experte sind Sie prinzipiell kein Herdentier, sondern Rudelführer. Sie geben den Weg vor, gehen voran und machen ihn auch frei für die anderen. Gerade in Krisenzeiten zeigt sich, wer wirklich führen kann. Wer das Zeug zu einem echten Leader hat. Nutzen Sie diese Chance und zeigen Sie, was in Ihnen steckt.

3. Sprechen Sie Klartext
Jetzt ist keine Zeit für hohle Phrasen und Blabla. Seien Sie immer ehrlich und beschönigen Sie nichts, auch wenn die Wahrheit vielleicht nicht immer angenehm ist. Ausflüchte, Lügen und Verschleierung kommen früher oder später immer ans Licht und werden für Sie dann doppelt so teuer. Verstecken Sie sich auch nicht hinter Fachausdrücken.

Nennen Sie die Dinge beim Namen, und zwar so, dass es wirklich jeder verstehen kann, vom Kleinkind bis zum Senioren. Diese Ehrlichkeit und Transparenz wird immer belohnt. Und bitte haben Sie auch keine Angst, sich angreifbar zu machen. Zeigen Sie Profil und Kante, wo nötig. Haben Sie keine Scheu, zu polarisieren, und vor allen Dingen, haben Sie einen eigenen Standpunkt! Genau das schätzen die Menschen in Krisenzeiten mehr denn je. Überlassen Sie das Weichspülen den anderen.

4. Klarheit und Orientierung

Für mich sind Experten wie Leuchttürme. Wenn die See ruhig ist und der Himmel blau, dann ist es nicht schwer, ein Leuchtturm zu sein. Wenn sich aber der Himmel verdunkelt, der Wind zum Sturm wird und die See tobt, dann schlägt die Stunde des Leuchtturms und Ihre als Experte. Jetzt zeigt sich eigentlich erst, wie wichtig der Leuchtturm und wie wichtig Sie als Experte für die Menschen sind.

Je höher die Wellen schlagen, umso mehr Klarheit und Orientierung braucht es. Von allen Ecken und Enden stürmen Infos und Nachrichten auf uns ein. Der Boulevard-Journalismus heizt das Ganze aktuell noch ordentlich an mit Schlagzeilen wie »Börsencrash – wie Sie jetzt Ihr Geld retten« oder »Katastrophen-Notstand – das müssen Sie jetzt wissen« und sorgt so damit, dass die Leute in Panik geraten, Supermärkte leerräumen und Toilettenpapier auf Vorrat kaufen, so dass die nächste Familiengeneration auch noch etwas davon hat.

In diesem Meer aus Informationen und Panikmache braucht es unbedingt ein seriöses Gegengewicht. Experten mit Substanz, die ruhig, gelassen und souverän bleiben, informieren und die Richtung vorgeben, sind hier essenziell. Also seien Sie der Leuchtturm in stürmischer See, der dafür sorgt, dass niemand an den Klippen zerschellt und alle sicher in den Hafen kommen.

5. Schenken Sie Sicherheit

Sicherheit entsteht durch Nähe, durch Präsenz und Ehrlichkeit. Selbst wenn Sie noch auf der Suche nach Antworten oder Lösungen sind, wie in der Corona-Krise weltweit die Wissenschaft, die uns ja auch noch keine wirkliche Lösung anbieten kann.

Allein durch Ihre Präsenz, kombiniert mit Ihrer Expertise und in der Regel langjährigen Erfahrung, schenken Sie den Menschen schon etwas Sicherheit. Dazu gehört, dass Sie ehrlich kommunizieren, wo Sie aktuell selbst stehen und wie Ihre nächsten Schritte und Empfehlungen aussehen. Das reicht!

Als Experten haben wir immer einen gewissen Vorsprung und in Krisen zählt nun mal das Jetzt, denn auch wir wissen in der Regel nicht, was das Morgen bringt, und müssen einfach Schritt für Schritt die nächste Etappe zurücklegen. Wichtig ist, dass Sie da sind, transparent agieren und die Menschen einfach mitnehmen und begleiten.

6. Zeigen Sie sich als Mensch

Das Wichtigste zum Schluss: Seien Sie nicht nur Experte, sondern zeigen Sie sich auch als Mensch mit Herz und Verstand, der auch mal Ängste und Sorgen haben darf und diese nicht verheimlichen muss, um stark zu sein. Gerade diese Ehrlichkeit und Verletzlichkeit macht echte Stärke aus und erzeugt Nähe sowie Verbindung. Die Menschen werden Sie dafür als Experten noch mehr respektieren und anerkennen.

Zum Schluss noch eins: Diese sechs Aufgaben sind nicht nur in Krisenzeiten für Ihren Erfolg als Experte wichtig, sondern Sie sollten diese prinzipiell verinnerlichen und in Ihrem Business etablieren. So werden Sie definitiv immer davon profitieren.

1.3   Das krisenfeste Expertenbusiness

Natürlich müssen wir in Krisenzeiten auch unser eigenes Expertenbusiness und Geschäftsmodell genau unter die Lupe nehmen und vor allem schnell, flexibel reagieren und handeln, wie es die aktuelle Situation gerade von uns fordert. In diesem Frühjahr 2020 wurden unser Leben und unsere Wirtschaft auf absolute Sparflamme reduziert. Das hat nahezu für jeden kurz-, mittel- oder langfristige Folgen.

Aber wie in jeder Krise gibt es Krisengewinner und -verlierer. Zu den Gewinnern gehören auf alle Fälle Unternehmer und Unternehmen, die sich dem Thema »digitale Transformation« bereits seit Längerem gestellt haben und für die z. B. die Umstellung auf Homeoffice oder weitere digitale Prozesse nur kleine Veränderungen bedeuten. Aber auch Unternehmen, die ihre Produktion oder ihr Angebot schnell und flexibel auf die neuen Marktbedürfnisse umstellen, gewinnen.

So z. B. der Vorzeige-Unternehmer Wolfgang Grupp, der in seinem Unternehmen Trigema kurzerhand die Produktion von Hemden auf die Herstellung von Mundschutz-Masken umgestellt hat. Das Gleiche gilt für Eterna, BASF und Osram, die jetzt Desinfektionsmittel oder Schutzkleidung herstellen. Und viele kleinere Unternehmen ziehen nach. Genau das ist jetzt wichtig, diesen Spirit, diese Anpassungsfähigkeit braucht es, um in so einer Situation nicht nur zu überleben, sondern auch zu profitieren.

Im folgenden Abschnitt stelle ich Ihnen fünf Bereiche vor, die Sie für Ihren Expertenbusiness-Check im Auge haben sollten.

1. Positionierungs-Check
Ihre Positionierung muss so flexibel wie ein Bambus sein, wie in Kapitel 3.8 beschrieben. In Krisenzeiten ist dies noch wichtiger denn je, denn wir müssen sofort auf neue Situationen und Gegebenheiten reagieren können. Also nehmen Sie Ihre Positionierung jetzt scharf unter die Lupe und prüfen Sie, wo Sie gegebenenfalls justieren müssen.

2. Kunden-Check
Was brauchen Ihre Kunden jetzt von Ihnen? Wie haben sich die Wünsche und Bedürfnisse durch die aktuelle Situation geändert? Gehen Sie proaktiv mit neuen Lösungen auf Ihre Kunden zu. Oft denken Ihre Kunden in diesen turbulenten Zeiten selbst nicht

daran und sind dankbar, wenn Sie aktiv werden und auf die (neuen) Bedürfnisse Ihrer Kunden eingehen.

Prüfen Sie aber auch, ob sich durch die aktuelle Situation nicht auch neue Kunden- und Zielgruppen für Ihren Service, Ihre Dienstleistungen oder Ihre Produkte erschließen lassen.

3. Markt-Check

Wie hat sich der Markt und wie hat sich Ihre Nische innerhalb des Marktes durch die Krise verändert? Wo gibt es neue Chancen und Möglichkeiten? Was müssen Sie jetzt tun? Wie können Sie z. B. trotz eines Shutdowns handlungsfähig bleiben? Aktuell ist von diesen Maßnahmen besonders stark die Gastronomie und Hotellerie betroffen.

Durch den Switch zum Homeoffice, das in vielen Unternehmen praktiziert wird, haben Hotels einen neuen Markt für sich entdeckt und unter anderem in Kooperation mit Buchungsplattformen wie HRS und deren Service »MeWork« auf Homeoffice-Klienten statt Übernachtungsgästen umgestellt. Sie bieten damit ihre Zimmer statt Touristen Unternehmen an, damit Mitarbeiter und selbstständige Unternehmer ungestört und in Ruhe im Hotel arbeiten können.

4. Angebots-Check

Wie sehen Ihre aktuellen Angebote aus? Wie können Sie diese an die neue Situation anpassen? Entsprechen Ihre Angebote den aktuellen Bedürfnissen und Wünschen Ihrer Kunden? Blicken Sie hier auch immer mit der Chancen- und Kreativ-Brille auf den Markt. Gerade in schwierigen Zeiten werden oft ganz andere kreative Kapazitäten frei. Solche Zeiten, wie wir sie gerade erleben, sind der Nährboden für ganz neue Innovationen.

Unter dem Motto »Support the local« hatte bei mir ums Eck ein findiger Gastronom die geniale Idee zum »Burger-Mobil« sowie zum »Burger-Walk-In«. Als Burger-Mobil hat er einen tollen alten, dekorierten silbernen VW-Käfer im Einsatz sowie eine kleine Vespa-Flotte. Beides fällt auf und kommt super an bei uns Locals. Somit eine Win-win-Situation für beide Seiten.

5. Sichtbarkeits-Check

Wie schon eingangs erwähnt, ist jetzt nicht die Zeit, sich zu verstecken: Ihre Präsenz auf allen relevanten und zur Verfügung stehenden Social-Media-Kanälen und Onlineportalen ist Pflicht. Dazu gehört ein kritischer Webseiten-Check sowie die Wahl der richtigen Social-Media-Kanäle und die Etablierung einer wirksamen Kommunikationsstrategie auf diesen Kanälen in Kombination mit einer konsequenten Präsenz auf diesen Social-Media-Bühnen.

Für meine Kundin Claudia Wersing, Strick-Designerin und Fotografin, die für internationale Wollmarken Strick-Designs und Kollektionen entwickelt sowie visuell in Szene setzt, nutzen wir diese Phase gerade intensiv, um ihren YouTube-Kanal aufzubauen sowie ihre generelle Präsenz in den sozialen Medien zu steigern.

Innerhalb kürzester Zeit hat sich ihre stetig wachsende Zahl von Abonnenten verdoppelt und durch ihre tägliche Präsenz ist jetzt auch ein renommierter Wollgroßhändler aus den USA auf sie aufmerksam geworden. Er ist von ihren Videos so begeistert, dass er eine eigene Video-Serie mit ihr produzieren will. Dadurch baut sie nicht nur ihren Expertenstatus weiter aus, sondern es bildet sich zugleich eine wachsende Community im englischsprachigen Raum. Ergänzend dazu entwickeln wir für sie gerade völlig neue digitale Produkte z. B. in Form von Onlinekursen, mit denen sie ihr Businessmodell erweitert und skalierfähig macht, was sowieso ein Wunsch von ihr war.

Und das eben nicht nur im D.A.CH.-Raum, sondern jetzt auch international. Durch ihre konsequente Sichtbarkeit und steigende Reichweite sowie ihre neuen digitalen Angebote profitiert auch ihr eigener Onlineshop, der gerade in der Corona-Krise, in der ihr Atelier infolge des Shutdowns schließen musste, eine weitere wichtige Einnahmequelle ist. Also von Krise keine Spur, sondern viele neue profitable Wachstumschancen, die sich für sie durch ihr proaktives flexibles Handeln ergeben.

Für mich ist dies ein tolles Beispiel, wie man selbst mit einem echten Nischenthema erfolgreich durch schwierige Zeiten kommt, wenn man es strategisch richtig anpackt. Und wichtig: Warten Sie nicht mit der Umsetzung von Videos oder anderen Marketingmaßnahmen, bis sie perfekt sind, sondern legen Sie los. Mit jedem Video wächst der Erfahrungsschatz automatisch und mit dem Finetuning können Sie bereits im nächsten Video beginnen.

Mit der Haufe-App können Sie den YouTube-Kanal von Frau Wersing zur Inspiration einfach mal besuchen und sehen, wie sie ihr Thema umgesetzt hat. Scannen Sie dazu einfach die folgende Abbildung.

Hebemaschen Tuch stricken

Abb. 3: Claudia Wersing – So geht stricken (Quelle: https://youtu.be/PggARLvje14)

Tipp

Einen Expertenbusiness-Check sollten Sie nicht nur in Krisenzeiten, sondern regelmäßig zur Weiterentwicklung des eigenen Geschäftsmodells und Expertenbusiness sowie zur Entwicklung von z. B. SOS-Plänen durchführen. Frei nach dem Motto: »Disrupt yourself, bevor es andere tun!« Das sorgt für die Freisetzung von kreativen Potenzialen und fördert die Entwicklung neuer Angebote und Business-Erfolge.

Als Unterstützung für Sie als Leser meines Buches biete ich dazu eine weiterführende Masterclass an, zu der Sie sich hier kostenfrei anmelden können: www.martina-fuchs.com/deb-mc

1.4   Krisengewinner oder Krisenverlierer – die Entscheidung liegt bei Ihnen

»Krise erkannt – Krise gebannt! Wo geht es hier nach vorn?« Oder doch lieber »Kopf in den Sand, die Krise wird schon vorüberziehen«?

Der Erfolg liegt bekanntlich zwischen den Ohren und das gilt ebenso für die Bewältigung von Krisen. Mentale Stärke in herausfordernden Zeiten ist entscheidend, denn letztlich entscheidet unsere Persönlichkeit und unser Mindset darüber, ob wir als Gewinner oder Verlierer vom Spielfeld gehen.

Acht Persönlichkeitstypen, aufgeteilt in vier Gewinner- und vier Verliereranteile, stechen dabei ganz besonders hervor und lassen sich gerade live erleben. Hier eine kurze Übersicht dazu, damit Sie schnell erkennen, welcher Persönlichkeitstyp gerade Ihr Denken, Ihre Entscheidungen und Ihr Handeln prägt, und Sie gegebenenfalls rechtzeitig eine Kurskorrektur durchführen können:

1. Der Panik-Typ
Hier regiert die Angst, die dazu führt, dass die Person regelrecht handlungsunfähig wird bzw. aus dieser Angst heraus Entscheidungen trifft, die weder für den Unternehmer selbst noch für das Unternehmen wirklich förderlich sind. Schockstarre, Panikkäufe, völlig übereilte Handlungen – diese Verhaltensweisen zeichnen den Panik-Typ aus.

2. Der Kopf-in-den-Sand-Typ
Wenn ich die Krise ignoriere und mich nicht mit ihr auseinandersetze, wird sich alles hoffentlich von selbst lösen und wieder verschwinden. Wer zu dieser Einstellung neigt, beginnt erst zu handeln, wenn das eigene Haus lichterloh brennt. Mit diesem Verhalten verspielt er wertvolle Zeit und verliert Handlungsspielräume.

3. Der Alles-bleibt-wie-es-ist-Typ
Nur keine Veränderung! Und wenn, dann nur sehr kontrolliert. Sobald der ganze Spuk wieder vorbei ist, machen wir weiter wie bisher. Aber gerade Krisenzeiten sind nun einmal geprägt von tiefgreifenden Veränderungsprozessen. Je weniger diese Person fähig ist, sich auf den Veränderungsprozess einzulassen und darin auch Chancen zu erkennen, umso schmerzhafter und schwieriger wird die Veränderung und umso größer wird die Gefahr, das Unternehmen ernsthaft zu gefährden.

4. Das Opferlamm
Hilfe! Warum passiert mir das schon wieder? Immer ich! Kaum geht es mal etwas aufwärts, kommt schon wieder die nächste Hürde, das nächste Problem um die Ecke. Wer hier in Selbstmitleid badet, wird es sehr schwer haben, gut durch eine Krise zu

kommen, denn er lehnt jegliche Selbstverantwortung ab und wartet darauf, dass die Welt endlich kommt, um ihn zu retten.

5. Der Chancen-Denker

Dieser Unternehmer denkt immer in Lösungen und Möglichkeiten. Er sieht die Krise als Chance für Wachstum – persönlich wie unternehmerisch – und geht die Herausforderung proaktiv an. Er bleibt selbst im größten Chaos ruhig, gelassen und souverän und bewahrt sich so einen Zugang zu seinen größten Potenzialen und zu seiner Kreativität und genau darin liegt der Schlüssel für die Lösung.

6. Der Macher

Krise erkannt – Krise gebannt! Wo geht es hier nach vorn? Da wird nicht lange gefackelt, sondern gehandelt. Dieser Typus scannt sofort den Markt nach neuen profitablen Chancen ab, checkt, was Kunden, bestehende und potenzielle, jetzt wirklich brauchen und handelt, indem er dem Markt genau das gibt, was er jetzt braucht. Er ist schnell, flexibel und zielstrebig.

7. Der Rebell

Hier werden von Anfang an eigene Regeln gemacht, um bestehende Regeln zu brechen bzw. eigene neue Wege gehen zu können. Hier pocht der Herzschlag des Individualisten und der Innovation. Je größer der Druck, umso kreativer der Output. Für den Rebell ist die Krise der ideale Nährboden für außergewöhnliche Resultate und ganz neue Dienstleistungen, Produkte und Services, die es ohne Krise so vielleicht nie gegeben hätte.

8. Die Change-Maker

»Reset und Reboot my Business.« So könnte das Motto dieses Persönlichkeitstyps lauten. Hier steht alles auf Neuanfang und die Krise wird als positive Kraft und Chance gesehen und genutzt, um sich und das eigene Business neu zu erfinden bzw. tiefgreifende Veränderungen vorzunehmen, die sowieso schon längst fällig waren bzw. immer verschoben wurden, weil man es sich in der Komfortzone so schön bequem gemacht oder dieser berühmte letzte Impuls einfach noch gefehlt hatte.

Eines ist wichtig zu sehen: Bitte denken Sie hier nicht schwarz-weiß, sondern grau. Denn in der Regel gibt es nicht diesen einen markanten Persönlichkeitstyp, sondern Mischtypen, und manchmal kommt es eben auch auf unsere Tagesform an, ob wir uns eher als Opferlamm oder als Rebell erleben. Aber wie heißt es so schön: Gefahr erkannt – Gefahr gebannt!

Wenn Sie also merken, dass die Angst Sie gerade wieder fest im Griff hat, dann denken Sie daran, dass Sie auch noch andere Persönlichkeitsanteile in sich tragen. Versuchen Sie, statt der Angst den Macher oder den Chancen-Denker in sich zu aktivieren, und lassen Sie die Angst los, damit Sie wieder entscheidungs- und handlungsfähig werden und eben am Schluss sagen können: Ich bin ein Krisengewinner.

Abb. 4: »Status ausgebucht!« – Der Podcast von Martina Fuchs

! Tipp

Auf meinem Podcast »Status ausgebucht!« finden Sie eine Fülle an weiterführenden Praxistipps, Strategien und Impulsen, wie Sie sich erfolgreich als Experte positionieren, Ihren Expertenstatus konsequent auf- und ausbauen sowie sich ein krisensicheres Expertenbusiness aufbauen.
Link zum Podcast: https://www.martina-fuchs.com/podcast

2 Geben Sie Ihrem Unternehmen Ihr Gesicht

Die Welt des Marketings und der Kommunikation hat sich in den letzten 20 Jahren radikal gewandelt. Vor der Social-Media-Ära konnten sich Unternehmer und Unternehmen hinter ihrer Marke verstecken, heute müssen sie Gesicht zeigen, wenn sie erfolgreich sein möchten.

Warum? Social Media und die digitalen Medien haben unsere Welt transparent gemacht, ob wir wollen oder nicht. In einer Zeit, in der vom Rentner bis zum Kleinkind via Smartphone das eigene Leben in Echtzeit auf allen digitalen Kanälen dokumentiert und mitverfolgt werden kann, müssen auch Unternehmer und Unternehmen erlebbar, sichtbar, nahbar und spürbar für ihre Kunden und Interessenten sein.

Menschen kaufen am liebsten von Menschen. Menschen, die sie kennen und mögen, denen sie vertrauen und von deren Expertise sie überzeugt sind. Genau darin liegt heute der Schlüssel für Ihren Erfolg.

Das digitale Zeitalter ist das Zeitalter der Experten, denn heute haben Sie eine noch nie zuvor dagewesene Fülle an Plattformen und Kanälen, auf denen Sie mit Ihrer Expertise zur erlebbaren Expertenmarke für Interessenten und potenzielle Kunden werden können. Alles, was Sie dafür tun müssen, ist, mit Ihrer Expertise die Experten-Bühne einzunehmen und Ihrem Unternehmen ein Gesicht zu geben, und zwar am besten Ihres.

2.1 Personen- und Expertenmarken

Wenn es um das Thema Expert Branding sowie Expertenpositionierung geht, müssen wir uns als Erstes mit dem Thema Brand = Marke beschäftigen, denn wenn wir über Positionierung sprechen, geht es vor allem auch darum, Sie als unverwechselbare Expertenmarke zu etablieren. Da Marke nicht gleich Marke ist, beginnen wir mit einem kurzen Überblick über die aktuellen Markenformen (vgl. Abb. 5).

Die **Unternehmensmarke** mit Vertretern wie Apple, Siemens oder Microsoft. Die **Produktmarke**, zu der Nutella, Nivea, Maggi oder Coca-Cola gehören. Die **Dachmarken** wie Beiersdorf oder Procter & Gamble, unter deren Dach viele unterschiedliche Produktmarken wie Nivea, Gillette, Braun eine Heimat finden, und zu guter Letzt die **Personenmarke**, bei welcher der Mensch im Vordergrund steht. Die Personenmarke, die für uns der Weg zur Expertenmarke ist, werden wir nun im Einzelnen betrachten.

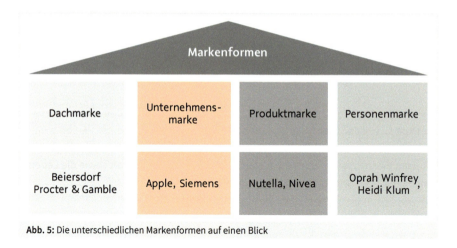

Abb. 5: Die unterschiedlichen Markenformen auf einen Blick

2.2   Personal Brand – die Marke Mensch

Die Personenmarke, auch Personal Brand genannt, stellt den Menschen und seine Persönlichkeit in den Mittelpunkt und stilisiert diesen zur Marke. Somit können wir hier von der Marke Mensch sprechen.

Klassische Personal Brands finden wir beispielsweise in der Unterhaltungsindustrie, in den Medien, im Sport und in der Beauty- und Fashion-Industrie. Hier treffen Sie auf Heidi Klum, Karl Lagerfeld, Tom Cruise, Julia Roberts, George Clooney, Manuel Neuer oder auf Musikerinnen wie Adele oder Beyoncé. Selbst die Queen of England ist eine Personal Brand oder besser noch eine Royal Brand. In dieser Klasse, den sogenannten A-Promis, spricht man auch gerne von Celebrity-Brands, da sie durch ihre Position und ihren Glamour einen besonderen Markenwert mit sich bringen, der durch den Human-Brand-Index gemessen werden kann (vgl. https://www.humanbrandindex.com/).

So verfügt Heidi Klum bei der Zielgruppe der 14-19-Jährigen über eine extrem große Glaubwürdigkeit. 60 % der Mädchen und jungen Frauen in dieser Altersgruppe wünschen sich Heidi Klum als Mutter. Wenn ich also ein Produkt oder eine Dienstleistung für diese Zielgruppe habe, dann wäre Heidi Klum mit ihrer Personal Brand eine ideale Markenbotschafterin.

2.3   Personal Brands – die Mischung ist das Rezept

Was zeichnet nun eine Personenmarke aus? Wir treffen hier auf eine Mischung aus Persönlichkeit, Lifestyle, Image und Talent gepaart mit einer hohen Sichtbarkeit, die je nach aktueller Kampagne und Promotion zwischen Rarität und Omnipräsenz pendeln kann. Dabei ist es wichtig, dass in der Regel das Image und der Lifestyle der Person in der Vermarktung mehr Gewicht erhält als das ursprüngliche Talent, denn auch damit lässt sich Geld verdienen, oft mehr als mit der eigenen Kunst, indem man zum Beispiel eine eigene Modekollektion oder eine Kosmetikserie entwickelt.

Das macht Personenmarken aber auch sehr krisenanfällig und verletzlich, denn nicht die Expertise, das Talent, sondern der Lifestyle und das Image der Person zählen. Wenn sich die prominente Person dann einen Ausrutscher erlaubt oder der allgemeine Hype um diese Person nachlässt, ist auch die Wirk- und Strahlkraft sowie die Lebensdauer dieser Personenmarke stark davon betroffen.

Besonders Trends können eine Personenmarke scheinbar über Nacht hervorbringen, beispielsweise den Vegan-Papst Attila Hildman, der diese Ernährungsform stark geprägt hat. Allerdings kann er jederzeit durch den nächsten Food-Trend wieder abgelöst werden.

Ein Best Practice in Sachen Krise ist Boris Becker. Einst Wimbledon-Sieger und Deutschlands Liebling mit hochdotierten Werbeverträgen. Mit seinem Ausflug in die Wäschekammer startete die Abwärtsspirale seiner Personenmarke, die von da an durch weitere Selbstdemontagen und durch seine aktuelle Insolvenz irreparabel beschädigt wurde. Ein Fall für die rote Liste des Human-Brand-Index.

Aber nicht nur Prominente, Medienstars, Politiker oder Sportler fallen unter die Rubrik Personenmarke, sondern auch Menschen, die über eine besondere Expertise verfügen, zählen als Personal Brand.

Mir persönlich hat diese Vermischung der einzelnen Persönlichkeitsmarken unter dem Dach »Personal Brand« noch nie zugesagt, denn ein Mensch, dessen Expertise und fachliche Kompetenz auf seinem Wissen und weniger auf seinem Lifestyle beruht, braucht eine völlig andere Kommunikations- und Marketingstrategie als beispielsweise eine Celebrity-Brand, ein Sportler oder ein Medienstar. Deshalb war es naheliegend, hier ein eigenes Wording zu finden. Als ich in den USA über den Begriff *Expert Brand* gestolpert bin, war dies die Initialzündung für die Entwicklung meines eigenen Ansatzes zum »Digital Expert Branding« und der Expertenmarke.

Im nachfolgenden Video erläutere ich Ihnen nochmals alle wichtigen Details zur Personenmarke sowie die Unterschiede zur Expertenmarke. Scannen Sie dazu einfach die folgende Abbildung mit Ihrer Haufe-App.

Video von Martina Fuchs zur Personenmarke

2.4 Expertenmarke – Persönlichkeit trifft auf Expertise

In dem Moment, in dem Expertise und Fachkompetenz auf Persönlichkeit treffen, sprechen wir von einer **Expertenmarke**. Hier steht nicht das Image, der Lifestyle oder ein Trend im Vordergrund, sondern das pure Wissen, über das diese Person verfügt.

Eine Expertenmarke zeichnet sich durch eine exzellente Problemlösungskompetenz, durch Wissensdurst, Innovations- und Forschergeist sowie Neugier aus. Ein Experte ist sowohl lebenslanger Student als auch Wissensgeber. Er ist Problemversteher und Problemlöser in einer Person und seine Expertise beruht auf gelebter Erfahrung und Anwendung in der Praxis.

Diese Mischung macht die Expertenmarke so wertvoll und so stabil, denn eine Expertenmarke wird mit den Jahren immer besser und wertvoller, wie ein exzellenter Wein. Sie wächst und reift mit der Persönlichkeit und dem steten Wissenszuwachs. Die Wirkkraft und Lebensdauer der Marke kann selbst über den Tod hinaus bestehen, wie wir am Beispiel von Steve Jobs, dem Gründer von Apple, erleben können. In der Apple-Community ist sein Wort nach wie vor Gesetz. Nicht umsonst wird er – ironisch und ehrfurchtsvoll zugleich – auch *i-Gott* genannt.

Eine Expertenmarke ist somit unabhängig von Trends und sie ist vor allem krisenresistent. Ein gutes Beispiel hierfür ist Uli Hoeneß. Einst Fußballspieler, Fußballfunktionär, dann Präsident beim FC Bayern sowie erfolgreicher Unternehmer. Er hat seine Verurteilung wegen Steuerhinterziehung mit anschließender Haftstrafe nahezu unbeschadet überstanden und ist heute wieder Präsident des FC Bayern. Warum? Uli Hoeneß lebt, liebt und atmet Fußball. Darüber hinaus ist er emotional und polarisiert, ein wichtiges Merkmal einer Expertenmarke, über das wir später noch mehr erfahren. Er hält mit seiner Meinung nicht hinter dem Berg. Diese unbedingte Fußball-Leidenschaft und seine Kantigkeit lieben und schätzen seine Fans.

Dennoch sollten Sie natürlich gut auf die Pflege und die Entwicklung Ihrer Expertenmarke achten. Dies betrifft beispielsweise Ihre Medienpräsenz, Ihre Marketingstrategie sowie die weise Wahl von Kooperationspartnern, denn ein negativer Imagetransfer von einer anderen Marke, Person oder einem Produkt kann Sie und Ihre Expertenmarke schwächen oder sogar irreparabel beschädigen. Je wertvoller Ihre Expertenmarke, umso größer der Schaden.

Sehen Sie sich zum Abschluss das Video zur Expertenmarke an, das Sie in der App finden, wenn Sie die folgende Abbildung scannen. Hier erläutere ich Ihnen nochmals alle wichtigen Punkte.

Video von Martina Fuchs zur Expertenmarke

2.5 Personenmarke oder Expertenmarke?

Wenn Sie vor der Wahl zwischen einer klassischen Personenmarke und einer Expertenmarke stehen, dann sollten Sie sich folgende Frage stellen: Steht mein Wissen, die Expertise und Fachkompetenz im Vordergrund oder spielt auch mein Image sowie Lifestyle eine wichtige Rolle in der Vermarktung meiner Dienstleistung oder meines

Produkts? Sie können diese Überlegung noch mit dem Trendfaktor kombinieren und prüfen, ob die Lebensdauer Ihrer Expertise und Ihres Angebots zeitlich begrenzt ist oder sich für eine langlebige Expertenmarke eignet. Durch diese Komponenten werden Sie sehr schnell erkennen, welche Form für Sie die richtige ist.

2.6 Transfer – eine Personal Brand wird zur Expert Brand

Ob Personal Brand oder Expert Brand, gute Marken wachsen und entwickeln sich mit der Person mit. Nichts ist statisch oder für immer in Stein gemeißelt, so auch nicht Ihre Positionierung oder Ihr Branding.

Eine Expert Brand muss sich mit Ihnen weiterentwickeln, wenn die Strahlkraft der Marke weiter zunehmen soll. Gerade in unserer heutigen Zeit, in der sich Märkte, Branchen, Technik und unser gesamtes Leben rasend schnell weiterentwickeln, müssen wir als Experten nicht nur permanent Schritt halten, sondern auch immer schon einen Schritt voraus sein und uns mitentwickeln. Flexibilität, Offenheit, Neugier, lebenslanges Lernen und Schnelligkeit in der Umsetzung sind wichtige Indikatoren für unser Wachstum. Die digitale Transformation ist in jedem Winkel unseres Lebens vorgedrungen und fordert unsere Veränderungsbereitschaft.

In den letzten 25 Jahren habe ich in der Welt der Medien und des Marketings bereits einige Transformationsprozesse durchlebt und sie mir immer zunutze gemacht. Ich sehe Veränderung prinzipiell als Chance und ich liebe die Möglichkeiten, die uns heute in Kommunikation und Marketing zur Verfügung stehen. So bin auch ich permanent dabei, mich und meine Expert Brand weiterzuentwickeln.

Dazu gehört auch, dass sich eine Personal Brand im Laufe ihres Lebens zu einer Expert Brand wandeln kann. Dafür gibt es einige prominente Beispiele wie zum Beispiel Stefan Raab, der gerade mitten in diesem Transformationsprozess steckt. Nach einer längeren Auszeit gibt er sein Know-how aus seiner erfolgreichen Medienkarriere als Musiker, TV-Produzent und -Host heute als Berater, Speaker und Entwickler neuer TV-Formate weiter.

Reinhold Messner, einer der berühmtesten Bergsteiger dieser Welt, der als erster Mensch alle vierzehn Achttausendern bezwungen hat, ist heute ein erfolgreicher Unternehmer, Autor, Vortragsredner, Trainer sowie Berater für das Spitzenmanagement, für das er seine Expertise und sein Wissen vom Berg ins Top-Management bringt.

Egal in welchem Zyklus Sie sich also gerade befinden, Sie können jederzeit Ihr Wissen, Ihre Expertise und Ihren Erfahrungsschatz gewinnbringend für beide Seiten in eine erfolgreiche Expertenmarke verwandeln.

2.7   Digital Expert Branding – wer damit gewinnt

Die Zeiten, in denen sich Unternehmer und Unternehmen hinter ihrer Marke verstecken konnten, sind spätestens seit dem Einzug von Social Media in unsere Kommunikationswelt endgültig vorbei. Heute müssen Sie Gesicht und Präsenz in der digitalen Welt zeigen, denn wer nicht online ist, existiert nicht und schadet damit nur sich selbst. In manchen Fällen kann eine fehlende oder mangelnde Präsenz sogar als unseriös wahrgenommen werden, als hätte man etwas zu verbergen.

Digital Expert Branding, die digitale Expertenpositionierungs- und Marketingstrategie, sorgt dafür, dass Sie sich online als führender Experte in Ihrer Branche etablieren und gleichzeitig die Reichweite und Viralität, die Ihnen die digitalen sowie sozialen Kanäle und Medien bieten, für sich, Ihre Kommunikation, Ihr Marketing und somit für Ihre Kundengewinnung erfolgreich nutzen. Übrigens, ein Expertenstatus ist die wirkungsvollste Methode, um sich langfristig erfolgreich im Hochpreissegment zu etablieren.

Digital Expert Branding ist ideal für ...

Abb. 6: Digital Expert Branding lässt sich in jedem Unternehmen erfolgreich umsetzen

2.7.1   Unternehmer, Inhaber und Entscheider

Marketing ist Chefsache und Expertenmarketing erst recht. Heute müssen auch Sie als Unternehmer und Lenker sichtbar und erlebbar werden und zeigen, wofür Sie stehen. Besonders mittelständische und familiengeführte Unternehmen können davon enorm profitieren. Claus Hipp ist hier ein absolutes Best Practice, das zeigt, wie sich das erfolgreich umsetzen lässt. Ein Beispiel, das wir später noch im Detail betrachten werden.

2.7.2   Selbstständige, Freiberufler, Einzelunternehmer und Berater

Sie sind der Hauptakteur in Ihrem Unternehmen und somit sind Sie auch federführend für die Kundengewinnung und den Erfolg Ihres Unternehmens verantwortlich. Hier brauchen Sie Marketingstrategien, die Ihnen maximale Sichtbarkeit bei Ihrer wichtigsten Zielgruppe garantieren, die budgetfreundlich sind und zugleich smart dafür sorgen, dass Sie einen steten Strom von Neukunden haben.

2.7.3   Kommunikations- und Marketingagenturen bzw. Berater

Ob Sie diese Strategie für die Vermarktung Ihrer eigenen Expertise oder für die Ihrer Kunden nutzen, Sie werden in jedem Fall davon profitieren, denn Sie können damit gezielt Ihren Expertenstatus weiter ausbauen und zeitgleich Ihren Kunden neue Wege zeigen, wie diese Ihre Expertise online kommunizieren und gewinnbringend vermarkten können. Ein starkes Expertenprofil ist das wirkungsvollste Alleinstellungsmerkmal sowie ein unbezahlbarer Wettbewerbsvorteil.

2.7.4   Mitarbeiter und Führungskräfte in Unternehmen

Auch wenn ich dieses Buch in erster Linie für Leser mit eigenem Unternehmen schreibe, können auch Sie daraus einen Mehrwert ziehen. Zum einen wenn Sie beispielsweise im Bereich Marketing, Werbung, PR, Kommunikation oder Vertrieb tätig sind, aber auch dann, wenn es um Ihren eigenen Expertenstatus geht.

Denn Sie selbst können sich mit Ihrer Expertise als »interner Experte« etablieren und dafür zum Beispiel das Intranet als Plattform nutzen. Dies ist eine exzellente Ausgangslage für den nächsten Karrieresprung, erfolgreiche Gehaltsverhandlungen und darüber hinaus der beste Kündigungsschutz, den Sie sich zulegen können. Wer würde einen High Potential schon freiwillig der Konkurrenz überlassen?

Für Unternehmen und Konzerne sind »interne Experten« wiederum die besten Markenbotschafter überhaupt. Sie sollten ganz gezielt aufgebaut, gefördert sowie für die eigene Kommunikations- und Marketingstrategie bewusst und in Einklang mit den Mitarbeitern eingesetzt werden.

Sie sehen also, es gibt #NOEXCUSES, wenn es um Ihre Expertenpositionierung und den konsequenten Auf- und Ausbau Ihres Expertenstatus geht.

2.8   Der Weg vom *Hidden Champion* zum gefragten Experten

Wenn ich von *Hidden Champions* spreche, meine ich damit nicht die heimlichen Weltmarktführer, die allein durch ihre spitze Positionierung in ihrer Branche Marktführer sind. Ich spreche von den Unternehmern und Unternehmen, die wie verborgene Diamanten am Marktplatz schlummern und für potenzielle Neukunden durch zu wenig

Sichtbarkeit sowie mangelnde oder fehlende Positionierung in ihrer aktuellen Austauschbarkeit gegenüber ihrem Wettbewerb einfach untergehen, obwohl sie über eine hervorragende Expertise verfügen. Um dies erfolgreich zu ändern, braucht es vor allem Mut zur Sichtbarkeit.

2.8.1   Mut zur Sichtbarkeit

Schluss mit dem Versteckspiel – Schluss mit Undercover! Was für James Bond lebensrettend ist, ist für Sie und Ihr Unternehmen tödlich. Sie müssen rausgehen, sie müssen als Mensch hinter dem Unternehmen, hinter der Marke erlebbar, sichtbar und spürbar für die Menschen werden.

Warum? Weil wir Menschen am liebsten von Menschen kaufen. Gerade weil wir so virtuell geworden sind und der persönliche Kontakt erst sehr viel später in der Kundenreise stattfindet – manchmal sogar überhaupt nicht mehr, beispielsweise in automatisierten Marketing- und Verkaufsprozessen – brauchen wir einen (digitalen) Ersatz für diesen fehlenden direkten, persönlichen Kontakt.

Je virtueller wir werden, umso transparenter werden wir und suchen als Ausgleich für die fehlenden direkten Kontakte Anschluss und Zugehörigkeit in digitalen Netzwerken und Communities wie Facebook. Wobei sich hier eine Trendwende erkennen lässt, denn Live-Events und Treffen nehmen in der Beliebtheit wieder stark zu. Es muss und darf also menscheln und das gerade auch im Umgang mit unseren Kunden.

Wir alle wollen wissen, wer sich hinter dem Produkt, der Dienstleistung verbirgt. Wir wollen Austausch, wir wollen Ecken und Kanten und fordern, gerade von Experten, auch Profil und Persönlichkeit. Dieses Erleben einer Person gibt uns die Möglichkeit zu prüfen, ob der »Nasenfaktor« stimmt und ob dieser Experte wirklich die beste Lösung für mich und mein Thema hat.

Wir brauchen zwischen sieben bis zwölf Kontakten, bis wir uns für einen Kauf entscheiden. Deswegen müssen Sie an den wichtigsten Touchpoints, also an den wichtigsten Kontakt-Schnittstellen wie zum Beispiel im Web, in Foren und Blogs oder auf Social-Media-Kanälen, die Ihre Interessenten und Kunden aufsuchen, um nach einer Lösung für ihr Bedürfnis oder Problem zu suchen, sichtbar und präsent sein. Und zwar nicht nur einmal, sondern konsequent und ständig. Wer hier nicht sichtbar ist, existiert einfach nicht.

Übrigens ist ein Expertenstatus der beste *Social Proof*, neben echten Kundenstimmen, den Sie Ihren Kunden sowie potenziellen Neukunden für eine positive Kaufentscheidung geben können.

Ich weiß, dass gerade introvertierte Persönlichkeiten mit dem Thema »Sichtbarkeit« zu kämpfen haben, auch oft aus Angst vor Verletzung und Angriff. Stimmt, je mehr wir uns zeigen, umso angreifbarer werden wir, und wenn wir zu einem Thema klar Stellung beziehen, dann kann dies schon mal zu blöden Kommentaren, ungerechtfertigten Angriffen oder gar einem Shitstorm führen.

Allerdings ist dies für mich auch immer ein Zeichen, dass Sie auf dem besten Weg nach oben sind, denn wahren Erfolg haben wir nur, wenn wir polarisieren. Zeigen Sie Profil, zeigen Sie Kante. Menschen, die uns emotional berühren und über eine starke Persönlichkeit mit eigener Meinung verfügen, bleiben uns im Gedächtnis, nicht die Mitläufer und Wischiwaschis.

Außerdem können Sie nicht Everybody's Darling sein. Davon müssen Sie sich verabschieden und das ist gut so, denn je klarer Sie sind, umso klarer wird auch die Zielgruppe, werden die Menschen, die wirklich von Ihrer Expertise am meisten profitieren und die am besten zu Ihnen und Ihrem Unternehmen passen.

2.8.2   Die größte Hürde auf dem Weg zum Experten

Wenn ich gefragt werde, was die größte Hürde auf dem Weg zum erfolgreichen Experten ist, dann lautet meine Antwort: »Sie selbst.« Denn unabhängig von Position, Erfolg, Ausbildung oder Berufserfahrung, früher oder später kommt in meinen Beratungen immer die Frage: Ab wann bin ich ein Experte? Ab wann darf ich mich Experte nennen? Bin ich überhaupt ein Experte? Müsste ich dazu nicht noch ein Aufbaustudium machen, ein Zusatzdiplom anstreben, ein Seminar besuchen, drei Fachbücher gelesen oder geschrieben haben, X Jahre Berufserfahrung, einen Doktortitel oder eine Professur mitbringen?

Meine Antwort dazu: »Nein!« Denn all dies wird nicht dazu führen, dass Sie sich nach all diesen Fortbildungen als Experte fühlen. Es mag Ihnen vielleicht im ersten Augenblick mehr Sicherheit geben, aber etwas später beginnt diese innere Fragerunde wieder von vorne und die nächste Ausbildung oder Fortbildung wird angestrebt. Im Kern verbirgt sich dahinter einfach die Angst, »nicht gut genug« zu sein. Und diese Angst wird nicht gestillt durch weitere Fortbildungen, die Lektüre von Fachbüchern oder einen Doktortitel, sondern allein durch Selbstakzeptanz, Selbstvertrauen und Wertschätzung der eigenen Fähigkeiten, Talente, Erfolge und der vorhandenen Praxis- und Berufserfahrung. Hören Sie also auf, sich ständig mit anderen zu vergleichen, Sie sind gut genug so wie Sie sind!

Gleich nach dem Zweifel an den eigenen Fähigkeiten kommt die Abwertung der eigenen Tätigkeit: »Gibt es alles schon«, »Ist alles schon gesagt«, »Da ist kein Platz mehr für mich«. Wir alle haben Konkurrenz und selten kommen wir in den Genuss eines konkurrenzlosen Marktes. Selbst wenn dies Ihre aktuelle Situation ist, früher oder später werden Sie Kollegen in Form von Mitbewerbern bekommen, die versuchen, an Ihrem Erfolg teilzuhaben, indem diese beispielsweise Ihr Geschäftsmodell oder Ihre Angebote adaptieren, um sich so ein Stück vom Kuchen zu sichern. Auch in dieser Situation zeigt sich, wie wertvoll Ihr Expertenstatus und Ihre Expertenmarke ist, denn diese kann nicht einfach so adaptiert oder kopiert werden, da sie mit Ihnen als Experte untrennbar verbunden ist.

Als die bayerische Privatbrauerei Peter KG 1994 ihre erste Bionade auf den Markt brachte und gegen Weltmarken wie Coca-Cola antrat, war sie nicht nur Vorreiter in einem stark gesättigten Markt, sie war auch sehr, sehr mutig, denn damals hatte BIO noch nicht den Stellenwert wie heute. Die Privatbrauerei Peter KG musste einige Hürden nehmen und Stürme überstehen, um aus ihrer Idee diesen großen Geschäftserfolg zu machen. Hätte sich die Brauerei bereits zu Beginn von der Konkurrenz in diesem Markt abschrecken lassen, gäbe es heute womöglich keine Bionade und vielleicht generell keine Bio-Limonaden. So aber haben sie nicht nur etwas völlig Neues geschaffen, sondern gleichzeitig eine völlig neue Marktnische etabliert und sich als Experten für gesunde, zuckerarme Erfrischungsgetränke spezialisiert. Ein Zug, auf den mittlerweile nahezu alle Getränkehersteller aufgesprungen sind, um von diesem anhaltenden Trend zu profitieren.

Sie sehen also, dass selbst in stark gesättigten Märkten Platz für Experten mit frischen, neuen Ideen, Methoden und Ansätzen ist. Darüber hinaus verfügen Sie über ein unantastbares Alleinstellungsmerkmal und das sind Sie selbst! Ihre Persönlichkeit gepaart mit Ihrer Expertise und Ihrem Erfahrungsschatz sind einfach einzigartig.

Wenn Sie wieder einmal an sich zweifeln, dann machen Sie sich bewusst, dass Expertise nicht nur durch Wissen, sondern durch Persönlichkeit, Lebenserfahrung, Aus- und Fortbildungen, Berufserfahrung, Praxiswissen und vor allem durch gelebte Geschichte entsteht.

Als Experten sind wir ein Leben lang Wissensnehmer und Studenten sowie gleichzeitig Wissensgeber und Lehrer. Das heißt, es wird immer Menschen geben, die auf dem Weg schon weiter fortgeschritten sind als wir, die mehr wissen als wir und durch die wir wiederum weiter wachsen können, Menschen, die uns inspirieren. Genauso wie es Menschen gibt, die nicht über unser Wissen verfügen und denen wir mit unserer Expertise genau die Lösung und Unterstützung geben können, die sie suchen.

Lassen Sie auch die kulturelle Zertifizierungs- und Prüfsiegel-Verliebtheit hinter sich, die uns in der D.A.CH-Region von Kindesbeinen an prägt. Erteilen Sie sich selbst die Lizenz zur Expertenpositionierung. Ich tue dies für Sie mit diesem Buch, denn wenn Sie daraus die für Sie wichtigsten Stellschrauben umsetzen, dann ist Ihr Expertenstatus ein unweigerliches Resultat.

2.9   Aufgaben einer Expertenmarke

Wenn wir uns als Expertenmarke positionieren, dann sind damit auch gewisse Aufgaben verbunden, die wir als Expertenmarke für die Menschen erfüllen müssen, die mit uns arbeiten, und die auch von uns erwartet werden.

1. Oberste Aufgabe: Problemversteher und Problemlöser in einer Person

Als Experte müssen Sie die Bedürfnisse und Probleme Ihrer Zielgruppe so gut wie kein anderer erkennen und verstehen. Sie müssen wissen, wo die größten Hürden, Hindernisse und Probleme Ihrer potenziellen Kunden liegen. Welche Bedürfnisse erfüllt werden wollen und welche Wünsche als Treiber und Motivator dahinterliegen. Sie müssen zuhören, hinhören und Sie müssen die richtigen Fragen für die richtigen Antworten stellen. Darin liegt ein Schlüssel für Ihren Erfolg.

Sie müssen aber nicht nur verstehen, was Ihre Zielgruppe bewegt, Sie müssen zugleich die beste Problemlösung oder Bedürfniserfüllung für Ihre Zielgruppe sein und anbieten. Sie müssen da sein, wo Ihre Kunden hinwollen. Sie müssen das beste Produkt, die beste Dienstleistung, den besten Service für diese Menschen haben und dies entsprechend kommunizieren. Dann ist Ihr Erfolg unausweichlich.

Also machen Sie es sich zur Hauptaufgabe, so viel wie möglich über Ihre Kunden, Interessenten und Zielgruppen zu erfahren. Erstellen Sie Umfragen, greifen Sie zum Telefonhörer und sprechen Sie mit ihnen persönlich. Die Antworten sind Goldwert, sie bilden die Basis für neue Angebote und Services.

2. Klarheit schaffen und Orientierung geben

Heute steht uns per Knopfdruck mehr Wissen denn je zur Verfügung. Diese Informationsflut führt nicht selten zu Stress, Überforderung und auch Unentschlossenheit. Was ist jetzt für mich in dieser Situation die richtige Lösung? Hier kommen Sie ins Spiel. Denn als Experte stehen Sie mit Ihrer Expertise für die Essenz eines Fachgebiets. Sie kennen den Weg, und je mehr Klarheit und Orientierung Sie, besonders in stürmischen Zeiten, bieten, umso besser, denn Ihre Kunden wollen, wie wir alle, immer schnell, einfach und unkompliziert ans Ziel.

3. Leadership statt Followship

Experten folgen nicht, sie führen. Von einem Experten erwarte ich, dass er auf neuen Wegen vorangeht und kein Mitläufer der breiten Masse ist. Leadership bedeutet in diesem Kontext auch Themenbesitz. In Ihrem Thema sollten Sie immer führend und up to date sein, neue Trends und Strömungen wahrnehmen und, wo sinnvoll, in Ihre Arbeit integrieren und für Ihre Kunden implementieren.

4. Vom Pfadfinder zum Pfadgeber

Was einen Experten definitiv auszeichnet, ist, dass er den Weg, den der Kunde noch vor sich hat, im besten Falle selbst gegangen ist. Seine Ausbildung, Praxiskompetenz und Erfahrung hat ihn dazu befähigt, gangbare und erfolgreiche Wege für seine Kunden zu entwickeln.

Abb. 7: Kernaufgaben einer Expertenmarke

5. Thought-Leader statt Thought-Repeater

Vor-Denken statt Nach-Denken. Punkten Sie mit frischen, neuen Ideen, Methoden und Ansätzen. Platzieren Sie beim Gegenüber neue Denkanstöße und Perspektivenwechsel. Irritieren und provozieren Sie und holen Sie so die Menschen raus aus ihrer Box. Nur so machen Sie den Weg frei für neue Lösungsansätze.

6. Walk your Talk – Leben Sie, was Sie predigen

Die Grundvoraussetzung, um als Experte ernst genommen zu werden und Glaubwürdigkeit sowie Vertrauen in Ihrer Zielgruppe zu erlangen ist, dass Sie das, was Sie predigen, auch selbst anwenden und erfolgreich umsetzen.

Genau das macht den Unterschied zu sogenannten Dampfplauderern, die es in jedem Markt gibt. Menschen, die nur heiße Luft ohne Substanz verbreiten. Das mag am Anfang funktionieren, aber auf Dauer ist dies zum Scheitern verurteilt, denn eines dürfen wir nicht vergessen: Menschen sind heute dank des World Wide Webs so gut wie nie zuvor informiert. Bevor sie der Weg zum Experten führt, recherchieren und informieren sie sich online, tauschen sich mit Freunden und Kollegen aus und bringen somit in der Regel ein gewisses Grundwissen mit, das sie in der Zusammenarbeit mit dem Experten dazu befähigt, früher oder später zu erkennen, ob der von ihnen gewählte Experte wirklich Substanz hat oder nicht.

2.10   Fünf Erfolgsfaktoren auf dem Weg zum gefragten Experten

Wenn Sie sich erfolgreich als Experte am Markt positionieren und gewinnbringend vermarkten möchten, sollten Sie die hier aufgelisteten **fünf Erfolgsfaktoren** für sich und Ihr Unternehmen erarbeiten. Wichtig dabei ist, dass Sie die Reihenfolge einhalten. Dabei gibt es keine Abkürzung, es sei denn, einer dieser Punkte ist bereits vollständig von Ihnen durchgearbeitet worden.

Warum ich dies so ausdrücklich hervorhebe? Ich stelle immer wieder fest, dass nahezu alle zuerst mit dem Marketing beginnen und sofort mit diversen Maßnahmen in Aktion treten, ohne vorher wichtige Punkte wie Positionierung, Marktanalyse oder das explizite Herausarbeiten der eigenen Zielgruppe zu erarbeiten. Dies ist der Grund, warum viele Marketingaktionen nicht greifen, weil die essenziellen Hausaufgaben vorher einfach nicht gemacht wurden, unabhängig von der Größe des Unternehmens.

Beachten Sie also die hier beschriebene Reihenfolge, in der Sie vorgehen sollten. Selbst wenn Sie bereits einige dieser Punkte für sich geklärt haben, sollten Sie trotz allem nochmals einen Blick darauf werfen und kritisch hinterfragen, ob dies noch dem aktuellen Stand der Dinge entspricht oder doch nachjustiert werden muss.

Erfolgsfaktor 1: Positionierung
Der Schlüssel für Ihren Erfolg lautet Positionierung. Eine eindeutige Positionierung sorgt dafür, dass Sie sich mit Ihrer Expertise klar und eindeutig von anderen Mitbewerbern am Markt abheben und differenzieren. Mit einem klaren Expertenprofil und einer Expertenpositionierung werden Sie auch in der Wahrnehmung potenzieller Kunden und Interessenten unverwechselbar. Ein wichtiger Hebel für Ihre Kundengewinnung.

Erfolgsfaktor 2: Kunden und Bedarfsgruppen
Nur wenn Sie Ihre Kunden, Ziel- und Bedarfsgruppen besser kennen als sich selbst, dürfen Sie diesen Punkt überspringen. Die wertvollste Ressource für Ihr Unternehmen ist ein steter Strom von Neukunden und natürlich loyale sowie begeisterte Bestandskunden. Dies erreichen Sie unter anderem dadurch, dass Sie echten Mehrwert liefern und eine exzellente Customer Experience bieten. Dazu müssen Sie aber im Vorfeld erst einmal wissen, was Ihre Kunden wirklich brauchen. Wo liegt ihr brennendstes

Problem und somit gleichzeitig ihr akutester Bedarf? Genau das gilt es hier heraus-zufinden.

Erfolgsfaktor 3: Markt und Experten-USP

Hier geht es darum, sich als Erstes einen exakten Überblick über den aktuellen Markt zu verschaffen und Ihre Mitspieler auf dem Feld, also Ihre Mitbewerber, kennenzuler-nen. Dank Internet ist dies heute eine ziemlich einfache Aufgabe, die aber trotz allem gerne vernachlässigt werden darf. Dabei gibt es hier jede Menge Potenzial zu entde-cken. Und es hilft dabei, noch klarer zu erkennen, worin Ihr Alleinstellungsmerkmal, Ihr USP, liegt, den wir für Ihr Expertenprofil und die Verfeinerung Ihrer Positionierung sowie zur Abgrenzung gegenüber den Wettbewerb benötigen.

Erfolgsfaktor 4: Angebot und Signature-Produkte

Wenn Sie Positionierung, Zielgruppe und den Markt geklärt und analysiert haben, können Sie mithilfe der gewonnenen Erkenntnisse Ihre aktuellen Angebote überprü-fen. Erfüllen sie wirklich die Bedürfnisse Ihrer Zielgruppe? Und wenn dies nicht der Fall ist: Lassen sie sich gegebenenfalls optimieren? Darüber hinaus bilden die Ergebnisse solcher Überlegungen auch die Basis für die Entwicklung neuer Dienstleistungen, Pro-dukte oder Services.

Erfolgsfaktor 5: Marketing

Jetzt geht es darum, Sie und Ihre Expertise mit Ihren Angeboten für Ihre Ziel- und Bedarfsgruppe mit der richtigen Strategie sichtbar zu machen und natürlich gewinn-bringend zu vermarkten. Hierfür nutzen wir das gesamte Spektrum der zur Verfügung stehenden Medien und Kommunikationskanäle.

Alle fünf Erfolgsfaktoren werden wir in diesem Buch ausführlich behandeln, so dass Sie damit Schritt für Schritt Ihre Expertenpositionierung und digitale Expertenkom-munikations- sowie Marketingstrategie, passend zu Ihnen, Ihrer Persönlichkeit und Ihrem Unternehmen erarbeiten können – mit dem Ziel, Sie langfristig als führenden Experten am Markt zu etablieren, für mehr Erfolg, Kunden und Umsatz.

Sehen Sie sich jetzt bitte das Video zu den fünf Erfolgsfaktoren an, in dem ich Ihnen diese fünf wichtigen Meilensteine nochmals persönlich im Detail erläutere:

Video von Martina Fuchs zu den fünf Erfolgsfaktoren

2.11   Sieben gute Gründe für den Expertenstatus

Der konsequente Auf- und Ausbau des eigenen Expertenstatus fordert Ihr Engagement und ein zeitliches sowie monetäres Investment. Damit Sie wissen, warum Sie dies tun und welche Resultate Sie damit erzielen können, stellen wir Ihnen auf den folgenden Seiten die sieben wichtigsten Gründe vor, warum Sie sich heute noch für eine Expertenpositionierung entscheiden sollten:

1. Marktdominanz und Marktführerschaft
Als Experte nehmen Sie Ihren Platz an der Spitze ein. Sie dominieren den Marktplatz und gehören zu den Marktführern innerhalb Ihrer Branche.

2. Geringer Wettbewerb und Alleinstellung im Markt
Durch Ihre Expertenpositionierung differenzieren Sie sich klar von Ihrem Wettbewerb und sorgen so dafür, dass Kunden Ihren Experten-USP, Ihre Alleinstellungsmerkmale und den Gewinn, den Sie dadurch haben, eindeutig erkennen, Sie dadurch auch als Experten wahrnehmen und sich genau deswegen für Sie entscheiden.

3. Der Experte als Kundenmagnet
Der Expertenstatus erlaubt es Ihnen, sich von der Kaltakquise zu verabschieden. Experten wirken anziehend, denn Menschen bevorzugen Spezialisten gegenüber Generalisten. Und Sie werden gerne als »Geheimtipp« von Kunden, Kollegen und anderen Experten weiterempfohlen.

Abb. 8: Sieben gute Gründe für den Aufbau Ihres Expertenstatus

4. Abschied vom Preiskampf

In dem Moment, in dem der Kunde den Nutzen Ihrer Expertise erkennt, endet der Preiskampf. In diesem Moment verkaufen Sie nicht mehr über den Preis, sondern nur noch über den Mehrwert, den Sie bieten, und über die Resultate, die Ihre Kunden mit Ihnen und durch Sie erzielen.

5. Etablierung im Premium- und Hochpreissegment

Als Experte werden Sie nahezu automatisch im Hochpreis- und Premiumsegment angesiedelt und können hier, unabhängig vom Markt oder dem Wettbewerb, Ihre Preisgestaltung auf Basis Ihrer Expertise und dem Wert Ihrer Leistung selbst bestimmen.

6. Lukrative Kooperationen und Partnerschaften

Als Experte sind Sie ein begehrter Kooperationspartner und können so interessante und vor allem lukrative Partnerschaften eingehen.

7. PR und Medienpräsenz

Als Experte sind Sie ein gefragter und gern gesehener Gast in den Medien und können auch über diese Kanäle – online wie offline – Ihre Sichtbarkeit erhöhen, Ihren Expertenstatus weiter auf- und ausbauen sowie Kunden gewinnen.

3 Aufbau einer klaren Expertenpositionierung

Um als Experte wahrgenommen zu werden, muss ich mich eindeutig positionieren. Ich muss Stellung beziehen, einen Standpunkt einnehmen und klar kommunizieren, wofür ich mit meiner Expertise stehe. Positionierung ist nicht der Ort, an dem Sie versuchen sollten, auf allen Märkten oder in allen Branchen zu Hause zu sein. Im Gegenteil, fokussieren Sie sich auf die Branche oder das Thema, bei dem Sie anhand Ihres Expertenprofils genau auf die Kunden treffen, die den höchsten Bedarf an Ihrem Angebot haben sowie den größten Gewinn daraus schöpfen. Das sorgt dafür, dass Ihr Expertenstatus durch die erzielten Erfolge innerhalb dieser Zielgruppe stetig zunimmt. Dadurch wird auch Ihr Kundenstrom nie versiegen, weil automatisch auch die Empfehlungsquote kontinuierlich steigt.

Positionierung fordert somit manchmal auch ein entschiedenes Nein, wenn zum Beispiel eine Anfrage kommt, die nicht in Ihr Portfolio passt. Anstatt den Auftrag mittelmäßig auszuführen und damit Ihrem Expertenstatus zu schaden, sollten Sie lieber darauf verzichten und die Anfrage an jemanden weitergeben, der darin seine Expertise hat. Vergessen Sie nicht: Menschen wollen Spezialisten und keine Generalisten.

3.1 Die drei Ebenen der Expertenpositionierung

Innerhalb der Expertenmarke können wir drei verschiedene Ebenen identifizieren, die durch das Wachstums- und Reifungspotenzial einer Expertenmarke entstehen, denn wie Sie bereits wissen, entwickelt sich Ihre Expertenmarke mit Ihnen mit und wird mit der Zeit immer wertvoller.

Abb. 9: Die drei Ebenen der Expertenpositionierung

Die Basis und die erste Ebene bildet der Status **Experte**. Hier werden wir am Marktplatz von Kunden, Interessenten, potenziellen Neukunden sowie Medien als Experte zum Beispiel durch unsere Fachkompetenz, Methodik, Publikationen und Erfolge wahrgenommen.

Die zweite Ebene ist die Ebene der **Expertenautorität**, der Expert-Authority. Diese bildet sich innerhalb eines Themengebietes oder einer Branche, durch Erfahrung, Wissen, Alter und Status. Ihre Expertise genießt höchstes Ansehen und wird auch von Kollegen und anderen Experten innerhalb deren Wissensgebiet als höchste Instanz angesehen und geschätzt. Dazu zählen für mich der Verleger Hubert Burda, der Daimler-CEO Dieter Zetsche oder Anna Wintour, Chefredakteurin der US-amerikanischen Vogue. Sie ist eine der einflussreichsten Frauen in der gesamten Modebranche.

Die höchste Ebene bilden **Influencer** und *Thoughtleader*. Hier finden wir die Pioniere, Forscher und Vordenker, die durch ihr Wissen und ihre Persönlichkeit ganze Generationen und Epochen prägen und die Welt verändern. Steve Jobs, Elon Musk oder Richard Branson gehören dazu.

3.2   Die Expertenpersönlichkeit

Wenn wir uns mit der Expertenpositionierung beschäftigen, müssen wir uns zuerst mit Ihrer Persönlichkeit beschäftigen, denn sie ist der Schlüssel für Ihren Positionierungserfolg. Vielleicht fragen Sie sich gerade, warum es jetzt doch um Ihre Persönlichkeit geht. Sollte Ihre Expertise nicht wichtiger sein? Ja und Nein.

Natürlich ist Ihre Expertise eines der wichtigsten Schlüsselelemente, denn Persönlichkeit alleine macht Sie nicht zur Expertenmarke, aber wenn wir heute eine Kaufentscheidung treffen, dann spielen zuerst Sie als Mensch und dann im zweiten Schritt Ihre Expertise oder Ihre Dienstleistung eine Rolle.

Menschen kaufen am liebsten von Menschen, also von einer Persönlichkeit, der sie vertrauen und glauben, die ihnen Sicherheit schenkt oder sie bestätigt. Je näher wir einen Menschen an uns heranlassen, also ihm Einblick in unsere wichtigsten oder persönlichsten Angelegenheiten gewähren, umso mehr muss es menscheln. Hier spielt auch der »Nasenfaktor« eine entscheidende Rolle. Da kann die Beratung, der Service oder die Expertise noch so vielversprechend sein, wenn die Chemie nicht stimmt, kommt in der Regel kein Auftrag zustande.

Abb. 10: Zeigen Sie Ihre Expertenpersönlichkeit mit allen Ecken und Kanten. Sie ist der Schlüssel für echte und gute Kundenbeziehungen.

Der zweite wichtige Faktor sind unsere Emotionen, da diese unsere Kaufentscheidungen bis zu 97 % steuern, wie es die Neurowissenschaften belegen. Hier spielt das limbische System, bestehend aus Stamm- und Zwischenhirn, eine entscheidende Rolle. Es gehört zu den ältesten Arealen in unserem Gehirn, die nur über Emotionen erreichbar sind. Erst wenn diese beiden Hirnareale grünes Licht geben, wenn wir uns also gut fühlen, ist der Weg frei für Zahlen, Daten, Fakten. Wenn wir unser Gegenüber nicht riechen können oder er uns das unbewusste Gefühl gibt, dass da etwas nicht stimmt, werden wir immer einen Weg suchen, uns aus der Affäre zu ziehen.

Je echter und authentischer Sie Ihre Expertenpersönlichkeit nach außen zeigen und leben, umso größer der Gewinn für Sie. Erstens werden nur die Kunden zu Ihnen kommen, die nicht nur fachlich, sondern auch auf der menschlichen Ebene passen. Das macht ihr Arbeiten leichter und spart Zeit. Zweitens ist Ihre Persönlichkeit Ihr größtes Alleinstellungsmerkmal überhaupt. Wissen ist austauschbar, kopier- oder modellierbar. Niemals aber Ihre Persönlichkeit und Ihre individuelle Form, wie Sie dieses Wissen weitergeben.

3.3   Was zeichnet eine Expertenpersönlichkeit aus?

Eine Expertenpersönlichkeit zeichnet sich in erster Linie durch Authentizität aus. Sie verstellt sich nicht, sie hält nichts zurück und sie zeigt sich so, wie sie wirklich ist. Sie ist nahbar! Sie ist kongruent in Gedanke, Wort und Tat. Handelt so, wie sie spricht und denkt, und verfügt über eine hohe fachliche Kompetenz und Exzellenz in der Ausführung und Umsetzung.

Authentizität, Kongruenz, fachliche Kompetenz sowie Exzellenz führen zu Vertrauen und Glaubwürdigkeit und bilden das Fundament für Ihren Expertenstatus und Erfolg.

Experten stehen für eine Sache. Sie werden mit einem Thema identifiziert, nicht mit zehn, und sie haben einen klaren Standpunkt und eine eigene Meinung. Sie sind auch mal unbequem, zeigen Ecken und Kanten und sie polarisieren.

Je mehr Sie polarisieren, umso größer Ihr Erfolg. Donald Trump hat gezeigt, wie weit man damit kommen kann, ungeachtet dessen, was man von seiner Person und Kompetenz hält. Deswegen spreche ich bei diesem Thema gerne von dem Trump-Effekt. Aber Achtung: Es reicht nicht, nur zu polarisieren und heiße Luft zu produzieren, Sie müssen auch liefern, denn sonst werden Sie früher oder später scheitern.

Da ich aber davon ausgehe, dass Sie über eine fundierte Fachkompetenz verfügen und echten Mehrwert und Nutzen bieten, sollten Sie auch den Mut haben zu polarisieren. Stehen Sie zu Ihrem Standpunkt und Ihrer Meinung und vermeiden Sie es, jeden glücklich machen zu wollen. Das wird Ihnen sowieso nicht gelingen.

Die Menschen, die uns am meisten beeindrucken oder die einen Influencer-Status haben – wie zum Beispiel ein Richard Branson oder ein Elon Musk –, sind solche, die auch ihre Ecken und Kanten leben und zeigen. Sie haben ein glasklares Profil und bieten ihrem Gegenüber eine Reibungsfläche, an der dieser wachsen kann. Daraus bildet sich dann eine Community von echten Fans. Die wertvollste Ressource in der digitalen Welt.

Und zum Schluss sei auch hier nochmals erwähnt: Walk your Talk – leben Sie, was Sie predigen, und vor allem, wofür Sie mit Ihrer Expertise und Ihrem Namen stehen. Nur das erzeugt echte Glaubwürdigkeit und Vertrauen bei Ihrer Zielgruppe, die stärkste Währung, wenn wir erfolgreich Kunden gewinnen möchten.

3.4   Die vier Schlüsselelemente für Ihre Expertenpositionierung

Expertise entsteht nicht allein nur durch unsere schulische und berufliche Ausbildung, sondern sie setzt sich aus Lebens- und Berufserfahrung, Praxiswissen, persönlichem Werdegang, menschlichen Begegnungen sowie Ihrer Lebensgeschichte zusammen. All dies hat Einfluss auf Ihre Expertenpersönlichkeit und Expertise sowie letztlich auch auf Ihre Positionierung.

Eine erfolgreiche Expertenpositionierung berücksichtigt somit vier Schlüsselelemente, die wir uns jetzt im Detail ansehen. Ich nenne dieses Stadium in der Beratung auch die »Nabelschau«, da es hier sehr persönlich wird. Sie sollten sich dafür ausreichend Zeit nehmen und auch wirklich in die Tiefe gehen, denn diese vier Schlüssel formen später Ihr Expertenprofil, das die Basis Ihrer Expertenpositionierung ist.

3.4.1 What's your story? – Ihre persönliche Geschichte

Ihr persönlicher Werdegang, Ihre Geschichte hat Sie zu der Person gemacht, die Sie heute sind, und das hat Ihr Tun maßgeblich geprägt und beeinflusst. Dementsprechend ist es wichtig, diesen Lebensweg genau zu betrachten und dabei zu prüfen, ob es gerade persönliche Erfahrungen und Lebensereignisse waren, die Ihre Berufswahl und Expertise geprägt haben.

Gerade die schwierigen Zeiten sind hier wichtig, denn sie haben den stärksten und prägendsten Einfluss auf uns. Es lohnt sich also, hier genau hinzusehen und zu hinterfragen, ob Ihre Expertise in diesen Zeiten entstanden ist.

So hat einer meiner Kunden, früher selbst erfolgreiche Führungskraft in einem internationalen Konzern, einen schweren Burn-out gemeistert und daraufhin radikal sein Leben verändert. Heute begleitet er als Coach Führungskräfte, die sich in einer ähnlichen Situation befinden, und hilft Ihnen, diese Lebensphase ebenfalls erfolgreich zu meistern. Besonders diese selbst durchlebte Erfahrung macht ihn heute zu einem unendlich wertvollen Begleiter für Menschen in einer ähnlichen Lebenssituation und schenkt ihm für seinen eigenen Expertenstatus eine extrem hohe Glaubwürdigkeit.

Fragen Sie sich, wer oder was Sie auf Ihrem Weg besonders geprägt hat. Welche Familienmitglieder, Freunde, Vorbilder oder Mentoren haben Sie inspiriert und gefördert bzw. tun dies heute noch? Welche Lebensstationen waren ganz besonders wichtig für Sie? Klären Sie auch Ihre persönlichen Bedürfnisse und Vorlieben. Was ist Ihnen wirklich wichtig? Was lehnen Sie ab und was sollte sich auf keinen Fall in Ihrem Leben wiederholen? Können Sie einen roten Faden erkennen, der sich durch Ihr Leben zieht und Ihr Tun bis heute prägt?

Diese Erkenntnisse sind wertvoll und bergen oft wahre Schätze für Ihr Profil und zum Beispiel auch für Ihre »Über mich«-Seite auf Ihrer Website. Selbstverständlich entscheiden Sie, wie viel Sie davon nach außen mitteilen möchten. Es geht auch nicht darum, alles öffentlich zu machen, aber wenn Sie einen Lebensweg haben, der Ihre Karriere so beeinflusst hat, wie der eben geschilderte Fall meines Kunden, dann untermauert diese Selbsterfahrung Ihre Expertise und stärkt Ihre Glaubwürdigkeit.

Und scheuen Sie sich nicht, auch Ihre schwierigen Zeiten zu teilen, das macht Sie nur menschlich. Menschen, die selbst durch eine schwierige Phase gehen müssen, schöpfen gerade durch solche Vorbilder den Mut für die nächste Etappe.

3.4.2   Wertewelten – Ihre Werte als Basis für Ihren Erfolg

Werte sind die Basis unseres Lebens und Handelns. Anders als Bedürfnisse sind unsere Werte, einmal gefasst, sehr beständig und verändern sich in der Regel nur sehr, sehr selten. Je bewusster Ihnen diese Werte sind, umso besser, denn diese Werte prägen natürlich auch Ihr tägliches Tun. Und je klarer Sie Ihre Werte kommunizieren, umso stärker ziehen Sie Menschen mit einer ähnlichen Wertestruktur an, was für eine erfolgreiche und gute Kundenbeziehung sorgt.

Machen Sie sich also Ihre drei wichtigsten Werte bewusst und kommunizieren Sie diese auf Ihrer Webseite in Ihren Texten, bei Ihrem Expertenprofil oder in der Unternehmensphilosophie. Ein Bauunternehmen, das ich beratend begleite, ist seit über 45 Jahren in Ostbayern tätig und zählt zu den Pionieren im schlüsselfertigen Massivhausbau. Diesem Unternehmen sind Werte wie Tradition in Verbindung mit Innovation sowie Regionalität sehr wichtig und diese Werte werden auch gelebt, beispielsweise indem nur mit Handwerksbetrieben aus der Region zusammengearbeitet wird. Dies wird auch auf allen Medienkanälen wie der Webseite oder anderen Werbemitteln klar kommuniziert.

Laden Sie sich jetzt den Wertekompass herunter, den Sie in Ihrer Haufe-App finden, und ermitteln Sie damit Ihre drei wichtigsten Werte. Gehen Sie wie folgt vor: Wählen Sie aus der Tabelle zuerst Ihre zehn wichtigsten Werte. Reduzieren Sie dieses Ergebnis auf fünf Werte und aus diesen verbleibenden fünf Werten wählen Sie Ihre drei Kernwerte.

Übrigens: Mithilfe der App können Sie den Wertekompass auch direkt an Ihre E-Mail-Adresse senden, wenn Sie die Vorlage an Ihrem Computer ausdrucken möchten.

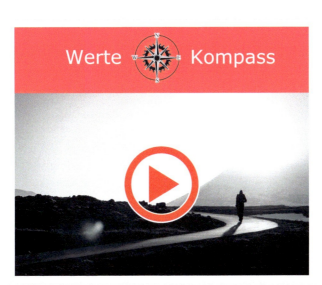

Der Wertekompass

Fangen Sie an, diese Werte über Worte, Bilder und auch in der Gestaltung und Farbe konsequent zu kommunizieren. So wird die Farbe Blau mit Vertrauen assoziiert und deswegen auch gerne bewusst bei der Gestaltung von Logos oder Designs eingesetzt, wie die Finanz- und Versicherungsbranche zeigt. Beispiele sind die Unternehmen Allianz, Paypal, AXA, Credit Suisse, Citigroup oder Deutsche Bank.

3.4.3   Fachkompetenz – Ihre Expertise

Wenn es in diesem Abschnitt um Ihre Fachkompetenz und Expertise geht, müssen wir hier auch etwas weiter blicken, da sich diese nicht nur aus Ihrer Schul- und Berufsausbildung zusammensetzt. Hierzu zählen übrigens ebenso Berufserfahrungen aus Praktika oder Nebenjobs aus der Studentenzeit. Vielleicht haben Sie eine Zeitlang in der Gastronomie gejobbt und dort einige wertvolle Erfahrungen gesammelt oder entdeckt, dass Ihnen der direkte Austausch und Umgang mit Menschen wichtig ist.

Machen Sie sich eine Milestone-Liste, beginnend mit Ihrer Schulausbildung, Studium, Hochschulabschluss, Ihren beruflichen Karriere-Etappen, und halten Sie jede wichtige Station bis heute fest. Dazu gehören auch alle Ihre Fach- und Fortbildungen, selbst solche, die auf dem ersten Blick nichts mit Ihrer eigentlichen Tätigkeit zu tun haben. Fachliteratur, die Sie für Ihre Weiterbildung regelmäßig lesen, gehört auch dazu. Vergessen Sie nicht Ihre wichtigen Praxiserfahrungen aus der Arbeit mit Ihren Kunden und Projekten sowie Ihre erworbenen Abschlüsse, Diplome und Zertifikate.

3.4.4   Motivation – Ihre persönlichen Beweggründe

Zu guter Letzt ist es auch wichtig zu ergründen und zu erkennen, warum Sie tun, was Sie tun. Was motiviert Sie? Was treibt Sie an, täglich Ihr Bestes zu geben. Dieses »Warum« hinter unserem Tun ist nicht nur ein starker Motor, sondern auch ein wichtiges Verbindungsstück zu Ihren Kunden. Wenn diese Ihr Warum kennen und verstehen, werden sie zu loyalen Kunden. Menschen kaufen nicht, »was wir tun, sondern warum wir etwas tun«, wie Simon Sinek in seinem Buch »Frag immer erst: warum. Wie Top-Firmen und Führungskräfte zum Erfolg inspirieren« mit seinem Golden-Circle-Modell aufzeigt und so auch den Erfolg einer Marke wie Apple nachvollziehbar darstellt. Also ergründen Sie Ihr persönliches Warum und kommunizieren Sie dieses klar an Ihre Zielgruppe.

Da diese vier Elemente die Basis für Ihre Expertenpositionierung bilden und Sie damit Ihr Expertenprofil formen, habe ich dazu ein kurzes Video gedreht, um Sie persönlich durch diese vier Schlüssel zu führen. Scannen Sie einfach die folgende Abbildung mit Ihrer Haufe-App.

Video von Martina Fuchs zu den vier Schlüsselelementen Ihrer Expertenpositionierung

3.5   Ihr Expertenprofil

Die Ergebnisse und Antworten zu den vier Schlüsselelementen **Geschichte**, **Werte**, **Fachkompetenz** und **Motivation** bilden die Basis für Ihr Expertenprofil. Die folgenden fünf Fragen helfen Ihnen, diese Basis weiter zu vertiefen.

1. Wofür stehe ich mit meinem Namen?
Diese Frage ist so einfach wie genial und wurde durch Claus Hipp und seiner Werbekampagne geprägt, mit der er sich erfolgreich von seinen Mitbewerbern absetzt, indem er Gesicht zeigt und sich nicht hinter seiner Marke versteckt.

Sehen Sie sich dazu das Video »Wofür stehen Sie mit Ihrem Namen?« in der Haufe-App an und lassen Sie sich von der Übung inspirieren, ein Akronym aus Ihrem Namen zu bilden.

Video von Martina Fuchs zum Namensakronym

Ihr Namensakronym können Sie übrigens auch auf Ihrer Über-mich- bzw. Über-uns-Seite veröffentlichen und so dem Webbesucher damit gleich einen interessanten Einblick in Ihre Persönlichkeit und darin, was Ihnen wichtig ist, geben.

Die Methode, ein Akronym aus dem eigenen Namen zu bilden, ist auch für Teams bestens geeignet, weil damit die einzelnen Expertenpersönlichkeiten und Charaktere sich in einer neuen Art und Weise dem Webbesucher präsentieren können.

2. Für welche Expertise will ich bekannt sein?

Diese Frage hilft nochmals, detailliert zu klären, mit welcher Expertise Sie nach außen hin auftreten möchten und ob dies mit Ihrer aktuellen Positionierung übereinstimmt oder neu justiert werden muss.

3. Was sollen Kunden über mich sagen, wenn ich den Raum verlasse?

Zu dieser Frage hat mich Jeff Bezos, der Amazon-Gründer, inspiriert, als er sagte: »Marke ist das, was andere über Dich sagen, wenn Du nicht im Raum bist.« Was möchten Sie hier hören? Einer meiner Kunden beantwortete diese Frage mit den Worten: »Einfach nur WOW!«

Abb. 11: Was möchten Sie, dass Kunden und Interessenten über Sie als Experte sagen?

4. Was muss ich dafür leisten?

Wenn Sie ein WOW hören möchten, sobald Sie den Raum verlassen, dann müssen Sie auch im Vorfeld Entsprechendes liefern. Machen Sie sich also klar, welche Resultate und Ergebnisse Sie in welcher Qualität in der Zusammenarbeit mit Ihren Kunden kontinuierlich erzielen müssen, damit Sie am Ende das hören, was Sie sich wünschen.

5. Was bin ich bereit zu investieren?

Mit dieser Schlüsselfrage klären Sie, was Sie bereit sind für die gewünschten Ergebnisse zu investieren, und zwar an Zeit, Einsatz und Finanzen. Ich denke, es ist immer wichtig, sich im Vorfeld über die materiellen wie immateriellen Kosten klar zu werden, um gute Entscheidungen für langfristige Erfolge zu treffen.

3.6   Ihr Experten-Avatar

Wenn Sie alle Fragen beantwortet haben, sollten Sie im nächsten Schritt aus all den Informationen, die Ihnen jetzt zu Ihrer Person vorliegen, einen Avatar erstellen. Ein Avatar ist die Visualisierung Ihrer Ergebnisse mithilfe von Bildern, Textpassagen, Worten, Statements und/oder Zitaten, die Sie zum Beispiel aus dem Web herunterladen oder aus Magazinen ausschneiden. Diese Materialien werden dann in Form einer Collage auf Papier oder einer Leinwand gebracht oder mit einem Online-Tool wie Canva digital visualisiert. Wir bezeichnen dies auch als **Moodboard**.

Dieses Bild hilft Ihnen dabei, Ihr Expertenprofil kontinuierlich weiterzuentwickeln sowie zu schärfen, passend zu Ihren jeweiligen persönlichen und beruflichen Entwicklungsstufen. Es ist Ihr Leitbild, das für Klarheit sorgt und mit dem Sie das gewünschte Ergebnis schneller erreichen können. Sie können jederzeit etwas hinzufügen oder entfernen und filtern so immer besser heraus, wer Sie wirklich sein möchten und was Sie wirklich als Experte erreichen möchten.

Sehen Sie sich jetzt ein Video an, in dem ich Ihnen zeige, wie Sie Ihren Experten-Avatar in wenigen Schritten online erstellen können.

Video von Martina Fuchs zum Aufbau eines Experten-Avatars

3.7   Positionierungsfelder besetzen

Wenn wir über Positionierung sprechen, dann ist es sinnvoll, Felder zu unterscheiden, auf denen wir uns mit unserer Expertise platzieren können.

Als Erstes entscheiden wir uns für einen Markt. Innerhalb dieses Marktes dann für eine Branche. In dieser Branche können wir uns noch spitzer positionieren, indem wir uns für eine Nische entscheiden, in der wir ein Thema für eine ganz spezielle Zielgruppe belegen. Diese Zielgruppe machen wir dann mit einer eigenen Methode, einer Dienstleistung oder einem Produkt zum Kunden. Diese Kunden können eventuell in einer bestimmten Region ansässig sein.

Ideal wäre es, wenn uns diese Positionierung auf spezifischen Feldern in dieser Tiefe gelingt. Dies ergibt sich aber nicht über Nacht, sondern es ist das Resultat einer konsequenten Positionierungsarbeit über einen längeren Zeitraum, in dem ich immer klarer erkenne, wer wirklich den höchsten Bedarf an meinem Angebot hat. Manchmal gelingt es uns sogar, auf diese Weise ganz neue oder sogar noch nicht besetzte Felder zu belegen.

In der Regel belegen wir bei der Positionierung ein bis vier Felder, zum Beispiel die Felder Branche, Zielgruppe, Angebot oder Methode. Für Ihren Erfolg ist es nicht unbedingt notwendig, jedes Feld zu belegen. Es reicht schon, wenn Sie das Feld identifizieren und besetzen, das die größte Hebelwirkung für Ihren Erfolg und Ihre Kundengewinnung hat.

Darüber hinaus sollten Sie immer auch Ihre Wirtschaftlichkeit im Auge behalten, denn natürlich muss eine gewisse Zielgruppengröße mit entsprechender Kaufkraft am Schluss gegeben sein. Zugleich sollten Sie aber auch keine Angst haben, sich zu spitz zu positionieren, denn wenn Sie sich in der Positionierung auf die wesentlichen Felder mit der größten Hebelwirkung fokussieren, können Sie Ihr Angebot innerhalb dieser Nische und Zielgruppe entsprechend expandieren, indem Sie beispielsweise gezielt neue Angebotsmodelle und Dienstleistungspakete dafür entwickeln.

Wenn sich Ihr Angebot oder Produkt branchenübergreifend einsetzen lässt, dann neigt man gerne dazu, auch in allen Branchen zu agieren. Allerdings stellt sich mir hier immer die Frage, ob Sie wirklich für jede Branche der beste Ansprechpartner sind und damit Ihren Expertenstatus fördern.

Das Wissen, das ich als Beraterin mit Ihnen teile, ist für jede Branche und Nische anwendbar, denn Experten finden wir überall bzw. es bietet sich in jeder Branche die Möglichkeit zur Expertenpositionierung. Allerdings kann ich mich als Beraterin auf Branchen spezialisieren, die einerseits einen besonders hohen Bedarf an meiner Expertise haben und die mir andererseits aufgrund meiner Erfahrung, meiner Branchenkenntnis,

Berufspraxis sowie meiner Vorlieben persönlich besonders liegen. Diese Reduktion steigert automatisch meine Glaubwürdigkeit und somit auch meinen Expertenstatus.

Beispiele für erfolgreiche Positionierungen

!

Ein gelungenes Beispiel für eine erfolgreiche Positionierung ist für mich eine Zahnklinik aus dem Raum Frankfurt a. M. Diese hat sich auf Angstpatienten spezialisiert und bietet Methoden und Techniken, die diesen Patienten eine garantiert schmerzfreie und somit stress- sowie angstfreie Behandlung ermöglicht. Diese Positionierung wird nicht nur medizinisch konsequent umgesetzt, sondern spiegelt sich sowohl in der Gestaltung der Webseite durch Design, Text und Bild als auch in der Gestaltung der Praxisräume wider, die Ruhe und Entspannung ausstrahlen. Alles vermittelt eine Botschaft: Bei uns brauchen Sie keine Angst zu haben! In diesem Beispiel werden folgende Positionierungsfelder abgedeckt: Branche, Nische, Zielgruppe, Thema, Methode.

Ein weiteres Beispiel aus meinem Kundenkreis ist das Unternehmen Hilpl-Wagner Bau GmbH. Es ist seit über 45 Jahren im Bereich schlüsselfertigem Massivhausbau in der Region Ostbayern tätig und hat sich konsequent auf dieses Thema spezialisiert. Die Qualitätssicherung erfolgt unter anderem durch den eigens entwickelten HWB-Bauablaufplan, der dafür sorgt, dass Bauherren garantiert zur vereinbarten Zeit ins Eigenheim kommen. Ein weiterer wichtiger Erfolgsbaustein ist das HWB-Lebensphasenkonzept, mit dem sich das Unternehmen auf drei Zielgruppen fokussiert hat: junge Familien, Wohn-Individualisten sowie Best Ager 55+. Ihr innovatives Konzept, Menschen sicher und stressfrei in die eigenen vier Wände zu bringen, wurde bereits mehrfach ausgezeichnet. Es sorgt dafür, dass dieses Unternehmen das Thema »schlüsselfertiger Massivhausbau« in seiner Region positiv als Experte besetzt. Die Positionierungsfelder sind hier: Branche, Nische, Thema, Zielgruppe, Region.

Abb. 12: Wählen Sie die Positionierungsfelder mit der größten Hebelwirkung für Ihren Erfolg.

3.8   Positionierung – flexibel wie ein Bambus

Zum Schluss dieses Kapitels noch ein wichtiger Hinweis: Ihre Positionierung ist nicht in Stein gemeißelt, sondern ein evolutionärer Prozess. Genau das ist ja das Wertvolle an Ihrer Expertenmarke, dass diese mit Ihnen mitwächst und sich weiterentwickelt.

Im digitalen Zeitalter müssen wir uns regelmäßig neu erfinden sowie unser Wissen kontinuierlich updaten. Wir müssen offen sein für technische Innovationen und uns schnell neuen Strömungen, Märkten und Zielgruppen anpassen. Das bedeutet auch immer wieder eine Fein- und Neujustierung unserer Positionierung.

Deswegen sollten Sie generell alle ein bis zwei Jahre eine Standortbestimmung durchführen und prüfen, ob Ihre aktuelle Positionierung noch stimmig ist oder einer Überarbeitung bedarf.

4 Expertenpositionierung für kreative Unternehmer

Wie in Kapitel 3 beschrieben, geht es bei der Positionierung um Fokussierung und Reduktion auf die wesentlichen Kernthemen Ihrer Expertise sowie auf die Wahl der Positionierungsfelder mit der größten Hebelwirkung für Ihren Erfolg. Diese Fokussierung und Reduktion fällt oft schwer, vor allem dann, wenn es sich um kreative Unternehmer mit vielen Interessen handelt.

Hier gilt es, unterschiedliche Kompetenzen, Talente, Leidenschaften und Begabungen zu vereinen oder auch einmal zu trennen, wenn sie sich nicht sinnvoll verbinden lassen. Dasselbe gilt natürlich auch für die Angebote, Services oder Produkte, die aus dieser Kreativität heraus entstehen. Nicht immer lässt sich hier auf den ersten Blick eine Verbindung herstellen und oft wirkt das Ganze einfach wie ein großer, bunter Bauchladen. Nur das ist in den meisten Fällen für Ihren Erfolg nicht förderlich und für Ihren Expertenstatus erst recht nicht, denn Experten haben keinen Bauchladen. Sie sind spezialisiert und bedienen klar definierte Positionierungsfelder.

4.1 Gefahrgut Bauchladen

Was ist nun so gefährlich an einem Bauchladen? Kann man damit nicht doch erfolgreich sein? Darauf antworte ich gerne mit folgendem Beispiel: Stellen Sie sich vor, Ihr bester Freund hat sich beim Sport verletzt und muss jetzt an der Schulter operiert werden. Er hat die Wahl zwischen einem Orthopäden und Chirurgen, dessen Spezialgebiet die Schulter ist und der diesen Eingriff bereits mehrere hundert Mal durchgeführt hat und somit über enormes Wissen und Erfahrung verfügt, und einem Chirurgen, der von Schulter über Hand bis hin zum Knie alles schon mal gemacht hat. Wo würden Sie selbst hingehen im Fall der Fälle? Zum Alleskönner oder zum Experten? Was raten Sie Ihrem Freund? Ich bin mir ziemlich sicher, dass Ihre Wahl auf den Experten fällt.

Als ich vor einigen Jahren wegen Überlastung und eines schweren Grippevirus meine Stimme verloren hatte und sechs Wochen lang nicht sprechen konnte, habe ich alle Hebel in Bewegung gesetzt, um den besten HNO-Arzt mit dem Fokus auf Kehlkopf und Stimmband zu finden. Wie habe ich das geschafft? Ich habe mich bei anderen Medizinern (Experten) erkundigt und bin zum Glück nicht nur fündig geworden, sondern habe eine Ärztin gefunden, die mir mit ihrer langjährigen Expertise geholfen hat, meine Stimme zurückzugewinnen, und dies ohne schon angedrohte OP von einem vermeintlichen Fachmann und ohne bleibende Schäden. Wäre ich in diesem Fall zu einem All-in-one-Arzt gegangen? Definitiv Nein!

Wir Menschen wollen keine Generalisten, wir wollen Spezialisten! Gerade auch, wenn es um schwierige Situationen oder komplexe Themen geht. In einem solchen Fall ist ein Bauchladen-Angebot fatal, weil es dazu führt, dass Sie am Markt gegen einen Experten so gut wie keine Chance haben, selbst wenn Sie noch so gut sind.

Ein weiteres Argument: Experten empfehlen andere Experten! Als mich meine HNO-Ärztin behandelt hat, hat sie sofort eine erfahrene Logopädin mit mehr als 30 Jahren Erfahrung hinzugezogen, die mit ihrem konsequenten Stimmtraining entscheidend zum Erfolg beigetragen hat. Das heißt, wenn sich Ihr potenzieller Kunden einmal in der Expertenliga befindet, wird er diese nicht mehr verlassen wollen, da Experten generell nur andere Experten weiterempfehlen.

Als Besitzer eines Bauchladens sorgen Sie dafür, dass potenzielle Kunden einfach nicht erkennen oder verstehen, was Sie wirklich anbieten und wofür Sie eigentlich stehen. Wenn ich auf Veranstaltungen, Messen oder Fortbildungen bin und mein Gegenüber frage, was er beruflich macht, dann wird es für Bauchladenbesitzer schwierig, weil sie meist selber nicht wissen, wie sie sich vorstellen sollen und das, was sie alles machen, eigentlich rüberbringen sollen. Ein Dilemma, das sich dann auch auf den Webseiten und Social-Media-Kanälen widerspiegelt.

Wenn der »Bauchladenbesitzer« selbst nicht genau weiß, was er eigentlich macht oder wie er das, was er macht, erklären soll, wie soll der potenzielle Kunde dann a) verstehen, um was es hier geht, und b) diese Person beispielsweise jemanden anderen vorstellen oder weiterempfehlen. Dadurch gehen viele potenzielle Kunden verloren. Und auf das wirkungsvollste Marketing der Welt, das Weiterempfehlungsgeschäft, wird vollständig verzichtet.

Darüber hinaus macht uns ein Bauchladen einfach unglaubwürdig. Wenn jemand alles zu können scheint oder einfach auf vielen Hochzeiten tanzt und sich selbst als Experte für X, Y und Z bezeichnet, beginnen wir automatisch, daran zu zweifeln, und fragen uns, ob er oder sie es »wirklich drauf hat«.

Und zu guter Letzt sorgt ein Bauchladen dafür, dass Sie weiterhin austausch- und unsichtbar im breiten Marktfeld verankert bleiben mit negativen Folgen wie Preiskampf und Konkurrenzdruck.

4.2   Die vier großen Positionierungsängste

Warum halten kreative Unternehmer oft trotzdem an dem Bauchladenkonzept fest? In meiner Beratungsarbeit habe ich vier Grundängste identifiziert.

1. Angst vor einer Fehlentscheidung

Was, wenn ich mich für das Falsche entscheide? Was, wenn ich auf die falsche Zielgruppe, Branche oder das falsche Thema setze? Diese Angst lässt sich dadurch kurieren, dass Sie eine gute Vorarbeit leisten und sich intensiv mit Ihrem Markt sowie Ihren potenziellen Kundengruppen und deren Problemen auseinandersetzen und so den Bedarf und die Kaufkraft Ihrer Kunden klären. Dies sollten Sie auch regelmäßig überprüfen, um aktuelle Strömungen und Trends zu berücksichtigen. Lassen Sie darüber hinaus Ihre Erfahrungen aus Ihrem bestehendem Unternehmen sowie die daraus resultierenden Markt- und Umsatzergebnisse mit in Ihren Entscheidungsprozess einfließen.

Und vergessen Sie nicht, es ist nichts in Stein gemeißelt! Ihre Positionierung bleibt flexibel und kann jederzeit angepasst werden, wenn es der Markt erfordert. Develop on the Go! Ihre Expertenmarke soll sich ja gemeinsam mit Ihnen weiterentwickeln und dabei müssen auch Fehleinschätzungen erlaubt sein. Diese Haltung ist später auch beim Umgang und in der Arbeit mit digitalen Medien und Marketingstrategien wichtig. Lassen Sie sich einen Spielraum für das Testen und Fehlermachen, denn nur so können Sie am Schluss für sich die erfolgreichste Strategie zu mehr Sichtbarkeit, Reichweite und Kunden aufbauen.

2. Angst vor Kreativitätsverlust und Langeweile

Heißt das jetzt, dass ich mich ab sofort für den Rest meines Lebens nur noch diesem einen Thema widmen muss? Was mache ich mit meinen anderen 1.000 Ideen und meiner ganzen Kreativität? Die Vorstellung, nur noch in einem Bereich tätig sein zu können oder mich nur auf eine Branche oder Zielgruppe zu fokussieren, finde ich unerträglich. Da langweile ich mich ja zu Tode!

Sollten Sie zu dieser Personengruppe gehören, dann wirkt das Thema Positionierung wie ein Kreativitätskiller und ein Gefängnis für Ihren regen Unternehmergeist. Es führt dazu, dass Sie sich meist erst gar nicht damit beschäftigen. Aber genau dafür gibt es eine einfache Lösung, über die wir gleich noch sprechen werden, denn ich selbst zähle zu diesen kreativen Unternehmern und ich habe eine Strategie für Sie, die Ihnen zeigt, wie Sie Ihre vielen Talente sinnvoll zusammenführen und leben können.

3. Angst, nicht genug Kunden zu gewinnen

Wenn ich mich so spitz positionieren muss, gibt es dann überhaupt genügend Kunden für mich? Eine wichtige Frage, die Sie im Vorfeld Ihrer Positionierungsarbeit klären müssen, indem Sie sich den Markt, die Branche, die Größe der Zielgruppe sowie deren Kaufkraft ansehen und dann basierend auf Ihren Ergebnissen und Fakten ganz realistisch klären können, ob Sie hier erfolgreich aktiv sein können oder Ihre Positionierung anpassen müssen.

Und vergessen Sie nicht: Wenn eine spitze Positionierung gepaart mit einer hohen Spezialisierung auf eine kaufkräftige Zielgruppe trifft, dann sind Sie als Experte so begehrt, dass selbst ein kleineres Marktsegment für ausreichend Kunden und den gewünschten Umsatz sorgt.

4. Angst vor finanziellen Verlusten
Wenn ich mein Angebot verkleinere und mich nur noch auf meine Kern-Services oder Dienstleistungen fokussiere, schmälert dies dann nicht automatisch meine Einnahmen und meinen Umsatz? Wenn ich mich von meinem Bauchladen trenne, kann ich dann überhaupt existieren?

Wie bei der Angst, nicht genug Kunden zu gewinnen, geht es auch hier darum, den Markt genau zu analysieren und zu erkennen, wo Sie die Kundengruppe finden, die den größten Bedarf an Ihrer Expertise und Ihrem Angebot hat. Darüber sprechen wir auch im nächsten Kapitel, wenn es um Kunden und Zielgruppen geht. Des Weiteren werden Sie sicherlich schon jetzt einen Überblick haben, welche Dienstleistungen oder Produkte besonders gut ankommen und so ein wesentlicher Umsatzfaktor für Sie sind und welche nicht.

Die Angebote, die nur so mitlaufen, aber für Ihre Einnahmen nicht wirklich relevant sind, vielleicht sogar mehr kosten als einbringen – beispielsweise an Zeit, Produktion oder Verwaltung –, können Sie getrost verabschieden. Fokussieren Sie sich auf diejenigen Einkommensquellen, die wirklich relevant sind und bei denen Sie mit Ihrer Expertise bei Ihrer Kundengruppe am erfolgreichsten sind.

Mit dieser neugewonnenen Fokussierung können Sie dann zum Beispiel neue Angebotspakete in verschiedenen Preissegmenten schnüren, die zielgenau die Bedürfnisse Ihrer wichtigsten Zielgruppe treffen. Vergessen Sie nicht: Gerade als Experte haben Sie die Möglichkeit, sich erfolgreich im Hochpreissegment zu etablieren und so am Ende mehr Einnahmen zu generieren als vorher.

4.3   Lösungen für das Positionierungsdilemma

Nachdem wir uns mit den wichtigsten Ängsten beschäftigt haben, die Sie vielleicht davon abhalten, an Ihrer Expertenpositionierung zu arbeiten, möchte ich Ihnen nun meinen Rettungsschirm für kreative Unternehmer vorstellen, der Sie Schritt für Schritt zu größerer Klarheit und zur Lösung führt.

1. Überblick verschaffen
Im ersten Schritt machen Sie eine Ist-Analyse und verschaffen sich einen Überblick über all Ihre Fähigkeiten, Talente und Gaben und die daraus resultierenden Leistungen

sowie Angebote, die Sie in Ihrem Portfolio derzeit anbieten. Erstellen Sie hierzu am besten eine Angebotsliste als Excel-Datei, damit Sie alles schön übersichtlich haben.

2. Wofür brennen Sie?

Wenn Sie sich diese Angebotsliste ansehen, fragen Sie sich: Wofür brennen Sie am meisten? Was begeistert Sie? Was machen Sie mit voller Leidenschaft und was machen Sie nur halbherzig oder eigentlich »nur« wegen des Geldes oder weil Sie glauben, dass Sie es mit anbieten müssen? Markieren Sie dies auf Ihrer Expertise- und Angebotsliste und streichen Sie, was weg kann.

3. Worin sind Sie wirklich gut?

Experten zeichnen sich dadurch aus, dass sie in ihrem Thema durch Exzellenz glänzen. Also, worin liegt Ihre stärkste Problemlösungskompetenz? Was beherrschen Sie wie kein anderer? Welche Fähigkeiten und Talente schütteln Sie mit Leichtigkeit aus dem Ärmel? Was begeistert Ihre Kunden an Ihrer Expertise am meisten, wenn diese mit Ihnen arbeiten? Und vergessen Sie hier nicht, auch das zu notieren, was für Sie ganz selbstverständlich und in Ihren Augen ganz »normal« ist, denn dies ist noch lange nicht »normal« für Ihre Kunden. Vielleicht sind Sie strategisch ein Ass oder Sie können Zusammenhänge in kürzester Zeit erkennen, während Ihr Kunde immer noch den Wald vor lauter Bäumen nicht sieht. Sie können auch direkt bei Ihren Kunden nachfragen, was diese besonders an der Zusammenarbeit mit Ihnen schätzen.

4. Gibt es einen roten Faden?

Wenn Sie nun Ihre Excel-Liste mit all Ihren Kompetenzen, Talenten, Gaben und den daraus resultierenden Angeboten und Dienstleistungen sehen, können Sie hier einen roten Faden erkennen, der sich durch alle Leistungen zieht, diese vereint bzw. ihnen einen gemeinsamen Nenner oder eine Überschrift gibt? Ein solcher roter Faden könnte beispielsweise sein, dass in Ihrer Arbeit immer der Mensch im Zentrum steht oder dass Sie erkennen, am liebsten »hinter den Kulissen« tätig zu sein, und Ihnen häufiger Kundenkontakt gar nicht liegt. Eine andere Überschrift könnte »Raum« sein, vielleicht weil Sie Räume gestalten, Lebensraum entwickeln, Raum für Begegnung schaffen oder Raum und Design vereinen.

Diese roten Fäden sind auch wertvolle Indikatoren für uns, mit welcher Zielgruppe wir bevorzugt arbeiten, also zum Beispiel mit Privatpersonen oder Unternehmen, mit Führungskräften oder selbstständigen Unternehmern usw.

Notieren oder markieren Sie Ihre Einsichten und Erkenntnisse wieder auf Ihrer Liste, in der Sie Ihre Strategie und Ihre Ideen für das weitere Vorgehen festhalten.

5. Ergebnisse bündeln und gruppieren

In diesem Schritt geht es nun darum, die gewonnenen Erkenntnisse und Ergebnisse zu bündeln und zu gruppieren. Bilden Sie dazu maximal drei bis vier Gruppen. Wenn Sie als Berater, Coach oder Trainer tätig sind, könnten sich beispielsweise folgende Gruppen bilden: Beratung, Trainings & Workshops, Live-Events.

Wenn Sie als Bauunternehmer tätig sind, könnten Ihre Ergebnisse lauten: Hausplanung, schlüsselfertiger Massivhausbau, Innenarchitektur. Dies zeigt uns, dass Sie den Bauherren durch alle Phasen des Hausbaus begleiten und so gleichzeitig Ihre einzelnen Kompetenzen aus den unterschiedlichen Bereichen mit einbringen können. Der übergeordnete rote Faden ist hier: Lebensraum gestalten und schaffen.

6. Trennen Sie sich von Überflüssigem

Wichtig: Sobald Sie bemerken, dass sich aus Ihrer Liste etwas nicht diesen definierten Gruppen zuordnen lässt oder nicht Ihren wichtigsten Talenten, Kompetenzen oder Ihrer Leidenschaft entspricht, sollten Sie sich davon trennen, es outsourcen oder sich ein Netzwerk aus Partnern aufbauen, die genau in diesen Bereichen Experten sind und auf die Sie bei Bedarf verweisen können. Vergessen Sie nicht, es geht hier um Reduktion und Struktur.

4.4   Die Dachmarkenstrategie für Experten

Als Ergebnis der vorangegangenen sechs Schritte sollten Sie nun ein sehr klares Expertise- und Leistungsspektrum haben, das sich in klare Gruppen unterteilt und für die wir nun im letzten, finalen Schritt ein Dach kreieren.

Die Dachmarke, im Englischen auch *Umbrella Brand*, ist der Rettungsschirm für kreative Multipreneure. Darunter können wir die einzelnen Gruppen und Leistungspakete, die wir zuvor gebildet haben, elegant zusammenführen und so aus einem früheren Bauchladen eine sinnvolle und sinnstiftende Unternehmensstruktur und ein Markensystem bilden.

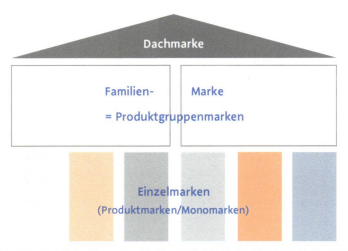

Abb. 13: Aufbau einer Dachmarke

Sinn und Ziel der Dachmarke ist es, eine große Reichweite und gleichzeitig eine große Akzeptanz in der Zielgruppe zu erzielen sowie ein positives Markenimage zu etablieren. Hier einige klassische Dachmarken: Ferrero (Kinderschokolade, Duplo, Hanuta), Beiersdorf (Nivea, Labello, Eucerin, Tesa) oder Danone (Activia, Actimel, Fruchtzwerge) sowie Apple (iPhone, iPad, iPod, Macbook).

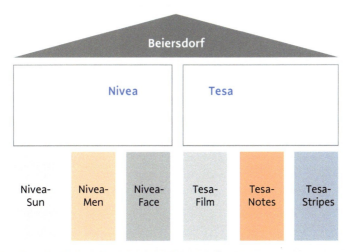

Abb. 14: Aufbau einer Dachmarke am Beispiel des Beiersdorf-Konzerns

Wenn wir die Dachmarkenstrategie für unsere Expertenmarke nutzen, dann verfolgen wir die gleichen Ziele: große Akzeptanz und Reichweite, positives Markenimage sowie klare Differenzierung vom Wettbewerb.

Sehen Sie sich im nächsten Schritt das Video »Experten-Dachmarkenstrategie« mit Ihrer Haufe-Appan. Darin erläutere ich an zwei Beispielen die Umsetzung der Experten-Dachmarkenstrategie aus Sicht eines Einzelunternehmers sowie eines mittelständischen Familienunternehmens.

Video von Martina Fuchs zur Dachmarkenstrategie für Experten

4.5   Trennung als Lösung

Es gibt Situationen, in denen auch eine Dachmarkenstrategie nicht funktioniert und es unvermeidlich ist, sich zu trennen. Dies ist zum Beispiel dann der Fall, wenn Themen oder Zielgruppen zu unterschiedlich sind und sich einfach nicht vereinen lassen.

Hierzu ein Beispiel aus meiner Beratungspraxis: Eine Kundin von mir ist erfolgreich als Kommunikationsberaterin tätig und arbeitet vor allem mit Unternehmen aus der Wirtschaft sowie dem öffentlichen Sektor. Ihre Ansprechpartner sind in erster Linie Führungskräfte. Sie hat sich im Bereich Kommunikation erfolgreich mit einem ganz eigenen Thema positioniert, verfügt über eine exzellente Expertise und Referenzen, die sie auch auf ihrer Webseite entsprechend kommuniziert. Nun hat Sie sich seit jeher aber auch für ganzheitliche Persönlichkeitsentwicklung interessiert, sich intensiv darin weitergebildet und daraus die Themen Naturkommunikation und Waldmedizin für sich entdeckt. Sie kam mit der Frage auf mich zu, wie sie ihre dafür entwickelten Seminare und Workshops erfolgreich vermarkten und vor allem auf ihrer Webseite positionieren und anbieten kann.

Dieses neue Angebot, das sich an Führungskräfte sowie Unternehmer richtet, die täglich einem hohen Druck und Stress ausgesetzt sind, hatte sie bereits auf ihrer bestehenden Webseite integriert, dazu Blogbeiträge verfasst und ihre Workshops via Newsletter und Flyer bei diversen Veranstaltungen promotet, allerdings ohne die gewünschten Ergebnisse.

Nachdem ich mir die Webseite sowie die Unterlagen, die in bester Qualität aufbereitet und gestaltet waren, angesehen hatte und wir ein strategisches Gespräch geführt haben, war mir sofort klar, dass meine Kundin bis dato versucht hatte, ihre bestehende Zielgruppe der Führungskräfte und Unternehmenslenker für Ihr neues Angebot zu gewinnen, da sie bei ihrer täglichen Arbeit mit diesen Menschen erlebt, welchem Druck und Stress sie ausgesetzt sind. Deswegen nahm sie an, dass hier automatisch ein Bedarf vorhanden sein muss. Das Problem an dieser Strategie ist jedoch, dass Führungskräfte, die auf der Suche nach Unterstützung im Bereich Unternehmenskommunikation sind, in dem Moment nicht auf der Suche nach Methoden und Techniken aus der Persönlichkeitsentwicklung sind, die ihren persönlichen Stress und Druck reduzieren. Darüber hinaus ist es in der Regel die Assistenz der Führungskraft, die im Web nach passenden Angeboten sucht, wenn es nicht schon entsprechende Empfehlungen gibt.

Kommt nun die Assistenz auf die Webseite und findet hier nicht in kürzester Zeit die gewünschten Infos oder wird als Erstes mit einem Beitrag zur Naturkommunikation oder Waldmedizin konfrontiert, der mit dem Thema Krisen- oder Unternehmenskommunikation nichts gemein hat, dann fällt durch diese Irritation die Webseite einfach durchs Raster. Darüber hinaus wird der Expertenstatus meiner Kundin geschwächt.

Die Führungskräfte wiederum, die sich persönlich weiterentwickeln möchten und ernsthaft auf der Suche nach einem Berater oder Coach sind, der ihnen den Weg raus aus Stress, Druck und Disbalance zeigt, starten bereits bei Google eine völlig andere Suchanfrage. Landet diese Person dann trotzdem auf dieser Webseite, findet sie hier in erster Linie Angebote rund um das Thema Kommunikation und nicht zum persönlichen Anliegen. Das sorgt auch hier für Irritation und führt zu einem schnellen Wechsel der Webseite. Auch in diesem Fall wird meine Kundin nicht wirklich als Expertin wahrgenommen.

Hier haben wir also den klassischen Fall, dass zwar auf den ersten Blick eine identische Zielgruppe »Führungskräfte« angesprochen wird, aber die Themen der jeweiligen Angebote einfach zu weit auseinanderliegen und sich nicht vereinen lassen.

Die Lösung heißt in einem solchen Fall also Trennung in Form von getrennten Marketing- und Kundengewinnungsstrategien sowie separaten Webauftritten. Nur so wird die Schädigung des Expertenstatus vermieden und eine gewinnbringende Angebotsvermarktung möglich.

4.6   Ausnahme vom Bauchladen-Konzept: der spezialisierte Generalist

Wie heißt es so schön: Keine Regel ohne Ausnahme! Es gibt eine Spezies, die unter kein Dach passt und auch trotz Bauchladen gerne gesehen ist. Es ist die Rede vom **spezialisierten Generalist**. Seine Stärke ist es, über mehrere Themengebiete innerhalb einer Branche oder Nische Bescheid zu wissen. Nehmen wir als Beispiel das Thema Online-Marketing. Unter diesem Dach finden wir viele verschiedene Disziplinen wie Suchmaschinen-Marketing, Social-Media-Marketing, Content-Marketing, E-Mail-Marketing oder Affiliate-Marketing.

Ein spezialisierter Generalist weiß über jedes dieser Einzelthemen bis zu einem gewissen Grad Bescheid und kann sich hier sowohl mit Experten austauschen als auch Wissen an andere weitergeben. Wenn es aber darum geht, eines dieser Themen vollständig zu erfassen oder einen Kunden darin umfänglich zu beraten, dann greift dieser Experte auf sein Netzwerk zurück und zieht einen Fachexperten hinzu, der ausschließlich für dieses Thema steht.

Der spezialisierte Generalist sieht seine Aufgabe vielmehr darin, Themen schnell zu erfassen, sich über aktuelle Strömungen und neue Trends auf dem Laufenden zu halten und so dafür zu sorgen, dass seine Kunden und seine Community immer auf dem neuesten Stand der Dinge sind und auch sein Expertennetzwerk immer exzellent und up to date ist.

So wird ein spezialisierter Generalist zu einer unverzichtbaren Quelle für seine Kunden und nimmt genau deswegen sowie mit seiner vielfältigen Expertise einen Expertenstatus ein, weil seine Stärke nicht darin besteht, alles selbst zu machen oder anzubieten, sondern weil er durch seinen Überblick und Weitblick schneller eine geeignete Lösung oder Maßnahme mit dem dafür richtigen Experten anbieten kann.

Im Zeitalter der digitalen Transformation haben solche spezialisierten Generalisten eine wichtige Schlüsselfunktion, da sie ihre Kunden ganzheitlich beraten können. Und letztlich sind wir heute alle gefordert, in gewisser Weise auch zu spezialisierten Generalisten zu werden, damit wir auf Augenhöhe mit Mitarbeitern und Beratern sprechen können.

5 Kunden- und Bedarfsgruppen

Kennen Sie Ihre Kunden besser als sich selbst? Nein, dann sollten Sie dies zu Ihrer zentralen Aufgabe machen. Nur wenn Sie Ihre Kunden wirklich begreifen, erfassen und verstehen, wo deren Probleme, Herausforderungen und Hindernisse liegen, werden Sie in der Lage sein, mit Ihrer Expertise Lösungen anzubieten, die diese wirklich brauchen und wollen. Und nur so werden Sie langfristig zum unverzichtbaren Wegbegleiter und Experten für Ihre bestehenden wie potenziellen Kunden.

Wir verlieren im Umgang mit Interessenten und Zielgruppen oft aus den Augen, dass diese in erster Linie, wie wir selbst, Menschen sind und erst in zweiter Linie potenzielle Kunden und Käufer unserer Dienstleistungen und Produkte.

Begriffe wie Zielgruppe, Kunde oder Lead distanzieren uns von diesem Menschen und das ist gefährlich, denn so verlieren wir den Bezug zum eigentlichen Thema, die bestmögliche Lösung für das vorhandene Problem meines potenziellen Kunden zu sein oder die bestmögliche Erfüllung für seine Wünsche und Bedürfnisse.

Statt also beispielsweise über die Kosten und Einnahmen pro Lead (Kontakt) zu brüten, sollten wir uns als Erstes darüber Gedanken machen, was wir bereit sind pro Kontakt zu investieren – Invest per Lead –, und damit meine ich nicht nur monetäre Investments, sondern vor allem Zeit und echtes Interesse.

5.1 Perspektivenwechsel in der Kundenkommunikation

Die Art und Weise, wie wir mit unseren Kunden kommunizieren, hat sich gerade im Marketing in den letzten zehn bis fünfzehn Jahren drastisch verändert. Aus dieser Entwicklung lassen sich drei Perspektivenwechsel in der Kommunikation ableiten, die für Ihre erfolgreiche Kundengewinnung entscheidend sind und nach wie vor von Unternehmen und Unternehmern oft sträflich vernachlässigt werden.

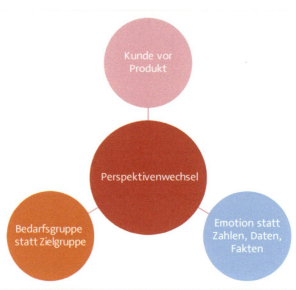

Abb. 15: Drei Perspektivenwechsel in der Kundengewinnung

Perspektivenwechsel 1: Customer First

Erinnern Sie sich noch an die Sparkassenwerbung: Mein Haus, mein Auto, mein Boot? Genauso klingen bis heute viele Unternehmen, ob groß oder klein, wenn sie mit ihren Kunden sprechen. Wir sind die Besten, die Größten, die Erfolgreichsten! Wenn man die Texte auf der Website liest oder die gedruckten Werbemittel durchblättert, ist der Fokus ganz auf das Unternehmen und seine Angebote gelegt. Da wimmelt es von Wir-Botschaften statt sich ganz auf den Kunden und seine Probleme, Bedürfnisse und Wünsche zu fokussieren.

Einmal im Jahr wird bei mir die Gastherme von einem Heizungs- und Installations-unternehmen aus meiner Nachbarschaft gewartet. Wenn dann die Rechnung kommt, kann ich mich immer kaum beherrschen, nicht doch einmal zum Hörer zu greifen, um den Inhaber anzurufen und ihn zu fragen, was mir seine Botschaft, sein Claim, unter-halb des Logos auf der Rechnung sagen soll. Dort stehen die Worte: »Weil wir die Bes-ten sind!«

Was habe ich als Kunde davon? Soll es mich beruhigen und mir sagen, dass ich die richtige Wahl getroffen habe, auch wenn die Rechnung jedes Jahr teurer wird? Aktu-ell habe ich keinen Vergleich, ob diese vollmundige Aussage stimmt. Jedenfalls sorgt diese selbstbewusste Botschaft nicht dafür, dass ich dort Kunde bleibe, wenn mir ein besseres Angebot über den Weg läuft. Denn mit dieser Aussage wird weder ein Vorteil noch ein Nutzen für mich vermittelt, sondern viel mehr ein aufgeplustertes Ego.

Diese Art der Kommunikation hat ausgedient und sollte heute vermieden werden, denn eins ist hier wichtig zu verstehen:

Menschen kaufen keine Produkte oder Dienstleistungen,
Menschen kaufen immer eine Lösung.
Martina Fuchs

Stellen Sie ab sofort in der Kommunikation und im Marketing den Menschen, seine Probleme, Bedürfnisse und Wünsche in den Mittelpunkt und beginnen Sie, in Mehrwert und Nutzen zu denken, zu sprechen und zu handeln. Im Marketing bezeichnen wir diese Haltung als Customer Centricity, also als kundenorientiertes Marketing.

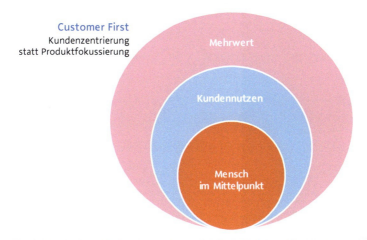

Abb. 16: Mensch vor Produkt! Stellen Sie die Themen Ihrer Kunden in den Mittelpunkt.

Kontrollieren Sie Ihre Kampagnen, Texte und Botschaften auf zu viele Wir- und Ich-Botschaften und ändern Sie diese in kundenorientierte Mehrwert- und Nutzen-Botschaften.

Beispiel für eine Nutzen-Botschaft   !

»Sie wollen sicher, stressfrei und pünktlich in die eigenen vier Wände? Unser Bauablaufplan sowie die Bauschutzbriefe geben Ihnen genau diese Sicherheit und sorgen dafür, dass dies auch zum vereinbarten Budget geschieht.«

In dieser Nutzen-Botschaft sind alle relevanten Punkte, die für einen Bauherrn wichtig sind, hervorgehoben: Einhaltung des Baubudgets, pünktlicher Einzug, damit keine weiteren Mietzahlungen mehr anfallen, Sicherheit durch die Schutzbriefe und stressfrei durch und mit dem Bauablaufplan.

Auch ein Blick auf die bewährte und vertraute Maslow'sche Bedürfnispyramide kann bei der Nutzen-Formulierung hilfreich sein, denn durch die Zuordnung unseres Angebots zu einer oder mehreren Stufen der Bedürfnispyramide können wir sehr schnell erkennen, was wir eigentlich verkaufen (vgl. Abb. 17).

Abb. 17: Ordnen Sie Ihre Angebote den einzelnen Stufen der Maslow'sche Bedürfnispyramide zu, um zu erkennen, welche Bedürfnisse Sie bei Ihren Kunden damit stillen.

Als Leadership-Coach arbeiten Sie beispielsweise mit den Ebenen Individualbedürfnis, Selbstverwirklichung oder soziale Bedürfnisse. Wenn Sie Versicherungsberater sind, sind Sie sehr stark auf der zweiten Ebene positioniert und verkaufen in erster Linie Sicherheit, statt einfach nur eine Police an Ihre Kunden. Wenn Sie als Bauunternehmer tätig sind, dann können Sie je nach Zielgruppe folgende Ebenen abdecken:

- Grundbedürfnis: ein Zuhause schaffen
- Sicherheitsbedürfnis: sichere Kapitalanlage und Vorsorge für das Alter
- Sozialbedürfnis: Familiengründung
- Individualbedürfnis: Statusobjekt und Erfolgssymbol Haus

Wie Sie diese Ebenen in eine emotionale Botschaft verpacken und transportieren, zeigt Ihnen beispielsweise der nachfolgende Werbespot der Bausparkasse Schwäbisch Hall: Du kaufst kein Haus, Du kaufst den wichtigsten Ort der Welt! Scannen Sie einfach mit Ihrer Haufe-App die folgende Abbildung, um den Werbespot zu sehen.

Schwäbisch Hall Spot: Du kaufst kein Haus.

Werbespot der Bausparkasse Schwäbisch Hall

Perspektivenwechsel 2: Emotionen statt Zahlen, Daten, Fakten

Wir Menschen sind emotionale Wesen, die von ihren Bedürfnissen und Wünschen gesteuert sowie vorwiegend von zwei Dynamiken dominiert werden: Wir wollen entweder *von etwas weg*, vorrangig weg von unseren Problemen, Hindernissen, Schmerzen und Blockaden oder wir wollen *zu etwas hin*, vorrangig zur Lösung, zum Gewinn, zum gewünschten Ergebnis, zur Bedürfniserfüllung.

Wenn wir einen Experten als Ratgeber und Berater konsultieren, dann wollen wir in der Regel dorthin, wo der Experte bereits selbst ist, oder mit seiner Hilfe und Methode den gewünschten Erfolg erzielen.

- Problem
- Hürde
- Schmerz
- Mangel

WEG VON

HIN ZU

- Lösung
- Weg
- Bedürfniserfüllung

Abb. 18: Diese zwei Grunddynamiken prägen unser Denken und Handeln.

Wenn es um unsere Entscheidung geht, mit welchem Experten wir arbeiten, welches Angebot von uns den Zuschlag erhält, was glauben Sie hat mehr Einfluss auf Ihre Kaufentscheidung: Ihre Gefühle oder Ihre Ratio? Auch wenn es Ihnen vielleicht widerstrebt, aber unsere Gefühle sitzen am längeren Hebel. Laut dem Neuromarketing-Experten Dr. Hans-Georg Häusel liegt der Anteil der Emotionen bei unseren Kaufentscheidungen bei 97 %, die Mitsprache unseres Verstandes liegt dagegen nur bei 3 %. Emotion sells!

Dies bedeutet, wir müssen unsere Botschaften emotional verpacken, damit sie die wichtigsten und ältesten Instanzen in unserem Gehirn, das limbische System und das Stammhirn, passieren können. Hier wird mit Logik oder Ratio nichts erreicht, sondern ausschließlich mit Emotion. Und nur wenn diese Areale in unserem Gehirn grünes Licht geben, haben Zahlen, Daten und Fakten die Chance unser Großhirn zu erreichen.

Deswegen lautet hier ein Kernsatz: *Brain runs on fun!* Unser Gehirn will Spaß, dies bestätigt auch der renommierte Hirnforscher Prof. Manfred Spitzer.

Somit sollten Sie immer den emotionalen (Mehr-)Wert und Vorteil in den Vordergrund stellen und die harten Zahlen, Daten und Fakten erst im Nachgang servieren. Übrigens, je mehr Sinne, also das Hören, Sehen, Riechen, Schmecken und Fühlen, Sie ansprechen und integrieren, umso schneller und tiefer geht die Botschaft. Multisensorisches Marketing in Verbindung mit Neuromarketing.

So hat beispielsweise Audi seine Botschaft »Vorsprung durch Technik« mit einem eigenen Sound, der durch einen Audio-Jingle, der an das Ende eines jeden TV- oder Rundfunkspots gesetzt wird, zusätzlich multisensorisch verstärkt. Oder denken Sie an Apple. Hier wird neben dem Design immer auch auf eine exzellente Haptik geachtet: Das iPhone fühlt sich gut in unserer Hand an. Bei Produkten spielt die Haptik eine entscheidende Rolle, denn wir wollen be-greifen, berühren und berührt werden.

Wenn es um eine Dienstleistung oder ein Beratungsangebot geht, sind Kundenstimmen eine wertvolle Unterstützung, denn sie zeigen, was mit ihrer Hilfe erreicht werden kann. Sie geben Ihrem potenziellen Kunden ein Bild vom Ergebnis – und Bilder wiederum sind die Sprache des limbischen Systems.

Übrigens lösen Preise im Gehirn einen negativen Reiz aus, das heißt, wenn der Nutzen und Vorteil des Angebots oder Produkts für mich nicht ersichtlich oder erkennbar ist und den Preis somit nicht überwiegt, werde ich mich in der Regel gegen das Produkt oder die Beratung entscheiden oder einen Grund suchen, die Entscheidung hinauszuzögern. Klassiker im Endverbraucher-Geschäft sind hier: »Da muss ich erst nochmal drüber schlafen« oder »Das muss ich erst noch mit meinem Ehepartner besprechen«.

Apple ist hier wieder ein hervorragendes Beispiel, da es dieses Unternehmen wie nahezu kein anderes versteht, den Preisreiz auszuhebeln. Design, Haptik, Status und vor allem das Zugehörigkeitsgefühl ein »Appleianer« zu sein, sorgen für lange Schlangen und volle Kassen bei Produkteinführungen.

Perspektivenwechsel 3: Von der Zielgruppe zur Bedarfsgruppe

Wenn wir uns mit dem Markt oder einer Branche auseinandersetzen, dann beschäftigen wir uns auch automatisch mit Zielgruppen, für die wir tätig sein möchten bzw. für die wir unsere Angebote und Dienstleistungen entwickeln, um damit im Anschluss die richtigen Kunden zu erreichen und zu gewinnen. Doch wenn wir dies tun, sollten wir nicht nur nach der richtigen Zielgruppe Ausschau halten, sondern uns auch fragen, ob diese Zielgruppe einen echten Bedarf hat und wann dieser Bedarf wirklich akut wird, denn erst dann wird auch gekauft.

Beispiel: Wie aus einem latenten Bedürfnis ein akuter Bedarf entsteht   !

Obwohl Ihr aktuelles Auto noch sehr gut in Schuss ist, überlegen Sie sich hin und wieder, ob Sie sich nicht doch ein neues Fahrzeug gönnen sollten. So kann es ein, dass Sie sich an einem regnerischen Nachmittag die Zeit mit der Online-Konfiguration Ihres Lieblingsautos vertreiben oder sich beim nächsten Treffen mit Ihren Freunden über die Vor- und Nachteile von unterschiedlichen Modellen austauschen. Und es kann auch nicht schaden, mal in dem einen oder anderen Automagazin zu blättern. Weiter geschieht allerdings nichts, denn es besteht ja kein Handlungsbedarf bei Ihnen.

Aber dann tritt ein unerwartetes Ereignis ein, zum Beispiel kündigt sich Familienzuwachs an oder Ihr aktuelles Fahrzeug erleidet einen Motorschaden. Jetzt gilt es zu handeln und aus einem latenten Wunsch oder Bedürfnis wird ein akuter Bedarf, denn spätestens wenn der Nachwuchs da ist, ist der schnittige Zweisitzer nicht mehr wirklich das ideale Fahrzeug. Oder Sie sind beruflich auf Ihr Auto angewiesen und müssen jetzt dringend ein neues Auto kaufen. Gut, dass Sie sich schon mal vorsorglich darüber Gedanken gemacht haben und der nächste Schritt wird Sie zu einem Kfz-Händler Ihres Vertrauens führen.

Abb. 19: So wird aus einem latenten Bedürfnis ein akuter Bedarf und Kaufauslöser.

Dieses Beispiel zeigt, wie aus einem latenten Bedürfnis ein akuter Bedarf entsteht. Es soll Sie anregen, sich intensiver mit der Bedarfsphase Ihrer Zielgruppe zu beschäftigen. Also mit der Frage, wann ein echter Bedarf, der letztlich den Kaufimpuls zündet, entsteht. Und diesen Bedarf sollten Sie dann auch in Ihren Angeboten, Texten und auf Ihrer Website benennen, denn genau danach suchen die Menschen im Web.

5.2   Wer ist mein Kunde?

Bevor wir uns damit beschäftigen, was Ihre Kunden bewegt, sollten wir als Erstes klären, wer Ihr Kunde, wer Ihre Zielgruppe ist. Am einfachsten geht das, indem Sie zuerst eine Ist-Analyse Ihrer aktuellen Kundengruppen durchführen und klären, mit wem Sie bereits arbeiten.

Klären Sie dabei folgende Parameter: Die Branchen, in denen Ihre Zielgruppe zu finden ist. Sind Ihre Kunden in erster Linie im Business-to-Business- oder im Business-to-Consumer-Bereich angesiedelt? Wo sind Ihre Kunden ansässig: regional, national oder international? Welche Business-Formen findet sich bei Ihrer Zielgruppe, zum Beispiel Konzerne, mittelständische Unternehmen oder Selbstständige? Welcher Unternehmens- und Umsatzgröße lassen sich Ihre Kunden zuordnen? Haben Sie eine geschlechterspezifische Zielgruppe, also mehr Frauen oder mehr Männer als Kunden? Welche Position, welchen Bildungsstand und welche Einkommensstruktur finden Sie bei Ihren Kunden und Ansprechpartnern?

Zielgruppen	Aktuell
Branchen	
B2C und/oder B2B	
Standort (regional, überregional, international)	
Businessform (Konzern, Mittelstand, KMU, selbstständig, freiberuflich, Einzelunternehmen)	
Unternehmensgröße (Anzahl Mitarbeiter)	
Umsatzgröße	
Gender – Ansprechpartner	
Position – Ansprechpartner	
Bildungsstand – Ansprechpartner	
Einkommen – Ansprechpartner	

Tab. 1: Machen Sie sich ein Bild von Ihrer aktuellen Zielgruppe

Nachdem Sie Ihr aktuelles Kundenprofil demografisch erfasst haben, sollten Sie mit folgenden Fragen klären, welche Kunden-, Ziel- und Bedarfsgruppen von Ihrer Expertise am meisten profitieren und so im Fokus stehen sollten:

- Wer hat den größten Bedarf an meiner Expertise und meinem Angebot?
- Wer hat den größten Nutzen von meiner Expertise und meinem Angebot?
- Wer hat einen akuten Bedarf an meiner Expertise und meinem Angebot?
- Gibt es aktuelle Entwicklungen und Trends am Markt, die den Bedarf für meine Expertise erhöhen?

Decken sich Ihre Antworten mit den Ergebnissen Ihrer Kundenanalyse? Wenn ja, haben Sie Ihre Kunden- und Zielgruppen gut erfasst und können zum nächsten Schritt weitergehen. Wenn nicht, ergänzen und erweitern Sie Ihr Zielgruppenprofil anhand dieser Tabelle. Fokussieren Sie sich künftig auf diese neue oder erweiterte Kunden- sowie Bedarfsgruppe, da hier für Sie das größte noch nicht genutzte Potenzial schlummert.

Zielgruppen	Neu – erweitert?
Branchen	
B2C und/oder B2B	
Standort (regional, überregional, international)	
Businessform (Konzern, Mittelstand, KMU, selbstständig, freiberuflich, Einzelunternehmen)	
Unternehmensgröße (Anzahl Mitarbeiter)	
Umsatzgröße	
Gender – Ansprechpartner	
Position – Ansprechpartner	
Bildungsstand – Ansprechpartner	
Einkommen – Ansprechpartner	

Tab. 2: Prüfen Sie, ob Sie wirklich die richtige Zielgruppe ansprechen oder ob es von Vorteil wäre, die Zielgruppen zu erweitern bzw. zu ändern.

Laden Sie sich jetzt beide Tabellen mit Ihrer Haufe-App herunter. Analysieren Sie dann Ihre Kundengruppen und verschaffen Sie sich so einen Überblick, auf welche Zielgruppen Sie sich künftig fokussieren sollten.

Vorlagen zur Analyse der Kundengruppen

5.3   Was bewegt meinen Kunden?

Der einfachste und effektivste Weg, die bestehenden und potenziellen Kunden besser kennenzulernen, ist, sie ganz einfach nach ihren Wünschen, Bedürfnissen, Beweg-gründen und Herausforderungen zu fragen. Am besten tun Sie dies sogar persönlich, indem Sie beispielsweise einmal im Monat eine gewisse Anzahl von Kunden, die Sie gut kennen, anrufen oder zu einem Treffen oder Essen einladen. Sie werden erstaunt sein, wie bereitwillig Ihnen Ihre Kunden Auskunft geben, wenn sie einmal die Chance dazu erhalten und sehen, dass Sie wirklich Interesse an ihnen haben.

Hier als Inspiration mögliche Fragen:
- Mit welchen Problemen oder Blockaden haben Sie aktuell zu kämpfen?
- Welche großen Herausforderungen müssen Sie meistern?
- Wo wünschen Sie sich noch mehr Hilfe und Unterstützung?
- Welche Form der Hilfe und Unterstützung wünschen Sie sich?
- Welche Ziele möchten Sie in den nächsten drei, fünf oder zwölf Monaten erreichen?
- Wie können wir Sie dabei unterstützen?
- Wie haben Sie die Zusammenarbeit mit uns empfunden?
- Können wir etwas optimieren oder verbessern?
- Welche Wünsche und Bedürfnisse haben Sie in Bezug auf Ihr Thema?

Sammeln Sie die Antworten in einer Datei, denn diese sind nicht nur wertvoll, sondern oft die Basis für die Entwicklung neuer Angebote für eine weitere Zusammenarbeit mit Ihnen. Und Sie können dadurch auch wertvolle Ideen für Ihr Expertenmarketing, insbesondere für die Content-Erstellung von Beiträgen, Videos oder Podcast-Episoden gewinnen.

Selbstverständlich können Sie diese Fragen nicht nur persönlich, sondern auch über eine Umfrage an Ihre bestehenden wie potenziellen Kunden richten, wenn Sie beispielsweise einen Newsletter haben. Dann nutzen Sie diese Plattform und erstellen Sie eine Online-Umfrage mit einem Tool wie Typeform oder Google Forms, die Sie einfach per Link in Ihren Newsletter integrieren können. Achten Sie hier nur darauf, dass Sie sich auf drei bis maximal fünf Fragen beschränken, denn zu viele Fragen schrecken eher ab. Und vielleicht versüßen Sie die Teilnahme noch durch ein kleines Geschenk oder Give-away, das Sie als Dankeschön anbieten.

Solche Umfragen sollten Sie regelmäßig durchführen. Sie können diese zu unterschiedlichen Themen, die sich Ihre Kunden wünschen, anlegen wie beispielsweise zu Ihren Angeboten, Ihrem Kundenservice oder zu Ihren Newsletter-Themen.

Eine weitere interessante Quelle für Kundenanalysen sind Foren und Gruppen, wie wir sie heute in den sozialen Medien wie Xing oder Facebook finden. Online-Portale wie gutefrage.net sind ebenfalls eine hervorragende Quelle, denn anhand der Fragen, die dort gestellt werden, erkennen Sie genau die Kittelbrennfaktoren Ihrer Zielgruppe, also die Beweggründe und Kaufmotive Ihrer Kunden. Und das Tool Google Trends kann hier ebenfalls interessante und wichtige Einblicke geben, wonach Menschen in Google suchen.

Auch Fachverbände, Messen, Events oder Networking-Treffen können ein idealer Umfrage- und Recherche-Pool sein. Ich habe es mir zur Gewohnheit gemacht, mein Gegenüber zu fragen, wo er in Bezug auf mein Expertenthema und seine Positionierung seine größten Herausforderungen sieht. Die Antworten haben mir schon einige Aha-Momente beschert, und basierend darauf habe ich meine Angebote kontinuierlich weiterentwickelt und verfeinert.

5.4 Buyer Personas – Ihr idealer Kunde im Visier

Bis hierhin haben wir uns in erster Linie auf eine Ziel- oder Bedarfsgruppe innerhalb eines Marktes oder Marktsegments fokussiert, über die wir verschiedene Daten zusammengetragen haben und denen wir bestimmte Merkmale zuordnen wie beispielsweise

- **Soziodemografie:** Alter, Geschlecht, Wohnort, Bildung
- **Verhalten:** Early Adopter, Late Adopter, Intensivnutzer

- **psychologische Merkmale:** risikofreudig, sicherheitsbedürftig, abenteuerlustig
- **Medien- und Techniknutzung:** soziale Medien, klassische Medien, technische Geräte

Aus diesen Merkmalen könnte beispielsweise folgendes Profil entstehen:

Frauen in Führungsposition, zwischen 40 und 55 Jahren, Hochschulabschluss, technikaffin, entscheidungsfreudig, aktive Internetnutzerin, liest bevorzugt Handelsblatt, Manager Magazin und Spiegel.

Um nun dieser doch sehr anonymen und sterilen Personengruppe ein Leben und Gesicht zu geben und vor allem um den Menschen dahinter, um den es ja letztlich geht, begreifbar zu machen, arbeiten wir mit **Buyer Personas**. Das sind fiktive Stellvertreter und lebendige Archetypen Ihrer Zielgruppe, die Ihren Idealkunden repräsentieren.

Je tiefer und genauer Sie diese Profile herausarbeiten, umso besser können Sie erkennen, wie Ihr potenzieller Kunde tickt. Und sie verdeutlichen auch, was den Kunden zum Kauf bewegt und motiviert oder eben auch nicht. Die Erkenntnisse aus der Arbeit mit Ihrer Buyer Persona ermöglicht es Ihnen später, in einer viel intensiveren Art und Weise mit Ihrer Zielperson zu kommunizieren. Inhalte und Angebote können so exakt auf Ihren idealen Kunden abgestimmt und für ihn entwickelt werden.

5.4.1 Anzahl der Buyer-Persona-Profile

Bevor wir unsere Buyer Personas erarbeiten, sollten wir die Anzahl der Profile festlegen und auch begrenzen, denn zu viele Personas verwässern das Ergebnis. In der Regel sind ein bis drei Buyer Personas ausreichend, unabhängig von der Größe und den Standorten des Unternehmens.

Buyer Personas sind die Repräsentanten Ihrer wichtigsten Zielgruppen und beinhalten als Essenz alle grundlegenden Themen, Bedürfnisse und Wünsche dieser Zielgruppe. Es ist also nicht notwendig, sinnbildlich gesprochen, eine Armee von Buyer Personas zu erstellen.

Sehen Sie sich dazu das Video von Adele Revella, CEO des Buyer-Persona-Instituts, an, in dem sie sehr anschaulich erläutert, warum wir bessere Ergebnisse erzielen, wenn wir uns auf wenige Buyer Personas beschränken.

#CMWorld 2016 - How Many Buyer Personas Do You Need? - Adele Revella

Video von Adele Revella zum Thema Buyer Personas

5.4.2   Buyer-Persona-Profile erstellen

Für das Erstellen einer Buyer Persona sollten Sie sich als Erstes ausreichend Zeit nehmen, denn dies ist ein intensiver Prozess, der sich auch über einen längeren Zeitraum erstrecken kann.

Um das Profil zu formen, benötigen Sie zum einen die bereits gesammelten und vorhandenen Daten sowie Merkmale aus der Zielgruppenanalyse sowie andererseits Informationen, die sie aus den Befragungen gewinnen. Dazu wählen Sie aus Ihrem Kundenpool diejenigen Kunden aus, die Ihrem idealen Kundenbild am Nächsten kommen.

Darüber hinaus können Sie Webseitenbesucher, Newsletter-Leser oder Personen befragen, die sich spezifische Inhalte von Ihrer Webseite heruntergeladen haben. Sie können mittels Umfrage Ihre Community aus den sozialen Medien sowie aus Service- und Vertriebskanälen analysieren und Ihr Sales- und Vertriebsteam hinzuziehen. Auch Google und Google Trends können Ihnen bei der Analyse helfen.

Bei diesen Interviews und Umfragen sollten neben Ihren individuellen Anforderungen folgende Themen erhoben werden:

- Welche soziodemografischen Merkmale weist die Persona auf: Alter, Geschlecht, Bildung, Herkunft, Wohnort, Lifestyle, soziales Umfeld?
- Welche berufliche Tätigkeit übt sie in welcher Position aus?
- Welche Resultate muss und möchte sie erzielen?
- Welche Kenntnisse hat sie und welche Tools setzt die Persona ein?
- Wie sieht ein typischer Tag im Leben der Persona aus?
- Was sind ihre größten Herausforderungen und Probleme, die sie meistern muss?
- Was denkt, fühlt die Persona in Bezug auf ihre Probleme?
- Wie und wo sucht diese nach Lösungen und Hilfestellungen?
- Ist die Persona technik- und internetaffin oder eher nicht?
- Wie sieht der Kaufentscheidungsprozess aus und wo wird die Kaufentscheidung getroffen?
- Wer und was löst den Kaufimpuls aus?
- Gibt es ein Zitat, das für diese Buyer Persona steht?

Anhand dieser Antworten erstellen Sie dann das Buyer-Persona-Profil, welches die wichtigsten Antworten in der Essenz zusammenfasst. Dies können Sie im ersten Schritt in Form eines Moodboards oder einer Collage mit passendem Bildmaterial, Textstellen und Überschriften, die Sie beispielsweise aus Zeitschriften oder Magazinen entnehmen, visualisieren.

Je lebendiger Sie Ihre Buyer Persona erschaffen, umso wirkungsvoller können Sie damit arbeiten. Und vergessen Sie nicht, Ihrer Buyer Persona auch einen Namen zu geben, das macht es noch persönlicher.

Ich arbeite sehr gerne mit diesen Moodboards, weil ich so auch später immer wieder schnell erkennen kann, ob das Bild meiner Buyer Persona noch stimmig ist oder angepasst werden muss. Buyer Personas sind nicht statisch, sondern sie entwickeln sich mit uns mit.

Die Erstellung von Buyer-Persona-Moodboards können Sie entweder manuell oder ganz einfach digital mit Tools wie gomoodboard.com oder canva.com umsetzen.

Abb. 20: Visualisierung einer Buyer Persona mithilfe eines Moodboards
(Quelle: http://www.gomoodboard.com/boards/Njn1FRV9/share

Im Anschluss daran führe ich die Essenz in einem zweiseitigen Buyer-Persona-Profil zusammen, für das ich ein Power-Point-Template angelegt habe (vgl. Abb. 21).

Laura Jenkins

»Es macht mir nichts aus, lange zu arbeiten, weil ich es liebe, kreative Kampagnen für meine Kunden zu entwickeln.«

»Manchmal wünsche ich mir, der Briefing- und Abstimmungsprozess zwischen mir, meinem Team und meinen Kunden würde besser laufen.«

Werte-Welt

Immer auf der Suche
nach neuen Ideen

Freidenkerin

Liebt die Kunst, Kreativität

Genießt die Sicherheit eines
stabilen Einkommens

Macherin

Alter	35
Job	Inhaberin einer Medien- u. Grafik-design-Agentur
Bildung	Hochschulabschluss
Standort	München
Familien-stand	Single
Persön-lichkeits-typ	direkt, technikaffin, umsetzungs-stark, Machertyp
Kunden-gruppe	Early Adopter

Ziele
- Möchte mit ihrer Agentur den Design-Award gewinnen
- Möchte Kundenbeziehungen verbessern
- Auf der Suche nach Effektivitäts-Tools für sich und ihr Team
- Bessere Briefing- u. Abstimmungs-prozesse mit Kunden für bessere Ergebnisse

Ängste, Probleme, Herausfor-derungen
- Fühlt sich unter Druck durch ihre hohe Arbeitsbelastung
- Fühlt sich gestresst durch die Fülle an Kunden-E-Mails
- Kämpft mit der Organisation der Kommunikation zwischen Kunden und Mitarbeiter

Kaufentscheidungsprozess
- Immer in Zeitnot und unter Druck
- Bevorzugt, Infos online einzuholen
- Produktbesprechungen und Empfehlungen sind für sie wichtig
- Akquise-Telefonanrufe lehnt sie kategorisch ab

Lösungen
Produkt XYZ hilft ihr dabei, die Abstimmungsprozesse mit Kunden und Mitarbeitern zu optimieren und zu beschleunigen. Durch das Tool XYZ hat sie alle relevanten Daten und Informationen auf einem Blick in einem Dashboard und hat so volle Kontrolle über alle Daten.

© martina-fuchs.com

Abb. 21: Führen Sie die wichtigsten Ergebnisse zu Ihrer Buyer Persona in einem Profil zusammen.

Laden Sie mithilfe der Haufe-App dieses Buyer-Persona-Profil als Vorlage herunter, damit Sie Ihre eigenen Profile entsprechend umsetzen und erstellen können.

Vorlage für ein Buyer-Persona-Profil

5.4.3   Einsatz und Einfluss Ihrer Buyer Personas

Sobald Sie Ihre Buyer Personas erstellt haben, werden diese zur zentralen Schlüsselfigur Ihres Unternehmens. Die Erkenntnisse und Ergebnisse aus der Erstellung Ihrer Buyer Personas sollten in jeden Bereich Ihres Unternehmens einfließen. Sie sollten Ihre Buyer Personas bei allen Maßnahmen, Entwicklungen und Entscheidungen immer im Fokus haben.

Dabei sollten Buyer Personas besondere Beachtung finden bei …
- der Entwicklung von Vertriebs-, Sales-, Kommunikations- und Marketingstrategien,
- der Konzeption, Entwicklung und Erstellung Ihrer Angebote, Services und Dienstleistungen,
- der Erstellung, Konzeption und dem Design Ihrer Webseite, da diese in der Regel die erste Anlaufstelle für Interessenten, potenzielle Kunden und somit für Ihre Buyer Persona ist,
- dem Design von Produkten, Werbemitteln, Medien,
- der Kommunikation und Content-Entwicklung. Achten Sie darauf, dass Sie die Sprache Ihrer Buyer Persona sprechen und Inhalte wie Blog-, Video- oder Podcast-Beiträge erstellen, die nicht nur Ihre Expertise widerspiegeln, sondern auch genau den Nerv Ihrer Buyer Persona treffen,
- der Analyse der Customer Journey und der Ermittlung der relevanten Touchpoints, über die Ihre Kunden zu Ihnen kommen,
- der Optimierung der Customer Experience während der vier Phasen Pre-Sale, Sale, Delivery und Offboarding.

Sie sehen also, wie immens wichtig die Arbeit mit Buyer Personas ist und welchen Einfluss diese auf Sie und Ihr Unternehmen haben. Je tiefer Sie in dieses Thema einsteigen, je mehr Sie bereit sind, in Ihre Buyer Persona und deren Weiterentwicklung zu investieren – denn auch hier ist nichts statisch –, umso erfolgreicher werden Sie bei Ihrer Kundengewinnung sein. Umso größer der Gewinn für Ihre Kunden durch Angebote und Services, die wirklich Resultate liefern, weil sie genau die Bedürfnisse der Kunden erfüllen. Das wiederum führt Sie automatisch zum Expertenstatus.

5.4.4   Zielgruppen- und Buyer-Persona-Besitzer

Eigentlich wird dieser Punkt erst im Marketing oder im Verkauf relevant, aber da wir jetzt schon beim Thema sind, möchte ich Ihnen noch folgende Frage als Inspiration mit auf den Weg geben:

Wer besitzt Ihre Zielgruppe bzw. Buyer Persona bereits?

Gibt es in Ihrem Netzwerk andere Experten, die ebenfalls dieselbe Zielgruppe bedienen? Gibt es Kollegen, Netzwerke, Verbände, Kongresse, Messen, die genau mit Ihrer Buyer Persona arbeiten? Wenn ja, was spricht dagegen, nach Kooperationsmöglichkeiten Ausschau zu halten?

Selbst Mitbewerber können eine spannende Anlaufstelle darstellen, gerade dann, wenn Sie eine Dienstleistung, einen Service anbieten, der das Angebot Ihres Mitbewerbers ergänzt oder erweitert, dann wäre dies für beide Seiten ein Win-Win. Generell sollten wir Mitbewerber mehr als Kollegen sehen sowie als mögliche Kooperationspartner, statt immer nur als Konkurrenz.

Wichtig ist natürlich, dass Sie der anderen Seite auch etwas zu bieten haben, das wirklich relevant oder von Interesse ist, denn nur nach den Kundenkontakten oder der E-Mail-Liste eines möglichen Kooperationspartners zu schielen, vor allem dann, wenn man selbst hier noch wenig zu bieten hat, ist der falsche Weg.

Abb. 22: Wer arbeitet bereits mit Ihren Buyer Personas und Zielgruppen? Hier ein Beispiel aus dem B2B-Bereich.

Wenn Sie beispielsweise an einen Fachverband herantreten, könnten Sie eine kostenfreie Vortrags- oder Webinar-Reihe für die Mitglieder anbieten. Das bringt Sie mit Ihrer Expertise direkt in das Sichtfeld Ihrer Buyer Personas und dem Verband gibt es die Möglichkeit, seine Mitglieder mit hochwertigem Experten-Know-how zu unterstützen.

Werden Sie also kreativ und setzen Sie die Chancen- und Kooperations-Brille auf für neue Wege der Kunden- und Leadgewinnung. Fragen Sie sich dabei:

- Wer ist ein geeigneter Kooperationspartner für mich?
- Für wen bin ich ebenfalls von Interesse?
- Was kann ich einem Kooperationspartner anbieten?
- Wie könnte eine Win-win-Situation für beide Seiten aussehen?

5.5   Touchpoints – Wo muss ich für meine Kunden präsent sein?

Mittels Ihrer wichtigsten Bedarfsgruppen und Buyer Personas wissen Sie jetzt, wer Ihr Kunde ist, welche Lösungen er für seine Herausforderungen sucht bzw. welche Bedürfnisse er sich erfüllen möchte.

Im nächsten Schritt müssen Sie nun klären, wo Sie Ihre (potenziellen) Kunden und Bedarfsgruppen erreichen und wo sie präsent sein müssen. Diese Präsenz- und Kontaktstellen bezeichnen wir als Touchpoints.

Hier unterscheiden wir zwischen **Online- und Offline-Touchpoints**. Beide sind wichtig und wir sollten natürlich, sofern sie für unsere Buyer Personas relevant sind, an diesen Kontaktpunkten als Experte sichtbar und mit der richtigen Information für unsere Buyer Persona präsent sein, um sie in ihrem Kaufentscheidungsprozess zu unterstützen.

Online-Touchpoints

Zu den Online-Touchpoints zählen Suchmaschinen wie Google oder Bing, alle Social-Media-Plattformen wie zum Beispiel Facebook, Twitter oder Instagram, Webseiten, Blogs und Onlineshops, Foren, Shopping-Portale wie Amazon oder Otto, Preisvergleichsportale wie Check24 oder Verivox, Online-Anzeigen wie Google AdWords oder Facebook-Ads, Online-Medien wie E-Books, Whitepaper oder Checklisten, Online-Magazine aller Gattungen sowie Online-PR-Plattformen.

Überall hier entstehen Kontaktstellen, an denen sich Ihre Ziel- und Bedarfskunden informieren, recherchieren und zu ihrem Thema austauschen, bevor sie sich zum Kauf entscheiden. Ermitteln Sie jetzt anhand der folgenden Übersicht diejenigen Touchpoints, die für Sie und Ihre Buyer Personas wirklich relevant sind.

Online-Touchpoints	
Suchmaschinen	Google, Bing
Web-Präsenz	Webseite, Blog, Landingpage, Onlineshop
Social Media	Facebook, Twitter, Xing, LinkedIn, Instagram, Pinterest, Snapchat, Google+, Slideshare
Video und Livestreaming	YouTube, Vimeo, Facebook Live, Periscope, Instagram Live
Audio-Medien und Platt-formen	Podcasts, Hörbücher, iTunes, Spotify, Audible, Soundcloud
Online-Medien	E-Books, Whitepaper, Reports, Checklisten
Online-Fortbildungen und Events	Webinare, Online-Kongresse und virtuelle Messen
Online-Portale und Foren	Gutefrage.net, cosmiq.de, wer-weiss-was.de
Vergleichsportale	Check24, Idealo, Verivox, Geizhals
Shoppingportale	Amazon, Otto, Zalando
Online-Magazine	Online-Ausgaben der Fach- und Publikumsmagazine, Nachrichten-portale wie Stern, Focus, Spiegel, Handelsblatt
Online-PR-Plattformen	Openpr.de, Firmenpresse.de, Online-Artikel.de, trendkraft.de, presseforum.at, newsaktuell.de
Online-Advertising	Google Ads, Facebook Ads, Instagram Ads

Tab. 3: Übersicht der relevanten Online-Touchpoints

Offline-Touchpoints

Das Gleiche gilt natürlich auch für die Offline-Kontaktstellen. Hier spielen vor allem die Empfehlungsgeber eine große und wichtige Rolle. Also Freunde, Familie, Kollegen, Geschäftspartner, die mit Ihnen schon gearbeitet haben und Ihre Dienstleistung oder Ihr Produkt bereits kennen.

Die persönliche Empfehlung ist die wertvollste Form des Marketings, denn wenn diese Personen von Ihnen als Experte überzeugt und begeistert sind, dann steht der erfolgreichen Kundengewinnung in der Regel nichts mehr im Wege.

Die anderen Offline-Plattformen sind dann wieder als klassische PR und Marketing-aktionen zu verstehen, indem Sie beispielsweise als Redner auf einem Messe- oder Fachverband-Event auftreten, eine Anzeige in einer für Ihre Zielgruppe relevanten Fachzeitschrift schalten oder als Aussteller auf einer wichtigen Branchenmesse vor Ort sind.

Ein weiteres sehr wirkungsvolles Offline-Instrument ist das eigene Fachbuch sowie redaktionelle Beiträge in wichtigen Wirtschafts-, Nachrichten- oder Branchen-Magazinen. Diese Medien fördern Ihre Expertenreputation und sie sind zugleich wirkungsvolle Offline-Touchpoints für Ihre Kundengewinnung.

Offline-Touchpoints	
Soziales Umfeld als Empfehler	Familie, Freunde, Lebenspartner
Berufliches Umfeld als Empfehler	Kollegen, Vorgesetzte, Berater, Netzwerke
Veranstaltungen	Messen, Events, Kongresse
Verbände	Fachverbände und deren Veranstaltungen
Printmedien	Fachmagazine und Zeitschriften
Bücher	Fach- und Sachbücher
Fortbildungsinstitute und -Veranstaltungen	Vorträge, Seminare, Workshops
Werbemittel	Flyer, Broschüren, Magazine, Visitenkarten, Kataloge
Klassische Medien	Print, TV- und Radio-Werbung
Pressearbeit	Redaktionelle Publikationen zu Ihrer Arbeit in wichtigen Magazinen und Fachzeitschriften, Presse-Events

Tab. 4: Übersicht der relevanten Offline-Touchpoints

Wichtig: Sie müssen nicht auf all diesen Plattformen aktiv sein, sondern nur auf den für Sie wirkungsvollsten. Das sind die Touchpoints, mit denen Sie die größte Hebelwirkung bei der Kundengewinnung erzielen. Nutzen Sie also diese Tabellen zur Klärung, an welchen Orten Sie Ihre Kunden am besten erreichen und wo Sie definitiv aktiv und sichtbar sein müssen.

Laden Sie sich mithilfe der Haufe-App eine Übersicht mit allen relevanten On- und Offline-Touchpoints herunter und legen Sie fest, welche Kontaktpunkte in Bezug auf Ihre Kundengewinnung oberste Priorität haben. Diese Übersichten können Sie mithilfe der App auch an Ihre eigene E-Mail-Adresse senden, um sie direkt an Ihrem Computer auszudrucken.

Übersicht der Online- und Offline-Touchpoints

5.6 Kommunikationstools Ihrer Kunden

Wenn wir wissen, auf welchen Kanälen unsere Kunden aktiv sind und wo wir präsent sein müssen, ist es auch sehr hilfreich zu eruieren, welche Tools Ihre Kunden bevorzugt im Einsatz haben, umso beispielsweise Inhalte, Medien und Designs entsprechend anzupassen und auszuliefern.

Ist Ihr Kunde ein *Digital Native*? Ein *Techie*, der immer die neuesten Gadgets sein Eigen nennt und ohne sein iPhone, iPad und MacBook nicht existieren kann? Ist Ihr Kunde jemand, für den Mobilität wichtig ist und der somit bevorzugt auf dem Smartphone, Tablet oder Laptop erreichbar ist? Der sich seine Infos bevorzugt aus dem Netz holt, sich gerne regelmäßig in den sozialen Medien mit seinen Freunden und Kollegen austauscht und dessen Leben zumeist online stattfindet?

Oder haben Sie es mit einem *Digital Immigrant* zu tun? Eine Person, die sich erst als Erwachsener mit dieser Technik anfreunden musste und nach wie vor Offline-Tools sehr gerne oder manchmal sogar bevorzugt nutzt wie beispielsweise Bücher statt E-Books oder die gedruckte Ausgabe seiner Tageszeitung. Hier muss es auch nicht immer das neueste Smartphone sein, sondern das Handy ist ausreichend, da man sowieso von den vielen Funktionen eines Smartphones überfordert ist bzw. diese gar nicht nutzt. Und statt Laptop finden wir hier einen Desktop, da man diesen in erster Linie zur Arbeit nutzt und nicht, um ständig online und erreichbar zu sein.

Natürlich gibt es auch Mischformen und nicht jeder, der heute mit der aktuellen Technik aufwächst, muss zwangsläufig ein begeisterter Anwender sein oder die neuen Kommunikationstools ablehnen, nur weil er nicht damit aufgewachsen ist. Ich bin beispielsweise ein begeisterter *Techie* und stürze mich immer voller Begeisterung auf neue Tools und Technik, obwohl sie nicht zu meiner Kindheit gehörten.

Am besten gilt auch hier wieder: Fragen Sie Ihre (potenziellen) Kunden und machen Sie sich ein genaues Bild, damit Sie diese Infos dann später für Ihr Marketing nutzen können.

5.7   Customer Journey und Customer Experience

Wenn wir über Touchpoints sprechen, dann sprechen wir automatisch auch über die Customer Journey. Also die Reise unseres Kunden von der Bedarfserkennung bis zur Kaufentscheidung. Auf diesem Weg dorthin wird er meist mehrfach mit dem Experten, der Marke oder dem Produkt in Berührung kommen, bevor er sich für den Kauf oder für die Buchung einer Dienstleistung entscheidet. Eine Faustregel lautet: Wir brauchen sieben bis zwölf Kontakte, bevor wir kaufen.

Nehmen wir an, Sie benötigen eine neue Geschirrspülmaschine. Sie informieren und recherchieren online via Google, bei Vergleichsportalen, in Onlineshops, lesen Bewertungen auf Amazon sowie der Stiftung Warentest und natürlich hören Sie sich auch bei Ihren Freunden, Familie oder Kollegen um, ob diese vielleicht eine besonders gute Empfehlung für Sie haben.

Wenn Sie dann eine Entscheidung getroffen haben, gehen Sie entweder in den Laden und kaufen dort vor Ort oder bestellen Ihren Geschirrspüler online. Im ersten Fall wären Sie ein sogenannter ROPO-Kunde – *Research Online – Purchase Offline*. Also ein Kunde, der sich vorab online informiert, bevor er offline kauft.

Während es online durch Tracking-Tools möglich ist, diese Kundenreise einfacher nachzuvollziehen, ist es offline oft um ein Vielfaches schwieriger oder nur durch eine Kundenbefragung zu ermitteln, wie diese den Weg zu Ihnen gefunden haben. Deswegen sollten Sie Interessenten oder Neukunden immer nach ihrer Customer Journey fragen, damit Sie erkennen können, welche Expertenmarketingmaßnahmen greifen.

Hier ein weiteres Beispiel für Sie:

Ein Unternehmensberater möchte seine Skills im Bereich Coaching erweitern. Er ist daher auf der Suche nach einem geeigneten Coaching-Ansatz sowie einer entsprechenden Fortbildung. Die Customer Journey kann dabei wie folgt verlaufen:

- Er hört sich in seinem Netzwerk sowie bei Kollegen um.
- Er bittet einen Freund, der in der HR-Abteilung eines großen Konzerns tätig ist, um Tipps und Empfehlungen.
- Er recherchiert zeitgleich im Web via Google.
- Er schaut sich auf YouTube, Xing und Facebook um.
- Er informiert sich auf diversen Akademie-Webseiten.
- Er liest Blogbeiträge.
- Er lädt sich Informationsmaterial herunter.
- Er besucht ein kostenfreies Online-Webinar einer Akademie.
- Er vergleicht die einzelnen Angebote und die Kundenfeedbacks zur jeweiligen Ausbildung.

Auf Basis all dieser Touchpoints trifft er dann final seine Entscheidung. Zwischen diesen einzelnen Stationen können mehrere Wochen und manchmal auch Monate liegen, in denen diese Person immer wieder in Kontakt tritt, bevor sie letztlich ihre Entscheidung trifft.

Es ist auf dieser Kundenreise aber nicht nur wichtig, welche Touchpoints den Kunden zum Angebot führen, sondern auch, in welcher Phase seines Kaufentscheidungsprozesses er sich befindet, welche Gefühle und Gedanken ihn dabei begleiten und welche Informationen und Hilfestellung er an den unterschiedlichen Touchpoints braucht beziehungsweise von Ihnen erwartet und wann aus seinem latenten Bedürfnis »Ich würde gerne meine Beraterskills um eine Coaching-Methode erweitern« ein echter oder sogar akuter Bedarf wird.

Dies könnte beispielsweise ein neuer Auftrag sein, der auch Coaching-Skills voraussetzt, ein neuer Mitbewerber in seinem Marktfeld, der im Gegensatz zu ihm ein entsprechendes Angebot offerieren kann oder der Wunsch, seinen Expertenstatus weiter auszubauen, um sich immer mehr vom Wettbewerb zu differenzieren.

Um dies zu analysieren, zu verstehen und die Kaufauslöser zu identifizieren, helfen uns zum einen Kundenbefragungen, aber auch die Arbeit mit unseren Buyer Personas, die wir ja bereits kennengelernt haben. Je besser Sie sich in die Position und Perspektive Ihrer potenziellen Kunden versetzen, umso klarer wird für Sie erkennbar, was diese bewegt, motiviert und was sie von Ihnen für eine positive Kaufentscheidung brauchen.

Customer Experience

Übrigens endet die Customer Journey nicht mit dem Kauf oder der Buchung Ihrer Dienstleistung, sondern für mich ist sie der Startschuss für die einzelnen Etappen, die ein Kunde in der Zusammenarbeit mit Ihnen oder durch den Kauf Ihres Produktes erlebt. Wir können diese Etappen in die folgenden vier Phasen oder auch Reisestationen aufteilen:

Phase 1: Pre-Sale – vor dem Kauf

In dieser Phase geht es zum einen darum, dass der Kunde seine Bedürfnisse, Wünsche, Probleme und Herausforderungen überhaupt erst einmal erkennt und anerkennt. Basierend darauf macht er sich dann über verschiedene Touchpoints auf die Suche nach Lösungen. Er recherchiert im Web, spricht mit Freunden und Kollegen über sein Anliegen und holt sich auf weiteren relevanten Online- und Offline-Kanälen die gewünschten Informationen. Zentrales Thema in dieser Phase sind somit die einzelnen Touchpoints seiner Customer Journey sowie die Informationen, die dort für ihn von uns bereitstehen müssen, damit er in die nächste Phase eintreten kann.

Phase 2: Sale

Hier geht es um die Erlebnisse in der Angebots- und Verkaufsphase, die der Kunde mit uns und möglichen Wettbewerbern hat. Was erlebt er hier? Wie ist dieser Prozess für ihn gestaltet? Sind alle relevanten Informationen einfach zugänglich und leicht verständlich für ihn? Was fühlt und denkt Ihre Buyer Persona während dieses Prozesses? Was geht in ihr vor und was müssen wir tun, damit sie in ihrer Entscheidung für unser Angebot sowie in der Zusammenarbeit mit uns unterstützt wird. Kundenstimmen sowie die eindeutige Kommunikation der Benefits und Resultate, die sie in der Zusammenarbeit oder mit unserem Produkt erzielt, sind wichtige Bausteine in dieser Phase. Genauso wie ein guter Onboarding-Prozess, mit dem wir ihn als neuen Kunden nach positiver Entscheidung begrüßen und als Kunden aufnehmen. Wie können wir ihn bereits hier positiv mit Service und Leistung überraschen, die er so nicht erwartet hätte.

Phase 3: Delivery – Zusammenarbeit

Hier geht es um den gesamten Ablauf der gemeinsamen Zusammenarbeit. Wie wird diese erlebt? Was braucht der Kunde von Ihnen, damit er in dieser Phase ein Wow-Erlebnis hat. Was brauchen Sie von Ihrem Kunden, damit Sie dieses Wow-Erlebnis liefern können? Wie können Sie sich hier von anderen Wettbewerbern unterscheiden? Was können Sie anders machen? Denken Sie auch an die berühmte Extrameile. Überraschen Sie Ihren Kunden auch in dieser Phase durch einen besonderen Service oder eine Zusatzleistung, mit der er so nicht rechnet.

Phase 4: After Sale – Abschluss der Zusammenarbeit

Wenn das gemeinsame Projekt und die Zusammenarbeit beendet ist, geht es darum, Ihrem Kunden einen guten Abschied zu bereiten. Einen, den er im positiven Sinne nicht vergisst, denn nach dem Kauf ist vor dem Kauf! Vergessen Sie das nie.

Zum einen können Sie ihm während der Offboarding-Phase sinnvolle Möglichkeiten für eine weitere Zusammenarbeit aufzeigen, wenn Sie fortführende Angebote haben, wie beispielsweise eine Begleitung bei der Umsetzung der einzelnen Maßnahmen im Unternehmen nach erfolgter Beratung. Zum anderen können Sie Ihren Kunden aber auch bewusst loslassen, wenn es aktuell keinen Sinn macht. Auch das wird der Kunde an Ihnen schätzen.

Machen Sie nicht nur einen guten bleibenden Eindruck, sondern begeistern Sie ihn in allen vier Phasen. Überlegen Sie ganz bewusst, wie Sie auch am Schluss durch Service und Leistung nochmals ganz besonders bei ihm punkten können. Dann kommt er gerne wieder zu Ihnen zurück und vor allem empfiehlt er Sie gerne weiter. Machen Sie ihn zum Botschafter Ihrer Expertenmarke.

Holen Sie proaktiv sein Feedback zur Zusammenarbeit ein und nutzen Sie dies als Kundenstimme für Ihr Marketing. Bleiben Sie mit ihm in Verbindung, beispielsweise durch einen Newsletter, den nur Kunden erhalten, die mit Ihnen bereits gearbeitet oder Ihr Produkt gekauft haben.

> **! Beispiel**
>
> Im letzten Jahr habe ich einen Kongress in London besucht. Kurz nach meiner Ankunft im Hotel passierte es, dass ich meinen Koffer nicht mehr öffnen konnte. Das war alles andere als erfreulich, da ich mich für einen anstehenden Termin umziehen wollte. Ich lief also sofort zum Concierge des Hotels, der sich prompt um mein Anliegen kümmerte und mir in der Zwischenzeit zur Entspannung eine Teepause verordnete. Als ich zurückkam, war nicht nur der Koffer ohne Beschädigung geöffnet worden. Nein, es wartete auch eine kleine Überraschung auf mich im Zimmer.
> Man hatte mir zusätzlich, kostenfrei, ein Ersatzschloss hinterlegt, damit ich den Koffer für die Heimreise wieder problemlos verschließen kann. Diese Geste und das Mitdenken hat mich wirklich gefreut. Während meines Aufenthaltes gab es noch viele weitere von solchen kleinen positiven Überraschungen. In diesen fünf Tagen bin ich ein echter Fan dieser Hotelkette, hub by Premier Inn, geworden und Sie können sicher sein, dass ich dort beim nächsten Mal wieder übernachten werden. So macht man aus Kunden nicht nur Fans, sondern auch Botschafter und Empfehler.

In diesen einzelnen Phasen entscheidet somit letztlich die Customer Experience, also die Kundenerfahrung, wie der Kunde diese einzelnen Etappen mit Ihnen als Experte erlebt und bewertet. Indem Sie sich intensiv mit diesen vier Phasen auseinandersetzen und daran arbeiten, für außergewöhnliche Erlebnisse zu sorgen, können Sie sich gegenüber Ihrem Wettbewerb wertvolle Alleinstellungsmerkmale und dadurch einen maßgeblichen Vorsprung bei der Kundengewinnung sichern. In diesen vier Etappen liegt das Gold für Sie vergraben.

Ihr Ziel sollte es also sein, Ihren Kunden in jeder Phase dieser Reise exzellente wie außergewöhnliche Erfahrungen zu bescheren, so wie man dies von einer Experten-autorität erwartet. So wird er nicht nur zu einem loyalen, sondern vor allem zu einem begeisterten Kunden, der Sie proaktiv weiterempfiehlt und so zu Ihrem persönlichen Botschafter für Ihre Expertenmarke wird.

Stellen Sie sich beispielsweise zu jeder Etappe einfach folgende Fragen:
- Was können wir tun, was müssen wir leisten, damit aus einem zufriedenen Kunden in dieser Phase ein begeisterter Kunde wird?
- Was muss passieren, damit unser Kunde sagt »Wow, das hat meine Erwartungen voll übertroffen!«?

Abb. 23: Vom Neukunden zum Markenbotschafter. Diese Resultate erzielen wir, wenn wir unseren Kunden in der Zusammenarbeit eine außergewöhnliche Kundenerfahrung ermöglichen.

6 Markt und Wettbewerb

Wenn wir uns mit unserer Expertise am Markt positionieren, müssen wir zuerst für uns persönlich klären, wo wir unser Wirkungsfeld sehen und wofür wir als Experte mit unserem Angebot stehen. Was möchten wir für wen in welchem Umfang leisten? Wie wollen wir uns einbringen? Worin sehen wir unsere größte Leistungs- und Lösungskompetenz und wer kann davon am meisten profitieren?

Dies ist ein zentraler Punkt für Ihre Kundengewinnung als Expertenmarke, denn wir betreten den Markt von innen heraus. Das heißt, wir beginnen bei Ihnen und Ihrer Expertise, treten von dort in den Markt ein und klären aus dieser Perspektive, welche Zielgruppen den größten Bedarf an Ihrer Expertise haben. Anschließend entwickeln wir dafür Angebote und vermarkten sie.

Abb. 24: Der Markteintritt erfolgt von innen nach außen und orientiert sich an Ihrer Expertise in Verbindung mit den dafür passenden Bedarfsgruppen.

Wichtig: Sie müssen für sich auch klären, wie kaufkräftig die von Ihnen avisierte Zielgruppe und wie erfolgversprechend der von Ihnen gewählte Marktbereich ist.

Wenn dies geschehen ist, müssen Sie sich ein Bild machen, wer mit Ihnen auf diesem Marktplatz aktiv ist. Welche Mitbewerber Sie dort haben, wo und wie diese sich positioniert haben, welche Zielgruppen und Buyer Personas konkret angesprochen werden, welche Angebote dafür entwickelt wurden und mit welcher Botschaft sowie welchen Marketingmaßnahmen sie ihre Kundengewinnung durchführen.

Je detaillierter und intensiver Sie Ihren Wettbewerb analysieren, umso klarer können Sie erkennen, wo sie sich differenzieren und auch abgrenzen müssen.

6.1   Spielfeld Marktplatz – wo ist mein Platz?

Wie bereits in Kapitel 3 erläutert, definiert und setzt sich der Marktplatz aus verschiedenen Positionierungsfeldern zusammen:

- Branche (Finanzen, Immobilien, Mode, Automobilindustrie)
- Nische (Oldtimer, Altbau-Immobilien)
- Zielgruppe (Ingenieure, Best Ager 55+, weibliche Führungskräfte)
- Markt- und Preissegment (Luxus, Mittelklasse, Niedrigpreis)
- Standort (regional, national, international)
- Thema, Wissensgebiet (Online-Marketing, Massivhausbau, Zahnmedizin)
- Methode, Technik (HWB-Bauablaufplan, Digital Expert Branding)

Identifizieren Sie, wenn noch nicht geschehen, Ihre persönlichen Markt- und Positionierungsfelder, auf denen Sie mit Ihrem Unternehmen aktiv sind bzw. sich mit Ihrer Expertise positioniert haben.

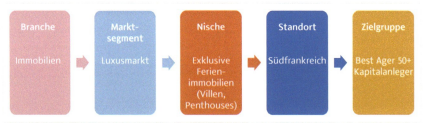

Abb. 25: Definieren Sie Ihre wichtigen Positionierungsfelder.

Dies kann für Sie auch ein guter Zeitpunkt sein, um zu prüfen, ob Sie noch richtig in den von Ihnen gewählten Feldern positioniert sind oder sogar eine Neupositionierung ansteht. Gerade wenn Sie sich in letzter Zeit mit Ihrer Expertise weiterentwickelt haben, Sie eine neue Zielgruppe ansprechen oder einen neuen Ansatz, Methode oder ein neues Produkt entwickelt haben, ist es gut, auch die aktuelle Positionierung zu prüfen und gegebenenfalls anzupassen oder zu erweitern.

6.2   Spielfeld Marktplatz – wer sind meine Mitspieler?

Jetzt geht es darum zu klären, welche Mitbewerber Sie am Marktplatz und in den einzelnen Positionierungsfeldern haben. Nutzen Sie zur Recherche das Web, Google Places mit der Kombination »Branche+Ort«, wenn die Region bei Ihnen eine wichtige Rolle spielt. Sie können auch Branchenverzeichnisse oder Ausstellerverzeichnisse von Fachmessen zurate ziehen oder sich bei Fachverbänden informieren. Wie viele Expertenkollegen finden Sie hier und vor allem, wie lauten Ihre fünf wichtigsten

Wettbewerber? Konzentrieren Sie sich bei Ihrer Analyse genau auf diese Mitbewerber, denn sie sind Ihre wichtigsten Mitspieler bei der Kundengewinnung.

Ich stelle häufig fest, dass das Thema Mitbewerberanalyse entweder gar nicht oder nur halbherzig angegangen wird. Wenn ich bei meinen Kunden nachhake, warum sie auf diesem Gebiet nicht aktiver sind, erhalte ich folgende Antworten:

- **Emotionale Gründe:** Beispielsweise die Angst, auf dem Markt keinen Platz mehr zu haben, oder festzustellen, dass Mitbewerber erfolgreicher sind und dadurch das Gefühl entsteht, dagegen sowieso keine Chance zu haben.
- **Wettbewerb nicht sehen oder nicht ernst nehmen:** »Meine Expertise, Methode, Produkt usw. ist einzigartig. So etwas gibt es noch nicht auf dem Markt.« Mag sein, dass Sie etwas entwickelt haben, das bis dato so noch nicht am Markt existiert. Wenn Sie sich aber ausschließlich auf Ihre Annahme verlassen, kann dies für Ihren Erfolg schnell gefährlich werden.

Wir alle haben heute Wettbewerber am Markt, die vielleicht nicht auf den ersten Blick zu erkennen sind, weil sie möglicherweise mit einer etwas anderen Zielgruppe, anderen Methoden, Produkten oder Techniken arbeiten, dennoch müssen wir uns diese ansehen und sie künftig auch im Auge behalten. Diese »Undercover-Mitbewerber« entwickeln sich ebenso weiter wie Sie und können sich Ihnen dadurch immer weiter annähern. Darüber hinaus sollten Sie nicht vergessen, dass diese Mitbewerber, wenn sie gut sind und ihren Wettbewerb analysieren, auch Sie im Blick haben.

Mitbewerber klassifizieren

Wenn Sie Ihre Mitbewerber identifizieren, sollten Sie diese, wenn möglich auch klassifizieren. Handelt es sich bei Ihren Mitbewerbern um …

- **Marktführer,** also Experten und Unternehmen, die den Markt dominieren?
- **Mitläufer,** die auch etwas vom Kuchen abhaben wollen, aber nicht sehr ambitioniert im Markt agieren?
- **Nischenanbieter,** die sich auf einen ganz spitzen Bereich und eine ausgewählte Zielgruppe innerhalb Ihrer Branche positioniert haben?
- **Neueinsteiger,** die sich in Ihrem Markt- und Positionierungsfeld neu etablieren möchten und anfangs natürlich eher aggressiv auf den Markt drängen, um ein Maximum an Aufmerksamkeit und Sichtbarkeit bei Ihren Zielkunden zu erreichen?

6.3 Analyse Ihrer wichtigsten Mitbewerber

Nun legen wir die einzelnen Kriterien für Ihre Analyse fest. Selbstverständlich können Sie für Ihre Wettbewerbsanalyse auch ein Marktforschungsinstitut beauftragen, aber auch in dem Fall sollten Sie zuvor für sich selbst die wichtigsten Parameter festgelegt haben. Diese Parameter setzen sich aus den folgenden Bestandteilen zusammen:

Basisinformationen zum Mitbewerber und seinem Unternehmen

Machen Sie sich mit den Basisinformationen wie Unternehmensgröße, Mitarbeiterzahl, Businessform sowie Umsatzgröße vertraut.

Markt und Positionierung

Welche Branche oder Nische belegt Ihr Mitbewerber im Markt? Welches Markt- und Preissegment, zum Beispiel Luxussegment, bedient er in erster Linie? Ist er Marktführer, Neueinsteiger oder Mitläufer? Kombiniert er mehrere Positionierungsfelder wie zum Beispiel Branche, Zielgruppe, Methode und Standort?

Standort

Agiert Ihr Mitbewerber in erster Linie lokal bzw. regional oder ist er auch national oder sogar international aktiv? Wo gibt es Überschneidungen und wo können Sie sich allein durch eine Standorterweiterung oder einen Standortwechsel einen Vorteil verschaffen?

Zielgruppen und Buyer Personas

Versuchen Sie so gut wie möglich zu erfassen, welche Zielgruppen Ihr Mitbewerber anspricht. Deckt sich diese wirklich eins zu eins mit Ihrer Zielgruppe oder spricht er auch noch andere Kundengruppen an? Werden innerhalb der Zielgruppe einzelne Personengruppen oder Buyer Personas besonders hervorgehoben oder angesprochen, wenn ja welche? Klären Sie hierzu auch folgende Fragen:

- Welche Kundenbedürfnisse erfüllt mein Wettbewerb?
- Welche Kundenprobleme löst mein Wettbewerb?
- Worin ist mein Wettbewerb in der Zielgruppenarbeit besonders stark?
- Wie lautet die Kernbotschaft des Wettbewerbs an seine Interessenten und potenziellen Kunden? (z. B. »Wir bringen Sie sicher, stressfrei und termingerecht in die eigenen vier Wände!«)

Methode und Ansatz

Hat der Wettbewerb ein eigenes System, eine eigene Methodik oder einen Beratungsansatz entwickelt, der ihm einen Vorsprung beim Kunden verschafft? Worin unterscheidet sich unser Ansatz oder unsere Methode? Was können wir für die Entwicklung unserer eigenen Methode davon lernen?

Angebot des Wettbewerbs

Die Angebotspalette gehört natürlich zu den wichtigsten Bausteinen in der Wettbewerbsanalyse und sollte somit genauestens betrachtet und hinterfragt werden:

- Welche Dienstleistungen, Services, Produkte und Angebote bietet Ihr Wettbewerber an?
- Wie ist das Angebot aufgebaut?
- Gibt es modular aufeinander aufbauende Pakete oder Produktbündel zu kaufen?

- Richten sich die Angebote an die einzelnen Buyer Personas oder an die gesamte Zielgruppe?
- Gibt es On- und Offline-Angebotsvarianten?
- Wenn ja, worin unterscheiden sich diese?
- Wie ist das Preis-Leistungsverhältnis?
- Gibt es Angebote für verschiedene Preis- und Marktsegmente?
- Welchen Nutzen-Mehrwert liefert mein Wettbewerb für seine Kunden?

Legen Sie Ihre Parameter zur Wettbewerbsanalyse mithilfe der folgenden Übersicht fest.

Kriterien der Wettbewerbsanalyse	
Basisinformationen Unternehmer/ Unternehmen	Unternehmen, Unternehmensgröße, Mitarbeiteranzahl, Umsatzgröße, Businessform (Konzern, Mittelstand, KMU, Einzelunternehmer)
Markt- und Positionierung	Branche, Marktsegment, Nische
Standort	Regional, national, international
Zielgruppe	Welche Kundengruppen werden wie angesprochen? Können Buyer Personas identifiziert werden, wenn ja, welche? Gibt es Unterschiede?
Angebot	Dienstleistungen, Services und Produkte (off- und online), Aufbau, Inhalt, Konzept, Preise
Marketing	Plattformen on- und offline z. B. Webseite, Social-Media-Kanäle, Podcast. Marketingstrategie, Werbemaßnahmen z. B. Facebook Ads, Budgetgrößen
Content	Welche Content-Formate werden genutzt? Welche Inhalte werden wo in welchen Intervallen veröffentlicht? Freebies, kostenfreie Angebote?
Sichtbarkeit	Wo ist Wettbewerb am stärksten präsent und sichtbar? z. B. Facebook, Webseite, eigenes Online-Forum, Facebook-Gruppe, Roadshow usw.
Expertenstatus	Welche Expertenreputation genießt der Wettbewerb? Gibt es Maßnahmen zum Aufbau des Expertenstatus? Ist der Experte der Themenbesitzer?
Vertrieb	Vertriebskanäle (z. B. Onlineshop, Sales-Team, Webinare, Videosalesletter) und Vertriebsstrategien

Tab. 5: Kriterien der Wettbewerbsanalyse

Marketingstrategie des Wettbewerbs

Machen Sie es sich zur Gewohnheit, Ihre fünf wichtigsten Mitbewerber immer im Fokus zu behalten. Achten Sie dabei auf folgende Punkte:

- Welche Plattformen werden für das Marketing eingesetzt?
- Wird eine Plattform bevorzugt eingesetzt oder wird eine Multi-Channel-Strategie gefahren?
- Wie sind der Aufbau, das Konzept und die Gestaltung der Marketingkanäle?
- Wie ist die Marketingstrategie aufgebaut?
- Welche Tools und Strategien werden zur Kundengewinnung und zur Leadgenerierung eingesetzt?
- Welche kostenfreien Angebote finden wir beispielsweise auf der Webseite zum Download?
- Gibt es Google-AdWords oder Facebook-Ad-Kampagnen?
- Gibt es einen Mix aus On- und Offline-Maßnahmen?
- Wie sind die Marketingkampagnen und -kanäle vernetzt?

Checken Sie Webseite und Social-Media-Kanäle regelmäßig und abonnieren Sie den Newsletter. Dadurch werden Sie sehr schnell erkennen, welche Marketingstrategien und -maßnahmen regelmäßig, punktuell oder zu bestimmten Jahreszeiten durchgeführt werden und mit welcher Intention.

Analysieren Sie also, ob die Neukundengewinnung, Aufbau und Pflege des Expertenstatus, Aufbau der E-Mail-Liste oder das Lead-Nurturing, der Vertrauensaufbau bei und die Pflege von Interessenten und Kunden durch das Bereitstellen von relevanten Inhalten und Informationen innerhalb der Kundenreise (Customer Journey) im Vordergrund stehen.

Content

Welche Content-Formate werden bevorzugt auf den einzelnen Kommunikationskanälen eingesetzt wie zum Beispiel Artikel, Video, Livestreams, Podcast? Welche Inhalte werden auf welchen Kanälen veröffentlicht und in welchen Intervallen? Werden spezielle Inhalte zum Aufbau der Expertenreputation eingesetzt wie zum Beispiel Interviews, Experten-Talks oder How-to-Tutorials?

Sichtbarkeit des Wettbewerbs

Hier dreht sich alles um die Touchpoints, also um die Präsenz an den wichtigsten Kontaktstellen auf der Kundenreise. Welche werden hier von Ihrem Wettbewerb bevorzugt eingesetzt? Zum Beispiel Webseite, Newsletter, Anzeigen, Broschüren, Whitepaper,

YouTube-Kanal, Podcast, Blogbeiträge, Messeauftritte oder redaktionelle Beiträge in Fachzeitschriften. Achten Sie auch genau darauf, welche Informationen von Ihrem Mitbewerber für potenzielle Neukunden zur Verfügung gestellt werden.

Nehmen Sie zur Unterstützung die Tabellen aus Kapitel 5.5 zur Hand, die Ihnen helfen, die einzelnen Touchpoints leichter zu identifizieren.

Mithilfe der folgenden Übersicht stellen Sie fest, welche Online-Touchpoints Ihr Wettbewerb für die Kundengewinnung einsetzt.

Online-Touchpoints	
Suchmaschinen	Google, Bing
Web-Präsenz	Webseite, Blog, Landingpage, Onlineshop
Social Media	Facebook, Twitter, Xing, LinkedIn, Instagram, Pinterest, Snapchat, Google+, Slideshare
Video und Livestreaming	YouTube, Vimeo, Facebook-Live, Periscope, Instagram Live
Audio-Medien und Plattformen	Podcasts, Hörbücher, iTunes, Spotify, Audible, Soundcloud
Online-Medien	E-Books, Whitepaper, Reports, Checklisten
Online-Fortbildungen und Events	Webinare, Online-Kongresse und virtuelle Messen
Online-Portale und Foren	Gutefrage.net, cosmiq.de, wer-weiss-was.de
Vergleichsportale	Check24, Idealo, Verivox, Geizhals
Shopping-Portale	Amazon, Otto, Zalando
Online-Magazine	Online-Ausgaben der Fach- und Publikumsmagazine, Nachrichtenportale wie Stern, Focus, Spiegel, Handelsblatt
Online-PR-Plattformen	Openpr.de, Firmenpresse.de, Online-Artikel.de, trendkraft.de, presseforum.at, newsaktuell.de
Online-Advertising	Google Ads, Facebook Ads, Instagram Ads

Tab. 6: Die wichtigsten Online-Touchpoints

Achten Sie auch auf die Offline-Touchpoints, die in der folgenden Übersicht zusammengefasst sind, und klären Sie, welche Informationen Ihr Wettbewerber dort zur Verfügung stellt.

Offline-Touchpoints	
Soziales Umfeld als Empfehler	Familie, Freunde, Lebenspartner
Berufliches Umfeld als Empfehler	Kollegen, Vorgesetzte, Berater, Netzwerke
Veranstaltungen	Messen, Events, Kongresse
Verbände	Fachverbände und deren Veranstaltungen
Printmedien	Fachmagazine und Zeitschriften
Bücher	Fach- und Sachbücher
Fortbildungs-Institute und Veranstaltungen	Vorträge, Seminare, Workshops
Werbemittel	Flyer, Broschüren, Magazine, Visitenkarten, Kataloge
Klassische Medien	Print, TV- und Radiowerbung
Pressearbeit	Redaktionelle Publikationen zu Ihrer Arbeit in wichtigen Magazinen und Fachzeitschriften, Presse-Events

Tab. 7: Die wichtigsten Offline-Touchpoints

Expertenstatus

Welche Expertenreputation genießt der Wettbewerb? Ist er Experte, eine Experten-autorität oder Influencer? Marktführer oder Themenbesitzer? Worauf fußt seine Expertise? Welche Maßnahmen zum Aufbau des Expertenstatus werden regelmä-ßig eingesetzt? Gibt es wichtige Auszeichnungen und Veröffentlichungen, die seinen Expertenstatus stärken?

Vertriebswege

Welche Vertriebskanäle nutzt Ihr Wettbewerb? Eigener Onlineshop, Sales-Team, Tele-shopping, Callcenter, Webinare, Videosalesletter, Affiliate-Partner, E-Mail-Marketing?

In der Haufe-App finden Sie eine tabellarische Vorlage, die alle wichtigen Parameter für Ihre Wettbewerbsanalyse enthält. Scannen Sie dazu einfach die folgende Abbil-dung. Mithilfe der App können Sie die Vorlage direkt an Ihre E-Mail-Adresse senden, um sie anschließend an Ihrem Computer auszudrucken.

Vorlage für eine Wettbewerbsanalyse

Schwächen und Stärken meines Wettbewerbs

Zu guter Letzt sollten wir mithilfe der Wettbewerbsanalyse auch klären, wo die Stärken und Schwächen unseres Wettbewerbs liegen. In welchen Bereichen zeigt unser Wettbewerb Exzellenz und in welchen nicht? Durch das Aufspüren dieser Schwächen können Sie vergleichen, wo Sie selbst in diesem Vergleich stehen, und diese Schwächen zu Ihrem Vorteil machen.

Klären Sie also folgende Fragen:
- Worin liegt die größte Problemlösungskompetenz und Expertise meines Mitbewerbers?
- Worin ist mein Mitbewerber besonders stark?
- Wo hat mein Mitbewerber Schwächen?
- Wie können wir diese Schwächen zu unserem Vorteil machen?

Und eine ganz wichtige, essenzielle Frage für Sie:
- Was kann ich von meinem Wettbewerb lernen und für mich und mein Unternehmen adaptieren?

Wenn ich von *adaptieren* spreche, dann meine ich nicht *kopieren*! Kopieren wäre einfach nur einfallslos und zeugt eher davon, dass der Experte wohl eher kein Experte in seinem Fachgebiet ist, ganz abgesehen von den rechtlichen Konsequenzen, die dies mit sich bringt.

Es geht vielmehr darum, die eigenen Stärken und Schwächen zu analysieren und die Ideen, Impulse und Stärken, die ich durch die Wettbewerbsanalyse gewonnen habe, zu modellieren. Diese an mich und mein Unternehmen anzupassen bzw. darauf aufzubauen, sie mit den eigenen Stärken und Vorteilen zu kombinieren und daraus etwas Neues entstehen zu lassen oder Bestehendes zu optimieren.

Von der Konkurrenz zur Kooperation
Und wer weiß, vielleicht entdecken Sie durch diesen ganzen Prozess auch einen Ansatz zur Kooperation mit Ihrem Wettbewerb, etwa weil sich die gegenseitigen Stärken-Schwächen-Profile perfekt ergänzen. Das wäre die optimale Lösung für beide Seiten: von der Konkurrenz zur Kooperation!

7 Experten-USP: Von austauschbar zu unverwechselbar!

Be different or die!
Daniela A. Ben Said

In diesem Kapitel geht es darum, Ihren Experten-USP herauszuarbeiten und herauszustellen. Denn wenn Sie Ihre Alleinstellungsmerkmale nicht kennen, also das, was Sie von Ihren Mitbewerbern eindeutig unterscheidet oder einzigartig macht, dann werden Sie weiterhin im breiten Marktfeld nur einer von vielen Anbietern sein. Sie werden nicht von Interessenten und potenziellen Kunden als Experte wahrgenommen, da diese nicht erkennen können, was Sie ausmacht, worin sich Ihre Expertise unterscheidet und noch wichtiger, was daran der einzigartige Nutzen und Vorteil für einen Kunden ist.

Wenn Sie sich als Experte etablieren und als solcher wahrgenommen werden möchten, also raus wollen aus Vergleichbarkeit, Konkurrenzdruck und Preiskampf, dann müssen Sie Ihren Experten-USP, Ihre Alleinstellungsmerkmale definieren. Das sollte Ihnen jetzt, nachdem Sie eine ausführliche Wettbewerbsanalyse durchgeführt haben, auch nicht mehr so schwerfallen. Denn durch diese Analyse werden Ihre Alleinstellungsmerkmale umso deutlicher. Das ist übrigens einer der Gründe, warum es so wichtig ist, seine Kollegen und Mitbewerber am Markt gründlich zu analysieren.

Sollte Ihnen der Begriff USP – Unique Selling Proposition – noch nichts sagen: Damit ist das Alleinstellungsmerkmal gemeint. Ein einzigartiges Nutzenversprechen, das Ihre Expertise, Ihr Angebot von dem Angebot Ihrer Mitbewerber am Markt eindeutig abhebt und differenziert.

7.1 Was macht mich einzigartig?

Sollten Sie bezüglich Ihrer Alleinstellungsmerkmale noch unsicher oder unklar sein, dann habe ich hier für Sie einige Anhaltspunkte, mit deren Hilfe Sie Ihren Experten-USP leichter identifizieren können. Die Basis bilden die vier Expertenpositionierungs-Schlüssel aus Kapitel 4, die Sie hier hinzuziehen können.

Abb. 26: In welchen Feldern liegen Ihre Alleinstellungsmerkmale gegenüber Ihrem Wettbewerb?

7.1.1   Persönlichkeit

Der wohl wichtigste und größte USP, den Sie besitzen, ist Ihre eigene Persönlichkeit. Selbst wenn Ihre Konkurrenz alles von Ihnen kopieren würde, Ihre Persönlichkeit kann Ihnen niemand wegnehmen. Diese ist und bleibt einzigartig und somit der wichtigste Schlüssel für Ihre Expertenpositionierung und Ihren Expertenerfolg.

Stellen Sie sich vor, Sie gehen in ein Konzert und auf der Bühne sind zehn großartige Sänger, die alle das gleiche Lied für Sie interpretieren. Jeder dieser Sänger wird das Lied in seiner eigenen Art und Weise singen, mit seiner eigenen, unverwechselbaren Stimme und Klangfarbe. Und wenn ich Sie frage, wer Ihr Favorit ist, dann werden Sie einen Sänger nennen, dessen Vortrag Sie ganz besonders berührt hat. Dieser Sänger, seine Stimme und seine Persönlichkeit sind für Sie einzigartig und dadurch hebt er sich von allen anderen ab.

Ihre Persönlichkeit gibt Ihnen somit eine eigene Stimme am Markt und deswegen ist es so wichtig, dass Sie Ihre Persönlichkeit authentisch zeigen und erlebbar machen. Denn wenn Sie beispielsweise als Coach oder Berater in einem sehr dichten Marktumfeld tätig sind, kann Ihre Persönlichkeit, Ihre Stimme und Ihre einzigartige Art und Weise, wie Sie die Dinge vermitteln, der entscheidende Ausschlag und Faktor sein, warum ein Kunde Sie bucht. Das ist der berühmte Nasenfaktor, der hier zum Tragen kommt und die Entscheidung vorrangig beeinflusst.

Kennen Sie die 55-38-7-Regel von Albert Mehrabian? Sie besagt, dass Ihre Wirkung, wenn Sie beispielsweise einen Vortrag, einen Pitch oder eine Präsentation halten, beim Gegenüber zu 55 % von Ihrer Körpersprache beeinflusst ist. 38 % Einfluss hat Ihre Stimme und lediglich 7 % hängen vom Inhalt ab.

Und unsere Körpersprache wird natürlich von unserer Persönlichkeit geprägt. Diese Regel ist also eine schöne Bestätigung, wie wichtig und kraftvoll der Einfluss unserer Persönlichkeit ist, wenn ich auch den 7 % Wirkkraft, die dem Inhalt beigemessen werden, nicht ganz zustimme. Denn gerade wenn es um den Expertenstatus und den Aufbau Ihrer Expertenmarke geht, müssen Sie natürlich auch darauf achten, exzellente Inhalte zu liefern, um ein unwiderstehliches Gesamtpaket für Ihre Kunden zu schnüren.

7.1.2   Persönliche Geschichte und Lebenserfahrung

Ihre Geschichte und Ihr Lebensweg, der Sie zu dem Menschen gemacht hat, der Sie heute sind, können Ihrem heutigen Tun ebenfalls die Basis für ein Alleinstellungsmerkmal geben. Zum einen sind natürlich auch Ihr Lebensweg und Ihre persönliche Geschichte einmalig und nicht kopierbar, zum anderen waren sie vielleicht der Grundstein für Ihre heutige Expertise. Darüber haben wir bereits im Kapitel 3 ausführlich gesprochen. Also durchleuchten Sie nochmals Ihre persönliche Geschichte, achten Sie dabei auch auf Krisen und Umbruchzeiten, die Sie besonders geprägt haben, und schauen Sie, ob in Ihrer Geschichte ein Alleinstellungsmerkmal gegenüber Ihren Mitbewerbern zu finden ist.

7.1.3   Expertise und Berufserfahrung

Im Bereich Expertise und Berufserfahrung sollten Sie einige wertvolle Alleinstellungsmerkmale finden. Beginnen Sie mit Ihrem Schulabschluss und Ihrer Ausbildungszeit. Haben Sie besondere Bildungsinstitute und Universitäten, vielleicht auch im Ausland, besucht oder ein Auslandsjahr an einer renommierten Universität absolviert? Hatten Sie Lehrer, Mentoren, Ausbilder, die über ihren eigenen Expertenstatus einen wertvollen Imagetransfer auf Sie und Ihre Expertise legen? Oder haben Sie das Studium abgebrochen – wie zum Beispiel Steve Jobs – oder gar nicht erst begonnen und sich gleich in die Praxis gestürzt und Ihr Unternehmen gegründet. Differenzieren Sie sich genau damit von anderen Anbietern am Markt?

Wer oder was hat Ihre weitere Karriere und Berufserfahrung geprägt? Für welche Unternehmen waren Sie in welcher Funktion tätig? Gibt es da Indikatoren für Alleinstellungsmerkmale?

Welche Fort- und Weiterbildungen haben Sie absolviert? Haben Sie spezielle Diplome oder Zertifikate erworben, die Sie heute als Experte auszeichnen und einzigartig machen?

Sprechen Sie mehrere Sprachen? Ich habe eine Kundin, die so ganz nebenbei erwähnte, dass sie sieben Sprachen spricht, dies aber als selbstverständlich erachtete und darin kein Alleinstellungsmerkmal für sich erkennen konnte, obwohl dies ganz klar der Fall ist!

Ein ebenso wichtiger Indikator sind die Jahre Ihrer Berufserfahrung in Ihrem Fachgebiet gegenüber anderen Kollegen, die noch nicht so lange am Markt aktiv sind oder gerade erst in den Markt drängen. Wenn Sie auf 10, 15, 20 oder mehr Jahre zurückblicken können, dann schafft das Vertrauen und stärkt automatisch Ihren Expertenstatus. Dieses Alleinstellungsmerkmal sollten Sie unbedingt hervorheben.

Waren Sie im Ausland tätig oder haben Sie einen längeren Aufenthalt im Ausland gehabt? Dies wirkt sich positiv auf Ihre Expertise aus und kann Sie von anderen abheben. Oder sind Sie regelmäßig im Ausland auf Fortbildungen und bei wichtigen Kongressen, um Ihr Expertenwissen immer aktuell und up to date zu halten, damit Ihre Kunden davon profitieren können?

Sind Sie ein familiengeführtes Unternehmen, das bereits in der x-ten Generation in diesem Bereich und in dieser Region oder auch international tätig ist? Wenn ja, kann das ein sehr, sehr wirkungsvolles Alleinstellungsmerkmal sein.

7.1.4   Angebot, Dienstleistung, Produkt, Methode

Was unterscheidet Ihr Angebot, Ihren Service, Ihre Dienstleistung oder Ihr Produkt von Ihren Mitbewerbern? Darauf sollten Sie eine glasklare Antwort haben. Was macht Sie darin einzigartig?

- Haben Sie eine eigene Methodik oder Herangehensweise entwickelt? Setzen Sie eine außergewöhnliche Technik ein? Haben Sie eine besondere Software, App oder ein Tool entwickelt, das es so nur bei Ihnen gibt?
- Bieten Sie Ihren Kunden eine außergewöhnliche Customer Experience oder ein spezielles Service-Erlebnis, wenn man bei Ihnen kauft oder Sie bucht?
- Haben Sie eine neue Art der Wissensvermittlung oder ein neues interaktives Trainings-, Schulungs- oder Lernprogramm entwickelt?
- Welchen außergewöhnlichen Nutzen, Mehrwert und Gewinn bieten Sie Ihren Kunden, wenn diese mit Ihnen arbeiten? Was gibt es wirklich nur bei Ihnen?

7.1.5   Referenzen von renommierten Kunden

Waren oder sind Sie für große, internationale und renommierte Unternehmen tätig oder haben Sie dort, bevor Sie Ihr eigenes Unternehmen gegründet haben, gearbeitet? Auch das ermöglicht natürlich einen positiven Imagetransfer auf Ihren Expertenstatus und kann ein Alleinstellungsmerkmal sein.

Gibt es bekannte Persönlichkeiten, für die Sie tätig sind oder waren? Wenn ja, fragen Sie, ob Sie eine Referenz erhalten bzw. ob Sie dies beispielsweise auf Ihrer Webseite nennen dürfen. Denken Sie daran, solche Referenzen niemals ohne schriftliche Bestätigung zu veröffentlichen. Ansonsten könnten Sie Kunden verlieren und sich rechtliche Probleme einhandeln.

Und gehen Sie auch Ihre Referenzen durch, die Sie von Kunden erhalten haben. Dort finden sich oft wunderbare Juwelen an Alleinstellungsmerkmalen. Generell sollten Sie bei Ihren Kunden nach Referenzen fragen, damit Sie diese für Ihr Marketing nutzen können, zum Beispiel als Testimonial auf Ihrer Webseite.

7.1.6   Veröffentlichungen und Presse

Sind Sie Autor? Haben Sie in einem renommierten Verlag ein wichtiges Fachbuch zu Ihrem Thema veröffentlicht? Haben Sie eine regelmäßige Kolumne in einer wichtigen Fachzeitschrift oder haben Sie diverse Artikel und Veröffentlichungen in unterschiedlichen Medien und Magazinen als Experte zu Ihrem Fachgebiet? Waren Sie in wichtigen Magazinen, Fachzeitschriften, Hörfunksendungen, Online-Portalen oder TV-Sendungen als Experte und Interviewpartner zu Gast? Wenn ja, dann sollten Sie dies auf Ihren Marketingkanälen entsprechend sichtbar machen und diese Aktivitäten auch als Alleinstellungsmerkmal einsetzen, besonders wenn Sie nichts Vergleichbares bei Ihren Mitbewerbern finden.

7.1.7   Preise und Auszeichnungen

Welche Auszeichnungen, Preise und Awards haben Sie bereits erhalten oder gewonnen, die Sie von Ihren Kollegen und Mitbewerbern unterscheiden? Einer meiner Kunden aus der Baubranche wurde bereits zum zweiten Mal mit dem Top 100 Award ausgezeichnet, der für die innovativsten Mittelständler Deutschlands steht. Ein perfektes Alleinstellungsmerkmal und eine unabhängige Bestätigung für die große Expertise dieses Unternehmens.

7.2   Außendarstellung und Marketing

Wenn wir über Alleinstellungsmerkmale sprechen, dann sollten wir natürlich auch darüber sprechen, wie Sie sich in der Kommunikation und im Marketing von Ihren Mitbewerbern unterscheiden können.

Nehmen Sie hier die Ergebnisse der Marktanalyse zur Hand und prüfen Sie, welche Touchpoints und Marketingkanäle Ihre wichtigsten Mitbewerber einsetzen, und dann vergleichen Sie dies mit Ihren Aktivitäten. Wo sind Sie, wo Ihr Wettbewerb noch nicht ist? Wo müssen Sie nachziehen? Und vor allem: Womit können Sie sich vollständig von Ihrem Wettbewerb differenzieren?

Für meinen Kunden aus der Baubranche haben wir 2014 gezielt mit Video-Marketing begonnen, da dieses Marketinginstrument – zum Teil bis heute – von keinem der regionalen Mitbewerber genutzt wird. Wir produzieren regelmäßig neue Videos zu unterschiedlichen Themengebieten wie Experten-Talks, Kundenstimmen oder Interviews, bei denen wir die wichtigsten Fragen der Bauherren in den Mittelpunkt stellen und beantworten. Das kommt bei Interessenten und Kunden sehr gut an und ist ein perfektes Alleinstellungsmerkmal für meinen Kunden.

Und selbst wenn die Konkurrenz die gleichen Instrumente einsetzt, können Sie trotzdem eigene Wege gehen, indem Sie diese anders nutzen. Angefangen vom Inhalt, über das Design bis hin zur Produktion, dem Intervall oder der Auslieferung dieser Inhalte.

Fangen Sie an, Ihre Kunden zu überraschen. Gehen Sie andere, neue Wege. Im Marketing sprechen wir hier gerne vom *pattern interrupt* – das Muster durchbrechen, um die Aufmerksamkeit wieder auf uns zu lenken.

Wir leben in einer lauten Welt, die sekündlich mit einer Fülle von Informationen um unsere Aufmerksamkeit buhlt. Hier gewinnt derjenige, der alte, bewährte Methoden und Denkmuster durchbricht und so die Aufmerksamkeit auf sich zieht. Das heißt nicht, dass Sie lauter werden müssen als die anderen. Werden Sie einfach smarter in Ihrer Kommunikation und Ihrem Marketing. Verlassen Sie die altbekannten und vertrauten Wege. Trauen Sie sich, seien Sie frech, polarisieren Sie, berühren und emotionalisieren Sie und machen Sie die Dinge einfach anders als Ihre Konkurrenz. Die digitale Welt bietet Ihnen dazu eine Fülle an Möglichkeiten, die viele Unternehmer und Unternehmen nach wie vor nicht für sich nutzen.

Ein wunderbares Beispiel ist für mich Edeka, ein Unternehmen, das die digitalen Medien äußerst erfolgreich für sich nutzt und vor allem auch mit ihren Werbespots regelmäßig Maßstäbe setzt. Damit landet Edeka nicht nur bei YouTube auf Platz 1, sondern auch bei seinen Kunden.

In der Haufe-App finden Sie den Spot »Dorfdrift – spektakulär kurze Lieferwege« von EDEKA mit aktuell über 5,5 Mio. Aufrufen.

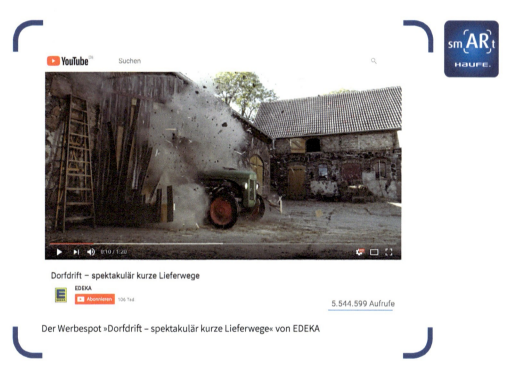

Der Werbespot »Dorfdrift – spektakulär kurze Lieferwege« von EDEKA

7.3 Vorsicht Falle: USPs erfinden

Auf keinen Fall sollten Sie Alleinstellungsmerkmale erfinden. Also rühmen Sie sich nicht mit Kontakten, Referenzen, Titeln, Auszeichnungen und Diplomen, die Sie nicht haben. Durch das World Wide Web werden solche Unehrlichkeiten heute schneller denn je entlarvt und der Schaden für Sie und Ihre Expertenmarke kann irreparabel sein.

Kritisch ist auch der Einsatz von künstlich stilisierten Markenzeichen. Die Expertin, die permanent Rot trägt, um aufzufallen, und dies als ihr Markenzeichen etabliert, obwohl sie diese Farbe eigentlich gar nicht mag, ist unglaubwürdig und wirkt aufgesetzt. Vergessen Sie dabei nicht: Wir Menschen haben ein sehr feines Gespür dafür, was echt, was authentisch ist und was nicht.

Generell sind Markenzeichen häufiger in der Unterhaltungs- und Musikindustrie als im Expertenbusiness zu finden. Wie ich finde, sind sie dort auch wesentlich besser aufgehoben, wie folgende Beispiele zeigen: Der Musiker Cro, der sich nur mit Panda-Maske zeigt und auf diese Weise zugleich seine Privatsphäre sichert. Gregory Porter,

Jazz-Musiker und Komponist mit Ausnahmestimme. Sein Markenzeichen ist eine dunkle Ballonmütze und ein Schlauchschal, der, bis auf sein Gesicht, den ganzen Kopf verhüllt. Er selbst sagte dazu mit entwaffnender Ehrlichkeit: »Ich wollte einfach nur auffallen, um jeden Preis.«

Ich denke, Sie geben mir Recht, wenn ich sage: Wir Experten sollten lieber durch unsere echte, authentische Persönlichkeit und unsere Expertise bestechen als durch aufgesetzte oder künstlich erzeugte Markenzeichen.

7.4   Experten-USP kommunizieren

Wenn Sie Ihre Alleinstellungsmerkmale herausgearbeitet haben, sollten Sie diese natürlich auf Ihren wichtigsten Marketingkanälen an Interessenten, potenziellen Kunden und Bestandskunden transportierten. Vor allem auf Ihrer Webseite sollten Ihre Alleinstellungsmerkmale klar erkennbar sein. Am besten auf der Startseite, der Angebotsseite und der Über-mich- bzw. Über-uns-Seite. Je nachdem worin die Allein-stellungsmerkmale liegen, lassen sich diese auf den verschiedenen Seiten besonders herausstellen.

Sie haben nur maximal sechs bis sieben Sekunden, um die Aufmerksamkeit eines Webbesuchers für sich zu gewinnen. Nutzen Sie diese Zeitspanne und verpacken Sie Ihren Experten-USP, verbunden mit einem wichtigen Kundennutzen, in eine starke Botschaft, welche die Aufmerksamkeit des Besuchers weckt und ihm klarmacht, was er in der Zusammenarbeit mit Ihnen gewinnen kann.

Überprüfen Sie also jetzt Ihre wichtigsten Kommunikationskanäle und Marketing-plattformen, ob Ihr USP ersichtlich und vor allem klar verständlich ist, und wenn nicht, dann optimieren Sie dies. Wenn Sie beispielsweise Awards, Auszeichnungen oder eine spezielle Zertifizierung haben, machen Sie dies durch Einbindung auf Ihrer Webseite sichtbar. Heute erhalten Sie meist automatisch das passende Logo als digitale Datei von der jeweiligen Organisation. Wenn nicht, dann fordern Sie es bitte an.

Abb. 27: Vergessen Sie nicht, Ihre Alleinstellungsmerkmale auf Ihren relevanten Kanälen sichtbar zu kommunizieren.

Das Gleiche gilt, wenn Sie wichtige Presseveröffentlichungen haben. Diese können Sie mittels Logo oder Auszug, nach Freigabe des jeweiligen Mediums, auf Ihrer Webseite einbinden (»Bekannt aus: TV X, Magazin Y, Podcast Z, Onlinemagazin X«). Und wenn Sie Autor sind, sollten Ihre Bücher auf Ihren Plattformen sichtbar und am besten auch gleich für Ihre Interessenten und Kunden bestellbar sein.

Achtung

Ihre Webseite, Social-Media-Kanäle und Präsentationen sollten keine Logo-Friedhöfe werden. Fokussieren Sie sich jeweils auf die wichtigsten und wirkungsvollsten Auszeichnungen, Media-Präsenzen und Kundenstimmen, denn zu viel des Guten kann auch schnell das Gegenteil bewirken.

8 Das Experten-Signature-Angebot

Ein wichtiger Baustein, um als Experte wahrgenommen zu werden, ist das sogenannte Signature-Angebot. Ein Angebot, das sofort mit Ihnen und Ihrer Expertise assoziiert wird. Dafür sind Sie bekannt wie Coca-Cola für seine weltberühmte Brause. Das Signature-Angebot trägt Ihre unverwechselbare Handschrift, indem es die Essenz Ihrer Expertise sowie Ihrer gesamten Fachkompetenz verkörpert, und selbstverständlich ist es in dieser Form nur bei Ihnen erhältlich.

8.1 Entwicklung eines Signature-Premium-Produkts

Entwickeln Sie aus Ihrem Wissen heraus eine eigene Technik, Formel, Matrix, Methode, Strategie, Herangehensweise oder eine eigene Produktrange, um sich auch auf der Angebotsebene signifikant von Kollegen und Mitbewerbern abzugrenzen.

Ihre Expertise ist Ihr kostbarstes Gut, und wenn Sie vor allem beratend tätig sind oder als Coach und Trainer arbeiten, dann sollten Sie immer darüber nachdenken, wie Sie Ihre Expertise in eine eigene Methodik und somit in ein unverwechselbares Beratungsangebot verwandeln können.

Natürlich ist dies für alle Unternehmer und Unternehmen, deren Wirtschaftsgut das eigene Wissen ist, ein enorm wichtiger Fokus und Ansatz, sowohl für den Auf- und Ausbau des eigenen Expertenstatus als auch als eines der wichtigsten Alleinstellungsmerkmale.

Wenn es um die Entwicklung dieser Methoden, Strategien, Formeln oder Produkte geht, muss dabei aber nicht zwanghaft oder permanent das Rad neu erfunden werden. Es geht vielmehr darum, auch vorhandene Methoden, Produkte oder Services neu zu denken, weiterzuentwickeln sowie mit dem eigenen Wissen und Beratungsansatz zu kombinieren und daraus etwas Neues zu schaffen.

Denken Sie auch in verschiedenen Preissegmenten und schnüren Sie, wo möglich, Beratungspakete, die vom Basispaket bis zum Hochpreis-Premium-Paket aufgebaut sind.

Übrigens ist der Blick zur Konkurrenz erlaubt, um sich durchaus dort inspirieren zu lassen und von Ihren Kollegen Impulse zu empfangen. Allerdings sollten Sie dann im nächsten Schritt Ihr Ding daraus machen und keinesfalls kopieren. Adaptieren und modellieren statt kopieren. Sie wollen ja schließlich für die eigene Expertise stehen und nicht als Copy-Cat bekannt werden.

8.2　Digitale Signature-Angebote

Das Schöne an der digitalen Welt ist, dass sie uns viele neue Formen des Arbeitens ermöglicht. So können Sie heute beispielsweise Ihre Beratungen, Trainings, Workshops, Meetings, Kongresse und sogar Messen auch ganz einfach virtuell durchführen. Dadurch ist es möglich, Ihre Angebote zu erweitern, neue Geschäftsmodelle zu entwickeln und Ihr Experten-Business zu skalieren. Gerade wenn Sie viel im Eins-zu-eins-Beratungsgeschäft tätig sind, haben Sie ganz neue Chancen und Möglichkeiten, um ortsunabhängig und mit Kunden aus aller Welt zu arbeiten.

So können Sie beispielsweise eine Kombination aus Präsenzberatung und Training sowie Online-Mentoring anbieten oder aus Ihren Einzelberatungen Online-Gruppenprogramme und Masterminds entwickeln.

Aus Ihrem Expertenwissen können Sie digitale Produkte wie beispielsweise Onlinekurse kreieren und eine digitale Wissensdatenbank in Form einer Onlineakademie aufbauen, zu der Sie kostenpflichtige Zugänge anbieten. Dort stellen Sie Ihren Kunden dann Ihr Know-how in Form von Video- und Webinar-Aufzeichnungen, Checklisten, Arbeitsbüchern oder Audio-Files zur Verfügung und der Kunde kann sich 24/7 das Wissen holen, das er gerade von Ihnen benötigt.

Dies eignet sich übrigens auch hervorragend, wenn Sie erklärungsbedürftige Dienstleistungen und Produkte anbieten. Sie können Ihre Gebrauchsanleitungen sowie häufig gestellte Fragen via Videoaufzeichnung, Checklisten oder Schritt-für-Schritt-Anleitungen als PDF-Download in einem geschützten Bereich Ihren Kunden zur Verfügung stellen und dort auch weitere maßgeschneiderte Lösungen gegen Bezahlung anbieten. So können Sie als Experte Ihre Service- und Beratungsleistung vervielfachen, ohne persönlich ständig präsent sein zu müssen.

Abb. 28: Mein bevorzugtes Motto, wenn es um effizientes Arbeiten geht.

Nehmen Sie also unter Berücksichtigung dieses Aspekts Ihr bestehendes Angebots- und Produktportfolio einmal genau unter die Lupe. Fragen Sie auch bei Ihren Kunden nach, ob diese spezielle Beratungs- oder Produktwünsche haben, möglicherweise einen Service oder sogar eine Leistung vermissen, und nutzen Sie diese Ergebnisse bei der Entwicklung Ihrer unverwechselbaren Signature-Angebote.

Sehen Sie sich nun das Video zum Signature-Produkt an, das Sie in der Haufe-App finden. Lassen Sie sich hinter die Kulissen meines Unternehmens führen. Dort erkläre ich Ihnen, wie ich mein Unternehmen mithilfe von digitalen Signature-Produkten skaliert habe.

Video von Martina Fuchs zum Signature-Produkt

9 Expertenmarketing – Aufbau, Ziele und Maßnahmen

Experten brauchen ein Marketing, das sowohl zu ihrer Persönlichkeit als auch zu ihrer Expertise und Fachkompetenz passt. Es muss also die Persönlichkeit hinter der Expertise mit der richtigen Marketingstrategie sichtbar, erlebbar und nahbar werden. Zugleich muss aber auch die Expertise selbst ebenso erfahrbar sein.

Die Sichtbarkeit von Experte und Expertise muss dabei an den richtigen Touchpoints, also den Kontaktpunkten der zentralen Bedarfsgruppe wirksam vergrößert werden, damit die dazugehörigen Dienstleistungen und Produkte gewinnbringend vermarktet werden.

Und zu guter Letzt muss das Expertenmarketing dafür sorgen, dass der Expertenstatus langfristig kontinuierlich weiter auf- und ausgebaut wird, um daraus eine starke, erfolgreiche Expertenmarke entstehen zu lassen.

Damit dies gelingt, muss sich die Expertenmarketingstrategie sowohl den persönlichen Entwicklungsschritten des Experten mitsamt seiner Expertise immer wieder anpassen, zugleich aber auch aktuelle wie künftige Strömungen und Trends im Marketing berücksichtigen. Das Expertenmarketing muss flexibel sein und sich unter Umständen schnell an neue Trends und Marktbewegungen anpassen können.

9.1 Digitales Expertenmarketing – warum?

In meiner Arbeit und in meinem Buch lege ich den Fokus auf digitales Expertenmarketing, da sich die Art, wie wir heute kommunizieren, Medien nutzen und Marketing betreiben, in den letzten 25 Jahren drastisch verändert hat.

Als vor über 25 Jahren im Dezember 1990 der britische Wissenschaftler Tim Berners-Lee das World Wide Web erfunden hatte und die erste Webseite online ging, konnte keiner absehen, was dies für uns, unsere Art, wie wir künftig miteinander kommunizieren, sowie für unsere Mediennutzung bedeutet.

Als ich in den 90er-Jahren des vergangenen Jahrhunderts für Magazine wie Cosmopolitan oder Harper's Bazaar gearbeitet habe, war das stark wachsende Privatfernsehen der natürliche Feind der Printmedien. Damals hatte sich keiner Sorgen um das World Wide Web gemacht. Und als im März 2000 die Dotcom-Blase platzte, gab man diesem Internet sowieso keine Chance mehr. Welch Irrtum!

Mit der Geburtsstunde von Social Media in Form von Facebook (2004), YouTube (2005) und Twitter (2006) wurde eine neue Ära eingeläutet. Spätestens von diesem Zeitpunkt an wurde die ganze Welt des Marketings, der Kommunikation und der Medien nochmals komplett auf den Kopf gestellt und verändert.

Und dies ist nicht der Schlussakkord, vielleicht sogar erst der Anfang. Allein die letzten zwei Jahre haben schon wieder jede Menge neuer Kommunikations- und Marketingmöglichkeiten für uns bereitgestellt: Livestreaming via Twitter (Periscope), YouTube oder Facebook Live oder der Einsatz von Chatbots wie den Facebook Messenger. Diese kleinen Roboter geben uns die Möglichkeit, mit Interessenten und potenziellen Kunden auf einer ganz neuen Ebene zu kommunizieren, ihnen relevante Informationen zur Verfügung zu stellen und sie so in ihrem Kaufverhalten positiv zu unterstützen.

Und Streaming-Dienste wie Netflix oder Amazon Prime verändern gerade die Art und Weise, wie wir das Medium TV nutzen. Sie sind heute der natürliche Feind des klassischen Fernsehens so wie es damals das Privatfernsehen für Print gewesen ist.

Zudem werden diese ganzen Veränderungen von technischen Entwicklungen begleitet wie beispielsweise Smartphones oder Tablets, die wiederum unsere Kommunikation und Mediennutzung verändern und weiter beeinflussen.

Somit ist es heute Pflicht, sich mit den Möglichkeiten des digitalen Marketings auseinanderzusetzen und diese Tools, Kanäle und Plattformen für sich und das eigene Unternehmen gezielt zu nutzen, denn wer nicht webt der stirbt, um es mit den Worten von Kommunikationsexpertin Dr. Kerstin Hoffmann auf den Punkt zu bringen.

Da hilft auch keine Vogelstrauß-Politik, denn die digitale Transformation ist längst in jedem Winkel unseres Lebens angekommen und nicht mehr zu stoppen. Obwohl man mit Blick auf deutsche Unternehmen, besonders im Mittelstand, oft denken könnte, dass diese Message noch nicht wirklich bis zu den Entscheidern durchgedrungen ist. Vor allem die Angst vor den neuen IT-Technologien sei eine der Hauptursachen für die Schockstarre der Unternehmen, wie es die Wirtschaftswoche so schön betitelte.

Aus meiner Sicht ist es aber generell die Angst vor Veränderung, denn die digitale Transformation fordert nicht nur neue Technologien, sondern auch einen Wandel der Unternehmenskultur an sich. Ein Wandel, der beispielsweise agile neue Arbeitsmethoden und Welten bietet und fordert, Raum und Freiheit für *Try & Error* ermöglicht, kurze, schnelle Entscheidungswege und -prozesse fördert sowie Innovationen und Strategien nicht sofort mit KPIs abtötet.

Ich habe bereits 2006 meinen Fokus auf die Welt des Digitalen gelenkt, denn mir war sehr schnell klar, dass sich gerade im Bereich Marketing und Kommunikation viele neue Möglichkeiten zur Kundengewinnung vor uns auftun. Gleichzeitig werden ganz neue Wege der Zusammenarbeit geschaffen. Wir können problemlos von lokal zu global wechseln und nahezu von jedem Ort der Welt aus agieren, sobald wir eine stabile Internetverbindung haben.

Aber dies sind natürlich nicht die einzigen Vorteile von digitaler Kommunikation und digitalem Expertenmarketing. Lesen Sie hier die wichtigsten Vorteile auf einen Blick.

Sichtbarkeit

Das World Wide Web sowie die sozialen Medien und Plattformen machen heute, unabhängig von Marketingbudget oder Unternehmensgröße, Sichtbarkeit für jeden Unternehmer und Experten möglich. Sie können sofort mit nur wenigen Mausklicks und ohne großen Aufwand mit Ihrer Expertise online gehen und an den relevanten Touchpoints für Ihre potenziellen Kunden sichtbar werden.

Reichweite

Mit der richtigen Strategie und Wahl der passenden Marketingkanäle sowie mit relevanten Kostproben Ihres Expertenwissens für Ihre Zielgruppe können Sie, unterhaltsam aufbereitet und kontinuierlich auf den richtigen Plattformen ausgeliefert, eine enorme Reichweite erzielen. Und wenn der Inhalt nicht nur inhaltlich, sondern vor allem auch emotional den absoluten Nerv Ihrer Zielgruppe trifft, sogar Viralität zu erzeugen.

Kosten- und budgetfreundlich

Im Gegensatz zu den klassischen Werbemedien wie Print, TV oder Hörfunk können wir heute im Web mit jedem Marketingbudget aktiv werden, da alle wichtigen Social-Media-Plattformen kostenfrei nutzbar sind. So können Sie heute beispielsweise innerhalb weniger Stunden und mit geringen Gebühren für Domain und Hosting mit Word-Press kostenfrei einen Blog erstellen und veröffentlichen.

Sie können mit Ihrem Smartphone ein Video drehen, dies auf YouTube veröffentlichen und es von dort auf Ihrem Blog in einen redaktionellen Beitrag integrieren. Im Anschluss daran teilen Sie diesen Beitrag auf allen relevanten Social-Media-Plattformen wie Facebook, Twitter oder Google+ und das, ohne einen Cent dafür zu bezahlen.

Eine maximale Sichtbarkeit für Ihre Expertise ist somit heute selbst mit dem kleinsten Budget möglich.

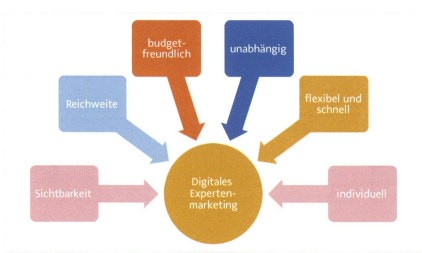

Abb. 29: Digitales Expertenmarketing bietet viele Vorteile, vor allem wenn es um Sichtbarkeit, Reichweite, Schnelligkeit und Budget geht.

Unabhängig von der Gunst der Medien

Experte war früher nur, wer mindestens ein oder zwei Publikationen in namhaften Buchverlagen veröffentlicht hatte und dem dadurch der Weg zu den Medien geebnet war für Interviews oder als Gast in einer TV- oder Radiosendung. Ein anderer Weg bestand darin, sich mithilfe von PR-Agenturen Zutritt zu diesen Medien zu verschaffen. Das erforderte nicht nur ein spannendes Thema, sondern auch Hartnäckigkeit und ein entsprechendes PR-Budget.

Heute starten Sie ganz einfach selbst Ihre eigene TV-Show auf Facebook mittels Facebook Live oder mit Ihrem TV-Kanal auf YouTube. Ihr Blog ist Ihr Online-Magazin und mit einem Podcast haben Sie Ihre eigene Radiosendung. Das Schöne daran: Über Ihre eigenen Medienkanäle werden dann, wenn Ihre Inhalte relevant, hochwertig und gut produziert sind und Sie eine gewisse Reichweite erreicht haben, auch wiederum die Kollegen von der Presse aufmerksam. Schon haben Sie auch dort einen Fuß in der Tür und können zusätzlich Presse-Features bekommen. Des Weiteren gibt es online kostenfreie Presseportale wie openpr.de, die Sie zusätzlich für Ihre Sichtbarkeit nutzen können.

Individualisiertes Marketing

Marketing war noch nie so individualisierbar wie heute. Es kann perfekt auf Sie, Ihre Persönlichkeit und Ihre Expertise zugeschnitten werden. Gerade wenn es um das Thema Sichtbarkeit und die Wahl der richtigen Marketingkanäle geht, sollte auch immer Rücksicht auf die jeweilige Persönlichkeit genommen werden. Sie sind introvertiert und kamerascheu? Kein Problem, dann kann ein Blog oder Podcast das richtige Medium für Ihre Expertise sein. Sie lieben das Rampenlicht und Videos? Perfekt, dann ist YouTube oder Facebook Live ein wichtiger Marketingkanal für Sie. Nur wenn wir die richtige Plattform für uns wählen, sind wir auch authentisch und glaubwürdig und können diese wirksam für unsere Kundengewinnung nutzen.

Digitales Marketing erlaubt es Ihnen aber auch, Inhalte exakt auf Ihre Zielgruppe abzustimmen und diese Inhalte und Angebote zu personalisieren bzw. bestimmte Inhalte nur einer bestimmten Besuchergruppe Ihrer Webseite oder innerhalb Ihres Onlineshops anzubieten. Gerade diese Personalisierung ist ein zentraler Erfolgsschlüssel von Onlineshops wie Amazon oder About You und sie wird in den kommenden Jahren noch wichtiger werden.

Flexibel – schnell – agil

Die digitale Welt fordert Schnelligkeit, da sich Märkte, Bedarfsgruppen, Bedürfnisse, Technik oder Nutzerverhalten rasant verändern sowie Trends sich über Nacht weltweit ausbreiten können. Darauf müssen Sie als Experte mit Ihrer Expertise und Ihren Angeboten schnell und flexibel reagieren können. Mithilfe von digitalem Expertenmarketing ist dies für Sie mit einem Mausklick möglich. Wir sprechen hier auch von *speed of implementation*. Je schneller Sie reagieren, handeln und umsetzen, umso größer Ihr Erfolg.

Dies ist ein Grund, warum selbst Solopreneure oder kleine Start-ups großen Unternehmen das Fürchten lehren. Denn sie können schnell und agil auf Trends sowie Marktveränderungen reagieren und vor allem auch schnell in die Umsetzung gehen, während große Unternehmen aufgrund ihrer Prozesse und Entscheidungswege oft nur langsam reagieren und neue Maßnahmen umsetzen.

Develop on the Go

Digitales Expertenmarketing macht Schluss mit dem Erfolgskiller Perfektionismus, denn hier warten Sie nicht, bis Ihre Social-Media-Kampagne oder Experten-Webseite beim Go-Live perfekt ist, sondern gehen mit dem raus, was Sie haben. Wir sprechen hier von *Develop on the Go* – Optimierung und Weiterentwicklung im Prozess. Das gibt Ihnen die Möglichkeit, sofort und jederzeit wertvolles Feedback von Kunden, Interessenten oder Beta-Testern zu berücksichtigen und einfließen zu lassen.

Gerade wenn Sie digitale Anzeigenkampagnen zum Beispiel auf Facebook fahren oder digitale Produkte sowie Angebote konzipieren und erstellen, wie beispielsweise Onlinekurse, können Sie diese vorab am Markt mit einem Pilotprojekt oder einer Landingpage testen und sehen, ob überhaupt Interesse für dieses Produkt besteht. So sparen Sie viel Zeit und Geld und können zugleich das Feedback für die Weiterentwicklung nutzen.

Try & Error – Fehler für Ihren Erfolg

Testen, Testen, Testen ist das Credo eines jeden digitalen Marketers und das gilt natürlich auch für das digitale Expertenmarketing. Wir sprechen hier von A/B-Splittests, die es uns ermöglichen, Anzeigenkampagnen, Überschriften, Verkaufstexte und Buttons, Social-Media-Grafiken, Landingpages, Produktpreise oder kostenfreie Downloads auf ihre Wirksamkeit hin zu testen, so dass wir die besten Ergebnisse damit erzielen. Testen mit sofortigem Feedback war noch nie so einfach. So gesehen gibt es keine Fehler im digitalen Expertenmarketing, da sich diese sofort in einen Gewinn transformieren lassen.

Wichtig: Marketing ist Langstrecke, kein Sprint

Bevor wir tiefer in das Thema digitales Expertenmarketing einsteigen, möchte ich Sie bereits vorab dafür sensibilisieren, dass Marketing generell und digitales Expertenmarketing im Speziellen kein Sprint ist, sondern eine Langstreckendisziplin. Dies wird auch so bleiben, solange Sie Ihre Expertenkarriere vorantreiben möchten. Darüber hinaus ist Expertenmarketing auch Chefsache und sollte immer einen wichtigen Platz auf Ihrer Agenda einnehmen, auch dann, wenn Sie Umsetzung und Durchführung Ihrem Team überlassen oder outsourcen. Sie sollten über Strategien und Maßnahmen also immer bestens informiert sein – vor allem wenn diese Ihre Expertenpersönlichkeit betreffen – und diese auch mit entwickeln. Nur dann ist gewährleistet, dass Sie auch wirklich eine authentische und erfolgreiche Expertenmarke etablieren können.

9.2   Die drei Kernaufgaben des Expertenmarketings

Wenn es um Marketing für Experten geht, dann stehen für den erfolgreichen Aufbau des Expertenstatus sowie für eine erfolgreiche Kundengewinnung drei zentrale Aufgaben im Raum:

- **Sichtbar werden – Positionierung**
  Mittels der gewählten Positionierung beziehen Sie als Experte mit Ihrer Expertise Stellung im Markt und zeigen Ihren potenziellen Kunden, wofür Sie stehen und welchen Nutzen und Mehrwert sie durch die Zusammenarbeit mit Ihnen gewinnen.
- **Sichtbar sein – Präsenz**
  Durch die Wahl der für Sie richtigen Marketingkanäle, die für Sie die größte Hebelwirkung haben, sind Sie an den wichtigsten Touchpoints Ihrer Kernzielgruppe präsent und sorgen dort mit relevantem wie wirkungsvollem Content für permanente Aufmerksamkeit.
- **Sichtbar bleiben – Strategie**
  Mittels einer kurz-, mittel- und langfristigen Marketingstrategie sorgen Sie dafür, dass Sie bei Ihren wichtigsten Ziel- und Bedarfsgruppen präsent bleiben, und arbeiten zeitgleich kontinuierlich am Auf- und Ausbau Ihres Expertenstatus, Ihrer Expertenmarke und Ihres Kundenstamms. So verankern Sie sich fest als der führende Experte in den Köpfen Ihrer Interessenten und Kunden.

Abb. 30: Digitales Expertenmarketing sorgt dafür, dass Sie für Ihre Bedarfsgruppen sichtbar werden und bleiben.

9.3   Die vier Ebenen des Expertenmarketings

Wenn wir über Expertenmarketing sprechen, geht es letztlich immer darum, dass Sie mit Ihren Maßnahmen und Strategien erfolgreich Kunden gewinnen. Aus diesem Grund unterteilen wir das Expertenmarketing in vier Ebenen:

Ebene 1: Sichtbarkeit – Visibility-Marketing
Die erste wichtige Ebene bezieht sich auf die Sichtbarkeit. Sie müssen, wie oben bei den drei Kernaufgaben beschrieben, mit Ihrer Expertise bei Ihren potenziellen Kundengruppen sichtbar werden, sein und bleiben. Denn nur wenn Sie als Experte präsent sind und Präsenz zeigen und dabei Ihre Expertise erlebbar machen, sind Sie für Ihre Ziel- und Bedarfsgruppen existent.

Auf dieser Ebene geht es also darum, Ihrem Unternehmen Ihr Gesicht zu geben und mit einer *All-Eyes-On-You-Strategie* dafür zu sorgen, dass Sie die volle Aufmerksamkeit innerhalb Ihres Marktes, Ihrer Branche und Ihrer Zielgruppe erhalten, um sich so von Ihren Mitbewerbern abzugrenzen.

Das erreichen Sie, indem Sie neue Wege im Marketing gehen. Nutzen Sie hier die Erkenntnisse aus der Marktanalyse und überlegen Sie sich Strategien und Marketingkampagnen, die Sie von Ihrem Wettbewerb eindeutig abgrenzen. Wir leben in einer lauten Welt, die uns permanent mit Werbebotschaften berieselt. Um hier gehört bzw. gesehen zu werden, müssen wir alte Muster durchbrechen, um mit frischen, neuen Ideen die Aufmerksamkeit unserer potenziellen Kunden zu gewinnen. Zeigen Sie

Emotionen, erzählen Sie Geschichten, die berühren, und stellen Sie immer Ihren Kunden und sein brennendstes Anliegen ins Zentrum des Geschehens.

Ebene 2: Expertise leben – Education-Marketing
Wenn Sie die volle Aufmerksamkeit haben bzw. als Experte auf sich lenken, ist es auf dieser Ebene wichtig, Ihrem potenziellen Kunden zu beweisen, dass Sie wirklich die beste Lösung für sein Anliegen sind. Dies tun Sie, indem Sie ihm Kostproben Ihrer Expertise und Ihres Wissens für seine Kittelbrennfaktoren, also seine Beweggründe geben. Beispielsweise durch einen für ihn relevanten Blogbeitrag, ein Tutorial-Video, ein Webinar oder eine Checkliste, die Sie kostenfrei zum Download anbieten.

Haben Sie keine Angst davor, Ihr Wissen kostenlos zu teilen. Es geht hier nicht darum, dem potenziellen Kunden das ganze Rezept zu verraten, sondern ihm, wie in einem Spitzenrestaurant ein Amuse-Gueule als Gruß aus Ihrer 5-Sterne-Experten-Küche zu servieren. So machen Sie Ihrem potenziellen Kunden Appetit auf mehr und signalisieren ihm gleichzeitig, was er bei einer Zusammenarbeit mit Ihnen erwarten kann und worauf er sich freuen darf. Das schärft seine Wahrnehmung für Ihre Expertise und Ihren Expertenstatus.

Abb. 31: Mit Expertenmarketing bauen Sie Schritt für Schritt Vertrauen auf. Der wichtigste Baustein für eine erfolgreiche Kundengewinnung.

Ebene 3: Beziehungspflege – Relationship-Marketing
Von der Eintagsfliege zum verlässlichen Partner und Wegbegleiter. Genau darum geht es auf dieser Ebene. Indem wir kontinuierlich und regelmäßig mit wertvollen Impulsen und Inhalten bei unseren wichtigsten Kundengruppen sichtbar und erlebbar sind, werden wir auf Dauer zum unverzichtbaren Experten und Ratgeber. Dies gelingt uns, wenn wir beispielsweise über unseren Newsletter in Verbindung mit dem Kunden bleiben, kontinuierlich neue Beiträge auf unserem Blog oder in unserem Podcast veröffentlichen oder auf den für unsere Kunden relevanten Marketingkanälen wie beispielsweise Facebook oder YouTube präsent sind.

Wir sind da, wenn der Kunde uns braucht, und mit der Zeit verknüpft er dieses Expertenthema automatisch mit uns. Wir werden damit zum Themenbesitzer, selbst wenn sich noch andere Experten auf dem Markt tummeln, da wir ihm immer wieder beweisen, dass wir die beste Lösung für sein Anliegen sind. Wir verankern dadurch unwiderruflich unseren Expertenstatus bei unserem Gegenüber und sorgen damit zugleich dafür, dass er uns gerne in seinem Netzwerk weiterempfiehlt.

Ebene 4: Vertrauensaufbau – Trust-Marketing
Kontinuierliche Sichtbarkeit *und* gelebte Expertise *und* Beziehungspflege schafft bei unseren Interessenten, Kunden und potenziellen Käufern Vertrauen, die höchste und wichtigste Währung in unserer Welt und somit auch im Marketing und im Verkauf.

Es heißt, ein Interessent benötigt sieben bis zwölf Kontakte, bevor er kaufbereit ist. Deswegen ist Kontinuität und Regelmäßigkeit ein ausschlaggebender Faktor, wenn es um die drei zuvor genannten Ebenen geht. Dies unterstreicht auch die Einsicht, dass Marketing kein Sprint, sondern eine Langstreckendisziplin ist.

Aber wenn wir diese Zeit investieren, dann ernten wir reichlich. Zum einen durch den Aufbau einer erfolgreichen und starken Expertenmarke und zum anderen durch loyale, langfristige Kundenbeziehungen und Kunden, die gerne mit Ihnen arbeiten und die Sie gerne weiterempfehlen. Diese Empfehlungen und Kundenstimmen sind unbezahlbar und sowieso das beste Marketing der Welt.

Also tun Sie alles, was Sie können, um das Vertrauen Ihrer Interessenten und Kunden zu gewinnen. Dann müssen Sie sich nie wieder um volle Auftragsbücher Gedanken machen.

9.4 Aufgaben und Ziele Ihres Expertenmarketings

Bevor Sie Ihre Marketingaktivitäten planen, sollten Sie klären, welche Aufgaben das Marketing schwerpunktmäßig für Sie erfüllen soll. Dafür ist es sinnvoll, die Aufgaben in kurz-, mittel- und langfristige Aufgaben zu unterteilen.

Hier eine Übersicht über mögliche Kernaufgaben Ihres Expertenmarketings:

Aufbau eines Expert Branding und Etablierung der Expertenmarke
Mit Ihren Marketingaktivitäten möchten Sie gezielt und kontinuierlich Ihren Expertenstatus weiter ausbauen und dadurch gleichzeitig Ihre Expertenmarke stärken und etablieren.

Sichtbarkeit erhöhen
Sie möchten die Sichtbarkeit für sich als Experten, Ihre Expertise und Ihre Experten-marke massiv erhöhen.

Reichweite steigern
Ihr Marketing soll dafür sorgen, dass durch die Wahl der richtigen Kanäle die Reich-weite für Ihre Expertise innerhalb Ihrer wichtigsten Positionierungsfelder wie Markt, Branche, Ziel- und Bedarfsgruppe wirkungsvoll gesteigert wird.

Marktführerschaft aufbauen
Ihre Expertenmarketingmaßnahmen sollen Sie dabei unterstützen, dass Sie Expert Leadership, also Marktführerschaft in Ihrer Branche und in Ihrem Markt erreichen.

Themenbesitz
Wenn Menschen über Ihr Thema sprechen, dann sollen diese damit automatisch über Sie sprechen bzw. Sie als führenden Experten mit dem Thema verbinden.

Abb. 32: Kernaufgaben, die Ihr Expertenmarketing für Sie erfüllen muss

Neukundengewinnung
Mit Ihrem Marketing möchten Sie aktiv neue Kunden gewinnen sowie Bestandskun-den binden. Darüber hinaus kann die Aufgabe auch darin bestehen, neue Märkte, Branchen und damit verbunden neue Kunden- wie Bedarfsgruppen zu erschließen.

Verkauf von Dienstleistungen, Services, Produkten
Ihr Marketing soll dafür sorgen, dass Sie Ihre Angebote erfolgreich innerhalb Ihrer wichtigen Bedarfs- und Kundengruppen vermarkten. Es soll aktiv dazu beitragen, die Verkaufszahlen kontinuierlich zu steigern sowie passive Einkommensströme durch entsprechende Marketing-Funnel aufzubauen.

Umsatz und Profit steigern

Durch die erfolgreiche Vermarktung Ihrer Angebote und dem daraus resultierenden Verkauf sollen Ihr Umsatz und Gewinn kontinuierlich gesteigert werden.

> **Tipp** !
>
> Versuchen Sie nicht, gleichzeitig alle Aufgaben mit Ihrem Marketing erfüllen zu wollen. Fokussieren Sie sich auf drei bis vier Kernaufgaben, die Sie dann auch konsequent umsetzen und voranbringen.

9.5 Ziele definieren für Ihr Expertenmarketing

Wenn uns die Kernaufgaben klar sind, die unser Marketing erfüllen soll, geht es im nächsten Schritt darum, klare und spezifisch messbare Ziele zu setzen. So können Sie jederzeit prüfen, ob Sie auf Kurs sind und Ihre Marketingaktivitäten auch wirklich Früchte tragen.

Wir sprechen auch von *smarten* Zielen, wobei SMART ein Akronym ist für **s**pezifische, **m**essbare, **a**ttraktive bzw. **a**kzeptierte, **r**ealistische und **t**erminierte Ziele. Was es damit genau auf sich hat, erläutert Ihnen das kurze Erklärvideo, das Sie in der Haufe-App finden. Scannen Sie dazu einfach das Bild auf der folgenden Seite.

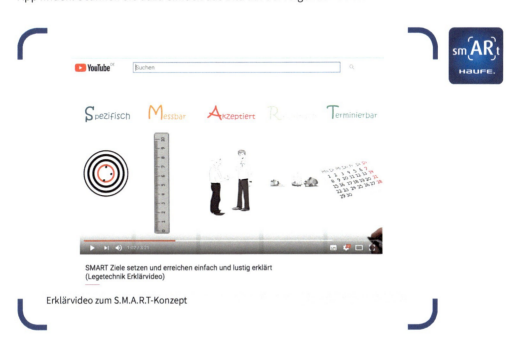

SMART Ziele setzen und erreichen einfach und lustig erklärt
(Legetechnik Erklärvideo)

Erklärvideo zum S.M.A.R.T-Konzept

Führen Sie dazu als Erstes eine Ist-Analyse durch, in der Sie in einer Excel-Tabelle alle Zahlen, Daten und Fakten rund um Ihre Marketingkanäle festhalten. Notieren Sie darin auch Ihre Ziele, die geplanten Aktionen, mit denen Sie diese Ziele erreichen möchten, sowie die Person, die für die jeweilige Maßnahme zuständig ist, und das Datum, bis wann diese umgesetzt werden soll. Zudem sollten Sie unbedingt realistische Termine setzen und diese wiederum gleich in Ihrem bzw. im Kalender Ihres Teams vermerken.

Nutzen Sie die Ist-Analyse auch für die Klärung, welche Gründe dazu geführt haben, dass Sie aktuell beispielsweise noch zu wenig Webseiten-Besucher oder zu wenig Interaktion bei Ihren Social-Media-Postings haben. Im Anschluss an die Klärung der Ursachen wählen Sie die passenden Maßnahmen für Ihre Zielerreichung.

Ziele für das Expertenmarketing
Relevante Ziele für Ihr Expertenmarketing sind:

1. Expert Branding – Aufbau der Expertenmarke
Der Auf- und Ausbau Ihrer Expertenmarke und Ihr Expertenstatus haben natürlich bei allem, was Sie tun und planen, oberste Priorität. Unabhängig davon, ob es um kurz-, mittel- oder langfristige Ziele geht, fragen Sie sich immer, ob diese Ziele und Aufgaben Ihren Expertenstatus und Ihre Expertenmarke wirkungsvoll weiter aufbauen oder nicht bzw. im ungünstigsten Fall sogar schwächen. Diese Frage ist Ihre Entscheidungsmatrix und schützt Sie auf einfache aber wirksame Weise vor unnötigen Umwegen und Stolpersteinen.

2. Steigerung der Sichtbarkeit für Ihre Expertise
Schluss mit Undercover! Stellen Sie fest, auf welchen Marketingkanälen Sie für Ihre wichtigsten Zielgruppen und potenziellen Neukunden präsent sein müssen, und erarbeiten Sie einen Aktions- und Präsenzplan. Definieren Sie, wie oft Sie auf welchen Plattformen aktiv sein möchten und müssen. Planen Sie realistisch, denn nur Kontinuität bringt Sie ans Ziel. Planen Sie also lieber weniger Maßnahmen, dafür aber verbindliche und verlässliche. Google und Ihre Leser bzw. Hörer oder Zuschauer danken es Ihnen mit guten Platzierungen und Treue.

Planen Sie beispielsweise folgende Maßnahmen:
* 2 × monatlich ein neuer Blogbeitrag auf der Webseite
* 1 × wöchentlich eine neue Facebook-Live-Show
* 1 × monatlich ein Webinar
* 1 × monatlich als Gastautor oder Interviewgast aktiv
* 2 × im Quartal kostenfreie 20-minütige Strategieberatungen online

3. Steigerung der Reichweite

Je nach Medium, Marketingkanal oder Plattform kann dieses Ziel wie folgt konkretisiert werden:

- mehr Abonnenten für Ihren Newsletter oder YouTube-Kanal
- mehr Gruppenmitglieder innerhalb Ihrer Facebook- oder Xing-Gruppe
- mehr Fans für Ihre Facebook-Seite oder
- mehr Follower für Ihr Facebook-, Xing-, LinkedIn-Profil oder auf Twitter
- mehr Besucher auf Ihrer Webseite oder Ihrem Blog
- mehr Leser für Ihr Onlinemagazin oder E-Book

Wenn Sie die aktuellen Zahlen notiert haben, identifizieren Sie die wichtigsten Gründe, warum die Zahlen noch nicht dort sind, wo Sie diese gerne hätten. Braucht es mehr Interaktion von Ihnen auf diesen Plattformen? Fehlen regelmäßige Beiträge sowie neue Inhalte? Sind die Themen, zum Beispiel auf Ihrer Webseite, nicht relevant genug für Ihre Zielgruppe?

4. Steigerung der Interaktion

Hier kann Ihr Ziel lauten: Mehr Downloads für Ihre kostenfreien Inhalte wie Checklisten oder E-Books sowie mehr Likes, Kommentare und Shares für Ihre Beiträge, beispielsweise auf Ihrem Blog oder in den sozialen Medien.

Definieren Sie Ihre Zahlen und klären Sie dann, welche Aktionen Ihnen dazu verhelfen können. Beispielsweise: mehr interaktive Beiträge mit direkten Fragen an die Leser, bessere Call-to-actions oder ein neues Beitragsformat. Produzieren Sie statt langer Texte besser öfter ein kurzes, knackiges Video oder statt langer Blogbeiträge lieber einen Podcast.

5. Steigerung des Traffics

Traffic ist die Lebensader unserer Onlinepräsenzen. Ohne Traffic keine Webbesucher, keine Reichweite, keine Interaktion und letztlich auch kein Umsatz. Somit sollte die Steigerung Ihres Traffics immer oberste Priorität bei Ihren Marketingzielen haben.

Legen Sie also fest, mit welchen Maßnahmen Sie Ihren Traffic, beispielsweise durch Fokus und intensiver Präsenz auf einem Medienkanal wie YouTube oder durch Facebook-Advertising oder einer Webinar-Serie kontinuierlich erhöhen und welche Steigerungsraten Sie monatlich, vierteljährlich und jährlich erzielen möchten.

Selbstverständlich ist hier die intelligente Vernetzung dieser einzelnen Maßnahmen und Kanäle mit Ihrer eigenen Webseite, einer Landing- oder Sales-Page Voraussetzung, um die Traffic-Ströme effektiv und sinnvoll zu nutzen.

6. Aufbau einer E-Mail-Liste

Damit wir den Traffic, also die Besucherströme auf unserer Webseite, einer Landing-page oder unseren sozialen Netzwerken auch wirklich sinnvoll nutzen, sollten wir diese Besucher zielgerichtet in einer E-Mail-Liste führen. Dies geschieht, indem wir beispielsweise eine Checkliste, ein E-Book, eine Video-Miniserie oder eine Webinar-Aufzeichnung als kostenloses Download oder Replay anbieten, wofür wir im Gegen-zug die E-Mail-Adresse einfordern und erst anschließend diesen kostenfreien Inhalt, der natürlich eine exzellente Kostprobe unseres Expertenwissens ist, zur Verfügung stellen.

Abb. 33: Beispiel eines einfachen E-Mail-Marketing-Funnels zur Leadgenerierung und Kundengewinnung

Wir gewinnen dadurch einen Lead, also einen Kontakt, und den gesamten Prozess bezeichnen wir als **Marketing-** oder auch **Sales-Funnel**, denn nach Ausspielung des kostenlosen Inhalts und in der Regel weiterer Follow-up-Mails steht früher oder spä-ter ein Angebot, das wir an den Leser unseres Newsletters aus unserer E-Mail-Liste senden.

Vielleicht haben Sie schon einmal den Satz gehört: Das Gold liegt in der Liste! Damit wird ausgedrückt, dass Ihre E-Mail-Liste das wichtigste digitale Asset Ihres Unter-nehmens ist, denn je mehr Kunden Sie in Ihrer E-Mail-Liste haben, umso höher das Umsatzpotenzial und umso wertvoller Ihr Online-Business.

Wobei auch hier Qualität vor Quantität steht. Eine kleine E-Mail-Liste, die gefüllt ist mit potenziellen Kunden, die genau Ihrer idealen Kundengruppe entsprechen, ist tausendmal mehr wert als eine große, aufgeblähte E-Mail-Liste, bei der die Hälfte der Abonnenten sowieso nicht als Kunden in Frage kommt.

Ein weiterer wichtiger Vorteil Ihrer eigenen E-Mail-Liste ist, dass Sie dadurch vollstän-dig unabhängig von anderen Plattformen oder den sozialen Medien sind. So gut es auch ist, wenn Ihre Unternehmensseite auf Facebook eine große Fan-Gemeinde hat, sobald Facebook jedoch die Spielregeln ändert, können Sie von heute auf morgen ohne Ihre Fans dastehen.

Aktuell hat Mark Zuckerberg wieder einmal die Spielregeln geändert und die Reichweite für Beiträge weiter gedrosselt, solange Sie dafür nicht in Form von Anzeigen bezahlen. Diese Entwicklung wird sich sehr wahrscheinlich fortsetzen. Also machen Sie sich frei davon und fangen Sie jetzt an, Ihre E-Mail-Liste konsequent aufzubauen. Setzen Sie dies als Top-Priorität auf Ihre Zieleliste.

Legen Sie das monatliche Wachstum für Ihre E-Mail-Liste fest und was Sie dafür brauchen, zum Beispiel ein Freebie, also ein kostenloses Angebot, das Sie zum Download auf Ihrer Webseite anbieten. Kontrollieren Sie dann regelmäßig die Entwicklung Ihrer E-Mail-Liste. Da ab dem 25. Mai 2018 die neue Datenschutz-Grundverordnung (DSGVO) in Kraft tritt, achten Sie beim Aufbau Ihrer E-Mail-Liste, z. B. durch kostenfreie Angebote, auf die Einhaltung der neuen gesetzlichen Vorgaben, um eine Abmahnung zu vermeiden.

7. Steigerung der Konversionsrate

Die Konversionsrate bezeichnet die Anzahl der Besucher, die vom Webseiten-Besucher zum Käufer werden. Wenn Sie einen Onlineshop haben oder Ihre Expertise in digitalisierter Form zum Kauf anbieten, etwa in Form eines Onlinekurses, Online-Coachings oder Videokurses, dann ist die Konversionsrate oder Conversion-Rate ein wichtiger Indikator. Sie zeigt Ihnen, wie wirksam Ihre Werbemaßnahmen sind, die Sie zur Kundengewinnung einsetzen. Also wie erfolgreich Ihre Webseite, Shop-Seite, Verkaufsseite oder auch Ihre Facebook-Anzeigen-Kampagne ist.

Die Konversionsrate liegt in der Regel zwischen 1 und 5 %. Wenn Sie also 100 neue Webseitenbesucher haben, führen davon eine bis fünf Personen einen Kauf durch.

Mithilfe der Konversionsrate können Sie aber auch den Erfolg von anderen Aktionen auf Ihrer Webseite messen, wie zum Beispiel die Eintragungsrate Ihres Newsletters, die Anmeldungen zu Ihrem Webinar oder die Download-Anzahl Ihrer kostenfreien Checkliste. Das Ziel ist hier immer, die Konversionsrate zu steigern und somit zugleich die Abbruchrate, zum Beispiel beim Check-out, zu reduzieren.

Dies gelingt Ihnen, indem Sie …
* ein klares Konversionsziel definieren und sich darauf fokussieren (z. B. die Steigerung der Produktverkäufe, der Webinar- oder Newsletter-Anmeldungen).
* Texte, Bilder oder Grafiken auf Ihrer Webseite oder Verkaufsseite optimieren.
* die Benutzerfreundlichkeit Ihrer Webseite oder Verkaufsseiten optimieren und verbessern.

- Ihre Kunden mittels Testimonial zu Wort kommen lassen und, falls vorhanden, Gütesiegel oder Auszeichnungen auf Ihren Seiten einsetzen.
- alle Ablenkungen auf dem Weg zum Warenkorb, die Ihren Webseitenbesucher vom Kauf oder der Buchung abhalten könnten, reduzieren.
- klare Call-to-actions, also Handlungsaufforderungen, formulieren und einsetzen.

8. Neukundengewinnung

Bei allem, was wir tun, steht ein großes Ziel dahinter: kontinuierlich neue Kunden zu gewinnen. Je stärker Sie Ihre Expertenmarke aufbauen und Ihren Expertenstatus ausweiten und kommunizieren, umso einfacher wird dies für Sie. Denn Experten werden nicht nur proaktiv weiterempfohlen, sondern sie wirken durch ihre Expertise und Sichtbarkeit regelrecht magnetisch, denn wir wollen für unser Anliegen immer die beste Lösung. Sie wissen schon: Kunden kaufen kein Produkt, keine Dienstleistung oder einen Service, sondern immer eine Lösung.

Um diesen steten Strom an Neukunden aufzubauen, könnten Ihre Ziele wie folgt lauten:
- Aufbau eines automatisierten Marketing-Funnels zur Kundengewinnung.
- Neue relevante Inhalte für meine Zielgruppe als Kostprobe meiner Expertise in Form von kostenlosen Downloads entwickeln (z. B. E-Book, eine Video-Serie oder Checkliste) und auf meiner Webseite anbieten.
- Gezielt Präsenz an den wichtigsten Kontaktstellen meiner Zielgruppe zeigen, z. B. auf einer oder mehreren Social-Media-Plattformen durch regelmäßige Beiträge und Aktionen.
- Einen guten Mix aus Online- sowie Offline-Maßnahmen etablieren und beispielsweise regelmäßig als Speaker die eigene Expertise erlebbar machen.

9. Exzellenz leben

Experten stehen für Exzellenz in ihrem Fachgebiet. Eine Expertenmarke sollte somit auf jeder Ebene der Kundenreise ein ganzheitliches Erleben dieser Exzellenz bieten. Vergleichbar mit einem 5-Sterne-Hotel, das dieses 5-Sterne-Erlebnis, wenn es richtig umgesetzt ist, bis ins kleinste Detail lebt. Vom ersten Kontakt auf der Webseite, über den Buchungsservice, hin zum Empfang im Hotel, den Zimmern mit ihrer Ausstattung, dem Service, der Gastronomie, den zusätzlichen Angeboten wie Wellness oder Fitness und den kleinen Überraschungen, die der Gast täglich auf seinem Zimmer findet.

Nehmen Sie dies als Beispiel für Ihr Business und Ihr Angebot. Wie können Sie die Kundenreise zu einem 5-Sterne-Erlebnis für Interessenten, potenzielle Neukunden und Bestandskunden machen? Wenn Sie für Exzellenz stehen, sollten Sie bei Ihrer Dienstleistung, Ihrem Beratungsservice, Ihren Produkten, dem On- und Offboarding Ihrer Kunden diese Exzellenz leben.

Und auch Ihr Marketing ist ein Exzellenz-Indikator. Ob Design, Gestaltung, Text- und Bildsprache, alles sollte aus einem Guss sein. So ist die Entwicklung eines professionellen Corporate Designs anhand Ihrer Expert Corporate Identity, das sich wie ein roter Faden durch alle Werbemittel, Plattformen und Maßnahmen zieht, ein Muss.

Ihre Ziele könnten lauten:
*   Ausarbeitung der Customer Journey
*   Entwicklung eines Corporate Designs
*   Aktualisierung oder Neugestaltung der Webseite
*   Neugestaltung der Geschäftsräume
*   Konzeption und Produktion eines Imagefilms

Bei der Zusammenstellung Ihrer Ziele sollten Sie wiederum die drei wichtigsten Kernziele für sich identifizieren, einen Zeitraum für die Umsetzung definieren, Ihre Milestones festlegen und Ihre Ziele dann entsprechend umsetzen.

9.6   Touchpoints – dort sein, wo Ihre Kunden sind

Touchpoints, auch *Points of Contact* genannt, sind die Kontaktpunkte und Schnittstellen zwischen Ihnen und Ihren Kunden sowie Zielgruppen. Diese Touchpoints lassen sich je nach Perspektive auch differenzieren in:
*   Corporate-Touchpoints = Kontaktpunkte zum Unternehmen
*   Brand-Touchpoints = Kontaktpunkte zur Marke
*   Customer-Touchpoints = Kontaktpunkte zum Kunden

Wir fokussieren uns hier auf die Customer-Touchpoints, wie in Kapitel 5.5 beschrieben, da diese für Ihre Kundengewinnung im Zentrum stehen. Diese Kontaktstellen müssen Sie für sich identifizieren, denn dort ist Ihre Präsenz gefragt. Deswegen ist es so wichtig, dass Sie Ihre Kunden- und Zielgruppen genau analysieren und feststellen, wo diese auf Ihrer Customer Journey, also Ihrer Kundenreise, aktiv nach Hilfe und Unterstützung suchen, wenn es um Ihr Expertenthema geht. Auf welchen Plattformen sind diese bevorzugt aktiv und unterwegs und welche Medien, welche Technik nutzen sie bevorzugt für ihre Recherche?

Informieren sich Ihre potenziellen Neukunden und Zielgruppen dazu beispielsweise:
*   bei Freunden, Familie, Kollegen, Vorgesetzten
*   bei Google im Web sowie in Online-Foren
*   auf Plattformen wie YouTube, Xing oder LinkedIn
*   auf Facebook sowie in Facebook-Gruppen

- auf Branchen- und Netzwerk-Events, Messen und Kongressen
- bei Fachverbänden der jeweiligen Branche
- durch Fach- und Publikumszeitschriften oder in der Fachliteratur

Um das herauszufinden, können und sollten Sie als Allererstes Ihre Bestandskunden fragen, wo sie sich informiert haben und wie diese Sie entdeckt haben.

Generell sollten Sie sich angewöhnen, bei Kunden und Interessenten nachzufragen, wie diese auf Sie und Ihr Unternehmen aufmerksam geworden sind, denn so können Sie auch die Wirksamkeit einzelner Marketingmaßnahmen, wie beispielsweise Ihre Google- oder Facebook-Ads-Kampagne überprüfen.

Des Weiteren sollten Sie die Touchpoints auch anhand der von Ihnen entwickelten Buyer Personas herausarbeiten können, denn diese sind ja die Repräsentanten Ihrer wichtigsten Bedarfsgruppen und stellen somit Ihren idealen Kunden dar.

Wenn Sie einen Newsletter haben oder eine aktive Gruppe zum Beispiel auf Facebook oder Xing, können Sie auch dort eine Umfrage zu den wichtigsten Touchpoints Ihrer potenziellen Kunden starten. Denn natürlich haben die Leser Ihres Newsletters oder die Gruppenmitglieder Ihrer Xing- oder Facebook-Gruppe auch noch andere wichtige Touchpoints, die sie zur Information nutzen.

Wenn Sie Ihre wichtigsten Customer-Touchpoints ermittelt haben, dann sollten Sie sich auf diese fokussieren. Diese haben oberste Priorität bei der Wahl Ihrer Marketingkanäle und innerhalb Ihrer Marketingstrategie.

Abschließend möchte ich anmerken, dass auch hier die Regel gilt: Qualität vor Quantität. Das bedeutet: Sie müssen nicht alle Kanäle bespielen, nur die wirklich für Sie relevanten, und Sie sollten immer auf einen guten Mix aus On- und Offline-Aktivitäten achten. Warum, das erfahren Sie auf den folgenden Seiten.

9.7 Digitale Expertenmarketingkanäle

Jetzt ist es an der Zeit, uns die relevanten Marketingkanäle und -Plattformen anzusehen, die Sie für Ihre digitale Expertenpositionierung, Ihr Expertenmarketing, Ihre Kundengewinnung sowie für den Auf- und Ausbau Ihres Expertenstatus benötigen.

Dabei geht es nicht darum, dass Sie jeden dieser Marketingkanäle bespielen müssen. Sie müssen neben den Pflichtinstrumenten wie Ihrer eigenen Webseite die richtigen, für Sie relevanten Plattformen auswählen, mit der größten Hebelwirkung für Sichtbarkeit und Kundengewinnung.

Abb. 34: Übersicht der derzeit relevanten digitalen Plattformen für Ihr Expertenmarketing

Welche Kanäle für Sie besonders wichtig sind, darüber geben Ihnen die Customer-Touchpoints eine Auskunft, über die wir eben gesprochen haben, denn dort ist Ihr potenzieller Kunde zuhause.

9.7.1   Webseite und Blog

Ihre Webseite oder Ihr Blog ist das zentrale und elementare Expertenmarketinginstrument und der wichtigste Marketingkanal, den Sie besitzen. Sie ist das Zentrum, die Sonne, um die alle anderen Marketingkanäle wie Planeten kreisen und die dafür sorgen, dass möglichst viele Besucher auf Ihre Webseite kommen.

Abb. 35: Ihre Webseite ist die wichtigste Plattform für Ihr Expertenmarketing und Ihre Kundengewinnung. Alle anderen Plattformen haben nur eine zentrale Aufgabe: Ihnen so viel Besucher und somit potenzielle Kunden wie möglich zu senden.

Sie sollten also in den Aufbau und die Konzeption Ihrer Webseite Zeit und Liebe investieren, um ein exzellentes Ergebnis zu erzielen. Aber Vorsicht! Das heißt nicht, dass Sie sich hier im Perfektionismus verlieren dürfen und erst damit rausgehen, wenn Sie das Gefühl haben, alles sei perfekt. Das könnte nämlich im schlimmsten Falle nie der Fall sein.

Selbstverständlich sollten Sie sich ausreichend Zeit für die Konzeptionsentwicklung geben, bevor es an die Umsetzung geht. Je klarer Sie sind in Bezug auf das, was Ihre Webseite können und leisten muss, wer damit angesprochen werden soll, welchen *Look & Feel* Ihre Webseite vermitteln soll, desto besser können Sie Ihre Webdesigner briefen. Dann erhalten Sie ein realistisches Angebot, das nicht ständig nachkalkuliert werden muss.

Ihre Experten-Webseite muss ein Spiegelbild für Ihre Persönlichkeit, Ihre Expertise und Ihre Exzellenz sein und dafür braucht es mehr als einfache Baukasten-Websysteme. Auch sollte im Vorfeld ein Corporate-Identity-Konzept, das auf Ihrem Expert Branding basiert, entwickelt worden sein sowie das dazugehörige Corporate Design, damit grafisch und gestalterisch alles eine Handschrift trägt.

Wenn Sie in die Konzeption Ihrer Webseite einsteigen, dann sollten Sie als Erstes klären, welche Kernaufgaben und Ziele Ihre Webseite für Sie erfüllen soll – also beispielsweise Ihre Sichtbarkeit erhöhen, Ihren Expertenstatus erlebbar machen, Neukunden gewinnen sowie eine E-Mail-Liste aufbauen.

Aber Achtung, nehmen Sie hier bitte auch die Perspektive Ihrer Webbesucher und potenziellen Neukunden ein! Welche Aufgaben soll Ihre Webseite für Ihre Interessenten und potenziellen Kunden erfüllen? Welche Ziele verfolgen diese, wenn Sie Ihre Webseite besuchen? Mögliche Punkte könnten hier lauten: »Schnell und einfach relevante Informationen zu meinem Thema finden« oder »Ich möchte Inhalte und Informationen problemlos über mein Smartphone abrufen können«.

Dieser Perspektivenwechsel kann Ihnen sehr wertvolle Insights für die Gestaltung, Usability sowie zum inhaltlichen Aufbau Ihrer Webseite liefern und natürlich können Sie sich auf diese Weise auch direktes Feedback mittels Umfragen bei Ihren aktuellen Kunden, Bloglesern sowie Besuchern Ihrer Webseite holen.

Klären Sie dann, welche und wie viele Seiten Sie benötigen. Erstellen Sie sich dazu eine Sitemap. Dies können Sie ganz unkompliziert mithilfe eines kostenfreien Mindmap-Tools wie XMind umsetzen. Vermerken Sie bei den einzelnen Seiten in Stichpunkten, welche Inhalte Sie dort in welcher Form zur Verfügung stellen möchten.

Orientieren Sie sich dabei immer stark an den Bedürfnissen und Wünschen Ihrer Buyer Personas sowie an den Zielen und Aufgaben, die Sie vorher für sich definiert haben, wie zum Beispiel Kundengewinnung oder Leadgenerierung. Denken Sie auch an sogenannte »Freebies«, kostenlose Inhalte zum Download oder an Kundenstimmen als Testimonials, die auf keinen Fall auf Ihrer Webseite fehlen dürfen.

Aufbau einer Experten-Webseite

Seit Oktober 2016 heißt es bei Google »Mobile First« genauso wie beim größten sozialen Netzwerk Facebook. Allerdings ist »Mobile First« heute schon wieder Schnee von gestern! Laut E-Commerce-Professor Gerrit Heinemann heißt es jetzt »Mobile Only«. Die 54 Mio. Smartphone-User in Deutschland geben ihm in diesem Punkt eindeutig recht, ebenso wie die stetig zunehmende Wachstumsprognose im Bereich der mobilen Endgeräte. Und auch Nutzerstudien zeigen, wie sehr wir unsere Smartphones lieben: Bis zu 1.500 Mal greifen wir pro Woche danach!

Das heißt für Sie, dass Ihre Webseite mobil optimiert und konzipiert sein muss. Responsive Design ist Pflichtprogramm. Ich betone dies so, weil ich im Web immer noch viele optimierungsbedürftige Webseiten entdecke. Sie verschenken damit wertvolle Punkte beim Google-Ranking und auch bei potenziellen Kunden, die auf ihren Smartphones nicht oder nur eingeschränkt auf Inhalte zugreifen können.

Smartphones und Tablets haben unser Nutzerverhalten komplett verändert. Das heißt, heute klicken wir nicht, sondern scrollen und wischen. Deswegen sollten auf wichtigen Seiten alle relevanten Infos auf dieser einen Seite zugänglich sein, ohne viel Klicks zu weiteren Unterseiten.

Ebenso ist ein ausgewogenes Bild- und Textverhältnis wichtig. Lieber weniger Text und mehr Bild oder Videos. Gerade Bilder sind ein wichtiges und wirksames Element Ihrer Webseite. Achten Sie hier auf qualitative, hochwertige Bilder. Insbesondere wenn es darum geht, Sie als Experten mit Ihrer Expertise sichtbar zu machen.

Schlechtes oder fehlendes Bildmaterial auf der eigenen Webseite oder dem eigenen Blog ist unverzeihlich. Investieren Sie also in einen guten People- und Business-Fotografen und wählen Sie auch mal ungewöhnliche Shooting-Locations dafür, die sich ruhig außerhalb Ihrer vier Wände befinden dürfen. Wenn Sie auf Stockfotos von Fotoagenturen zurückgreifen, vermeiden Sie bitte Personen-Bilder oder Motive, bei denen sofort ersichtlich ist, dass es sich um eine gestellte Situation handelt. Legen Sie beim Einkauf ganz besonders viel Wert auf hochwertige Bilder.

Ebenso gehört eine einfache und schlanke Menüstruktur dazu. Vermeiden Sie zu viele Unterseiten, denn wir haben gar nicht mehr die Zeit, alle diese Inhalte zu konsumieren, und denken Sie hier auch wieder mobilfreundlich. Versuchen Sie nicht, durch künstliche Wortschöpfungen im Menü Ihre Besucher zu beeindrucken. In der Regel verwirren Sie mehr als Sie dadurch gewinnen. Sie haben nur wenige Sekunden an Aufmerksamkeit, die Ihnen ein Webbesucher schenkt, somit sollten Sie Klartext sprechen und sagen, worum es geht.

Achten Sie zudem auf eine hohe Nutzerfreundlichkeit und auch auf barrierefreies Webdesign, so dass wirklich jeder Ihre Webseite oder Ihren Blog nutzen und lesen kann.

Die vier zentralen Seiten Ihrer Webseite
Es gibt vier Seiten auf Ihrer Homepage, denen Sie eine besonders große Aufmerksamkeit schenken sollten:
* Startseite
* Angebotsseite
* Blog/News
* Über-mich- bzw. Über-uns-Seite

Diese vier Seiten sind entscheidend für Ihre erfolgreiche Kundengewinnung. Im Übrigen spreche ich hier nicht von Onlineshops, sondern beziehe mich ausschließlich auf Unternehmens-Webseiten und Corporate Blogs. Es spricht aber nichts dagegen, Impulse der folgenden Überlegungen auch für die Gestaltung Ihres Onlineshops zu nutzen.

Startseite

Die Start- oder Home-Seite ist das Herzstück Ihrer Webseite. Sie ist die Bühne für Ihre Expertise, Ihr Unternehmen und Ihr Angebot. Hier müssen auf einen Blick und auf einer Seite alle relevanten Informationen ersichtlich sein. Die Startseite sollte folgende Fragen beantworten:

- Was bekomme ich hier?
- Welchen Nutzen habe ich davon?
- Von wem bekomme ich es?
- Wie bekomme ich es?

Für die Beantwortung in Wort und Bild haben Sie je nach Altersgruppe zwischen drei und sieben Sekunden Zeit, denn genau so groß ist aktuell die Aufmerksamkeitsspanne, die Ihnen ein Webbesucher, je nach Alter, schenkt. Je jünger desto kürzer ist diese Spanne. Das heißt, wenn Sie es nicht schaffen, die Aufmerksamkeit Ihres Besuchers innerhalb von drei bis sieben Sekunden zu gewinnen, ist dieser auf Nimmerwiedersehen verschwunden.

Das Wichtigste dabei: Sie sollten auf diese Fragen im oberen Drittel Ihrer Webseite eine Antwort geben, denn nur wenn im Header-Bereich, also der Bereich, der beim Aufrufen Ihrer Webseite sichtbar ist, eine relevante Botschaft mit einem aussagekräftigen Bild oder Video verknüpft ist, das mit den richtigen Trigger-Worten den Nerv des Besuchers trifft und seine Aufmerksamkeit gewinnt, wird er bleiben und sich weiter informieren.

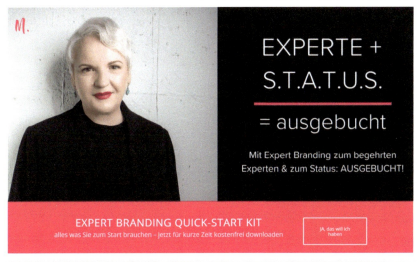

Abb. 36: Best Practice für ein Above-the-Fold-Header-Design. Klare Botschaft durch Erfolgsformel und Claim plus Einladung zu einem kostenfreien Angebot, das Sie hier downloaden können: https://www.martina-fuchs.com/kit

Die wertvolle Aufmerksamkeit Ihres Webseiten-Besuchers können Sie übrigens auch gewinnen, indem Sie ihm bereits im Header-Bereich ein für ihn interessantes kostenfreies Angebot zum Beispiel für eine Video-Serie, einen Newsletter oder eine Checkliste unterbreiten. So können wir bereits an dieser Stelle die E-Mail-Adresse des Besuchers gewinnen, um mit ihm weiter in Kontakt zu bleiben. Achten Sie aber unbedingt darauf, hier DSGVO-konform vorzugehen.

Aufbau der Startseite
Den mobilen User im Blick, muss die Startseite so konzipiert sein, dass der Webbesucher alle relevanten Informationen auf dieser einen Seite findet und nicht erst durch viele Klicks oder indem er umständlich durch viele Unterseiten navigieren muss, um zum gewünschten Ziel zu gelangen. Jeder Umweg birgt die Gefahr eines Abbruchs und des vorzeitigen Verlassens der Seite.

Auf Ihrer Startseite sollten Sie …
- als Experte, Expertin sichtbar sein. Dies gilt sowohl für einen Einzelunternehmer als auch für den Inhaber eines mittelständischen Unternehmens.
- Videos in Form von Experten-Talks, Kundenstimmen oder einen gut gemachten Imagefilm, der wirklich einen authentischen Blick hinter die Kulissen und einen echten Blick auf die Experten gewährt, einsetzen.
- Ihre Produkte, Angebote, Portfolios sowie Services erläutern und auf einen Blick in einer knackigen Übersicht präsentieren.
- Kunden in Form von Testimonials zu Wort kommen lassen, sowohl durch Video als auch in Textform, wenn möglich mit Bild. Echte Empfehlungen sind unbezahlbar für Ihre Kundengewinnung.

Abb. 37: Video-Testimonials von begeisterten Kunden sind besonders wirkungsvoll. Platzieren Sie diese prominent auf Ihrer Startseite. (Quelle: https://hilpl-wagner-bau.com/)

Auf Ihrer Startseite sollten Sie zudem …

- kostenfreie Downloads anbieten, um so die E-Mail-Adresse der Besucher zu gewinnen, damit Sie in Kontakt mit Ihrem Webbesucher bleiben können.
- interaktive Elemente einbinden wie Umfragen oder Tests.
- Strategiegespräche anbieten, um so direkt mit dem Kunden in Kontakt zu treten und darüber Ihre Angebote zu platzieren.
- mit eindeutigen und kraftvollen Call-to-Actions wie »Jetzt anrufen!« oder »Jetzt buchen!« arbeiten.
- über aktuelle News, Events, Termine aus Ihrem Haus informieren und Möglichkeiten zur Anmeldung, z. B. zu Ihrem nächsten Webinar, anbieten.
- Ihre wichtigsten Publikationen, z. B. Ihr aktuelles Buch, eine aktuelle Studie oder ein E-Book prominent platzieren.

- Ihre wichtigsten Presseauftritte und Medienbühnen als Experte benennen. »Bekannt aus …« oder »Gesehen in …« – Spiegel, Stern, Handelsblatt, Myself, Cosmopolitan, ProSieben usw. Fokussieren Sie sich hier auf die wichtigsten Medien, denn sonst kann auch schnell der Eindruck eines »aufgeblähten Egos« entstehen. Wir wollen damit einen *Social Proof* und positiven Imagetransfer erzeugen und keinen Logofriedhof.
- Wichtige Auszeichnungen, Siegel, Zertifikate, die Ihren Expertenstatus unterstreichen, können Sie beispielsweise im Footer der Startseite positionieren.

Abb. 38: Best Practice: Aufbau der Startseite der Baufirma Hilpl-Wagner Bau, Experten für schlüsselfertigen Massivhausbau (Quelle: https://hilpl-wagner-bau.com/)

Sehen Sie sich jetzt das Video mithilfe Ihrer Haufe-App an. Darin zeige ich Ihnen den gesamten Aufbau der Startseite der Hilpl-Wagner Bau GmbH und erläutere Ihnen die einzelnen Bereiche im Detail. Sie erfahren, was Selbstständige, Solopreneure und kleinere Unternehmen bei der Headergestaltung beachten sollten.

Video von Martina Fuchs zum Aufbau der Startseite der Hilpl-Wagner Bau GmbH

Angebotsseite

Je nach Art des Angebots und der Größe des Unternehmens können Sie diese Seite beispielsweise »Angebot«, »Shop«, »Zusammenarbeit« oder »Mit mir arbeiten« benennen. Diese Seite Ihrer Webseite sollten Sie auch als einen »One-Pager« verstehen, ähnlich wie die Startseite. Eine Seite, die alle wichtigen Informationen auf einer Seite übersichtlich, klar und gut strukturiert zur Verfügung stellt.

Infografiken, Videos oder ein Erklärvideo, das sich besonders für erklärungsbedürftige Angebote und Produkte eignet, können Ihr Angebot gut und verständlich auf einen Blick Ihrem Besucher erläutern.

Gerade bei kleineren Unternehmen, Selbstständigen und Solopreneuren ist es empfehlenswert, wenn der Experte, mit dem ich später zusammenarbeiten werde, auf der Angebotsseite ebenfalls sichtbar ist. Das Bild sollte dem Betrachter zugewandt sein und der Text so formuliert, als ob Sie persönlich zu Ihrem potenziellen Kunden sprechen.

Wichtig: Vergessen Sie auf keinen Fall, auf Ihrer Angebotsseite …
- Kundenstimmen und Testimonials einzubinden als Referenz und Empfehlungsgeber.
- klare Call-to-actions zu verwenden. Sagen Sie dem potenziellen Kunden exakt, was er tun soll, z. B. Sie anrufen, einen Termin vereinbaren oder kaufen.
- Und stellen Sie den Gewinn, den Benefit klar heraus, den Ihr potenzieller Neukunde durch die Zusammenarbeit mit Ihnen und Ihrer Expertise hat oder durch den Kauf des Produkts erzielt.

Blog – lesen, hören, sehen

Ein Blog ist die zentrale und wichtigste Kommunikationsplattform für Ihr Expert Branding, für den Aufbau Ihres Expertenstatus und somit auch für Ihre Kundengewinnung. In den meisten Fällen ist ein Beitrag Ihres Blogs der Einstieg zum Besuch auf Ihrer Webseite. Deswegen sollten Sie davon absehen, ihn auf einer separaten Blogplattform oder als einzelnes Social-Media-Tool zu sehen, denn wir wollen ja möglichst viele Besucher auf Ihre Webseite und zu Ihren Angeboten bringen.

Ihr eigener Blog bietet Ihnen viele Vorteile. Zum einen macht er Sie wieder unabhängig von externen Social-Media-Kanälen. Hochwertige Inhalte sorgen für den Auf- und Ausbau Ihres Expertenstatus und sind somit ein hervorragender *Social Proof* für Ihre Expertise. Mit einer Newsletter-Integration können Sie durch Ihren Blog und in Verbindung mit einem zusätzlichen kostenlosen Angebot wie eine Checkliste oder ein E-Book Ihre E-Mail-Liste aufbauen. Das Design Ihres Blogs können Sie passend zu dem Corporate Design Ihrer Expertenmarke gestalten.

Darüber hinaus können Sie mit einem exzellenten Blogbeitrag, der ein Thema umfassend aufgreift und in der Tiefe beschreibt, weswegen er in der Regel viele Shares, Likes und Kommentare, aber auch wertvolle Backlinks erhält, eine unversiegbare Traffic-Quelle für Ihre Webseite schaffen und damit auch Ihr Google-Ranking langfristig positiv beeinflussen.

Blog-Aufbau

Sie können sich beim Aufbau Ihres Blogs auf ein zentrales Medium wie beispielsweise Artikel, Video oder Audio festlegen, über das Sie kommunizieren, oder auch einen Mix aus diesen verschiedenen Formaten anbieten. Dabei kommt es auf die Kanäle an, die Sie einsetzen und mit denen Sie Ihre Zielgruppe am besten erreichen.

Wenn Sie sich beispielsweise für das Podcasten entschieden haben, dann sollten Sie neben Ihrer Audiodatei eine kurze Zusammenfassung zur Show als Intro schreiben, damit der Besucher weiß, um was es in der Episode geht. Auch wichtige Links, die Sie während Ihrer Podcast-Folge vorstellen oder ein Freebie, das Sie anbieten, sollte in diesem Beitrag, den wir auch Shownotes nennen, verlinkt sein.

Manche Podcaster bieten sogar ein vollständiges Transkript ihrer Folge an. Und sollten Sie noch eine Infografik oder ein passendes Video zu diesem Thema auf Ihrem YouTube-Kanal haben, können Sie dies ebenfalls Ihrem Beitrag hinzufügen. Je multimedialer desto besser, denn das sorgt wieder für Shares, Likes, Kommentare und Verlinkung.

Blog-Content

Der Fokus Ihres Contents sollte auf Nutzen und Mehrwert für Ihre Zielgruppe liegen. Beantworten Sie zentrale Fragen und gehen Sie auf Themen ein, die Ihrer wichtigsten Bedarfs- und Zielgruppe am Herzen liegen. Hier ist der Platz, an dem Sie Ihre Problemlösungskompetenz und Expertise zeigen können. Damit bauen Sie Vertrauen auf und werden zum wichtigen, im besten Falle sogar zum unverzichtbaren Ratgeber Ihrer Zielperson. Sie finden in Kapitel 9.9 »Content-Marketing« noch weitere wichtige Information dazu.

Sorgen Sie auch für Abwechslung bei Ihren Inhalten, indem Sie …
- Gastblogger einladen,
- Experten-Interviews durchführen,
- Studien und Checklisten veröffentlichen,
- Umfragen sowie Tests einbauen,
- Erfolgs- und Case-Studies veröffentlichen oder
- Miniserien zu Schwerpunkt-Themen publizieren.

Dabei setzen Sie auf intelligente Vernetzung von unterschiedlichen Content-Formen. Davon profitieren alle dazugehörigen Kanäle, die Reichweite sowie die Suchmaschinenoptimierung (SEO) für Beitrag und Seite.

Wichtig: Ein Blog lebt von regelmäßigen und qualitativ hochwertigen Beiträgen. Dies zu garantieren ist zeit- und auch arbeitsintensiv. Deswegen sollten Sie dafür Produktionszeiten einplanen. Auch ein Themen- und Redaktionsplan, so wie in Kapitel 9.9 vorgestellt, ist sehr empfehlenswert.

Zur Unterstützung können Sie sich auch Blogbeiträge von professionellen Textern erstellen lassen oder Plattformen wie textbroker.de nutzen. Aber Achtung, die Qualität der Texte darf darunter nicht leiden und der Texter muss genau Ihre Tonlage treffen, denn es geht hier schließlich um Ihr Expert Branding.

Über-mich- bzw. Über-uns-Seite

Jetzt wird es persönlich und das ist gut so! Auf der Über-mich- bzw. Über-uns-Seite ist Platz für Ihre persönliche Signature-Story. Hier führen Sie Ihre potenziellen Kunden hinter die Kulissen und erzählen anhand Ihrer eigenen Geschichte Ihren Weg zum Experten.

Sie können Einblicke in den Werdegang Ihres Unternehmens geben, Ihre Werte teilen, über Ihre Motivation, Ihr persönliches Warum sprechen. Zitate und Statements teilen. Erläutern, was Ihnen und Ihrem Team wirklich wichtig ist und wofür Sie als Experte mit Ihrem Namen stehen. Hier ist zum Beispiel ein idealer Platz für ein Akronym, das Sie aus Ihrem Namen bilden. Sehen Sie sich dazu auch das Video zum Namensakronym in Kapitel 3.5 an, das Sie in Ihrer Haufe-App finden.

Fokus
Unique
Chancenblick
Handeln
Smart

Abb. 39: Wofür stehen Sie mit Ihrem Namen? Zeigen Sie es auf Ihrer Über-mich- bzw. Über-uns-Seite.

Wählen Sie für diese Seite besonders ausdrucksstarke Bilder, die Ihre Expertenpersönlichkeit eindrücklich transportieren und die sie auch von Ihrer privaten Seite zeigen können. Noch besser ist es natürlich, wenn Sie die Besucher persönlich mit einer Videobotschaft begrüßen und so einen direkten Dialog starten oder sich beispielsweise mit einem Interview präsentieren und vorstellen.

Wenn es um Ihr Expertenteam geht, sollten Sie ebenfalls auf individuelle Fotos setzen, welche die Persönlichkeit des jeweiligen Teammitglieds erfassen und zeigen, statt steriler, uniformer Passfoto-Porträts. Darüber hinaus können Sie mit Infografiken oder Sketchnotes Ihren Expertenweg und den Ihres Unternehmens visualisieren.

Seien Sie kreativ, mutig sowie erfrischend anders und zeigen Sie ruhig Ihre Ecken und Kanten. Je mehr Persönlichkeit Sie auf Ihrer Webseite zeigen, umso mehr werden Sie davon profitieren.

Lebensdauer einer Webseite

Und zu guter Letzt noch eine paar Worte zur Lebenszeit Ihrer Webseite, denn ich erlebe es in meinen Beratungen immer wieder, dass immer noch die gängige Vorstellung besteht, dass man seine Webseite nur einmal konzipieren muss und dieser Job damit dann erledigt sei. Leider ist das nicht so. Eine Webseite ist ein ständig wachsendes unternehmerisches Ökosystem, das mit Ihnen, Ihrer Expertise, der Entwicklung Ihres Expertenstatus und Ihres Unternehmens sowie Ihrer Angebote mitwächst. Zum einen natürlich inhaltlich durch Ihre Beiträge sowie durch technische Updates und natürlich auch durch neue Designtrends oder Geräte-Innovationen, die neue Spielregeln im Nutzerverhalten hervorbringen, wie es beispielsweise bei Smartphones und Tablets der Fall war.

Eine zentrale Stellung innerhalb dieses Ökosystems nimmt natürlich der Content, also der Inhalt Ihrer Webseite ein. Ohne regelmäßig neuem Content in Form von aktuellen Beiträgen keine wiederkehrenden Besucher, keine Interaktion und kein frischer Traffic. Denn auch Google kommt dann nicht mehr zu Besuch und das wirkt sich wiederum nachteilig auf Ihr Ranking aus.

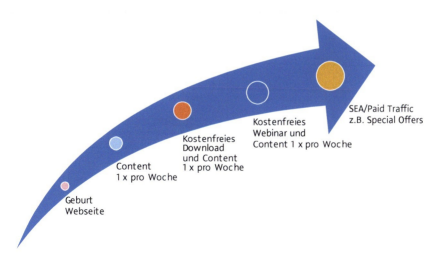

Abb. 40: Eine Webseite entwickelt sich und bleibt dann up to date, wenn sie sowohl inhaltlich und technisch als auch vom Design her regelmäßig aktualisiert wird.

Ihre Webseite beginnt zu stagnieren, und wenn Sie zusätzlich noch Technik und Design vernachlässigen, wird Ihre Seite oder Ihr Blog nicht nur anfällig für Hacker-Angriffe, sondern Ihre Webseite veraltet zusehends und stirbt langsam ab. Wenn Sie mit Ihrer Webseite, der wichtigsten Plattform für den Aufbau Ihrer Expertenmarke und Ihres Expertenstatus, erfolgreich Kunden gewinnen möchten, dann sollten Sie dies tunlichst vermeiden.

Tipp   **!**
Es hat sich bewährt, Änderungen an der Webseite kontinuierlich on the go vorzunehmen, statt alle paar Jahre einen großen, massiven Relaunch der Webseite durchzuführen.

9.7.2   Social-Media-Kanäle

Jetzt kommen wir zu den einzelnen Planeten, deren Aufgabe es ist, Ihrer Webseite neuen frischen Traffic in Form von Besucherströmen zuzuführen sowie Ihre Sichtbarkeit und Präsenz als Experte zu vergrößern und gleichzeitig auch bei der Kundengewinnung entscheidend mitzuwirken.

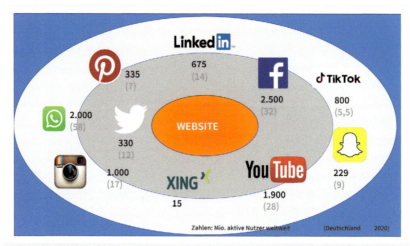

Abb. 41: Wählen Sie aus diesem Portfolio der sozialen Netzwerke diejenigen Plattformen aus, welche die größte Hebelwirkung für den Aufbau Ihres Expertenstatus sowie für Ihre Kundengewinnung haben.

Bei der Wahl der richtigen Social-Media-Kanäle sollten Sie sich als Erstes wieder mit Ihren Kernzielgruppen und den daraus resultierenden Buyer Personas beschäftigen sowie die wichtigsten Touchpoints Ihrer Buyer Personas herausfiltern. Nur da müssen Sie präsent sein. Das erleichtert Ihnen sofort die Auswahl der für Sie notwendigen Kanäle. Klären Sie auch hier ganz genau im Vorfeld, welche Aufgaben und Ziele Ihre Social-Media-Kanäle im Rahmen Ihres Expertenmarketings für Sie erfüllen müssen. Orientieren Sie sich dabei an den von Ihnen übergeordneten und bereits festgelegten Aufgaben und Zielen, wie zum Beispiel:

- Stärkung des Expert Brandings
- Sichtbarkeit für Ihre Expertise
- Aufbau eines Expertenstatus
- Traffic-Lieferant für Ihre Webseite
- Aufbau einer E-Mail-Liste
- Gewinnung von Neukunden

Und fokussieren Sie sich dann auf Ihre Kernziele, die Sie innerhalb eines bestimmten Zeitraumes erreichen möchten.

Dies gilt auch für die Anzahl der Social-Media-Portale, die Sie einsetzen möchten. Wie viel Zeit steht Ihnen zur Verfügung, wie viel Manpower haben Sie dafür? Es kann auch eine gute Idee sein, einen Teil auszulagern, denn unregelmäßige oder schlecht bespielte Social-Media-Kanäle schaden Ihrer Expertenmarke. Sie müssen hier eine gute Performance abliefern, indem Sie die Kanäle aktiv betreuen, regelmäßig mit frischen Inhalten versorgen und auf Austausch und Interaktion achten.

Schauen wir uns nun die wichtigsten Portale für Ihr Expertenmarketing im Detail an:

Facebook

Das größte soziale Netzwerk mit derzeit 2,5 Milliarden aktiven Nutzer (Stand: April 2020) ist sicherlich eines der wichtigsten, wenn nicht sogar die wichtigste Social-Media-Plattform, wenn es um Sichtbarkeit und Präsenz für Ihre Expertise sowie um Kundengewinnung geht. Wobei Letzteres nicht im Vordergrund stehen sollte, wenn es um diesen Kanal geht. Facebook ist keine Suchmaschine, mit der wir aktiv nach Produkten oder Angeboten suchen, sondern ein Netzwerk, eine Community zum Austausch mit Gleichgesinnten.

Das sieht auch Facebook so. Das Unternehmen hatte im Januar 2018 massive Änderungen in seinem Newsfeed-Algorithmus angekündigt und später umgesetzt, welche die organische Reichweite von Marken-, Medien- und Unternehmensbeiträgen, die beispielsweise einen Link zu einer Sales-Page, Webinar-Anmeldeseite oder Download-Seite beinhalten, drastisch senken. Privater Content von Freunden, Familien und Gruppen wird dafür im Gegenzug künftig bevorzugt angezeigt. Katzenvideos, Speisepläne und Urlaubsbilder haben somit Vorrang in Ihrem Newsfeed.

Als Unternehmer bleibt Ihnen entweder das Schalten einer Facebook-Anzeige, um die Reichweite zu erhöhen, oder Sie liefern so hochwertigen Content, dass dieser eine hohe Interaktionsrate fördert. Also eine Fülle an Kommentaren, Shares und Likes erzeugt. Hier kommen Sie als Experte ins Spiel, denn Sie können mit Ihrer Expertise punkten, indem Sie Kostproben davon in hochwertige Beiträge verpacken und teilen oder in Facebook-Gruppen, die für Ihre Zielgruppen relevant sind, Expertenrat geben.

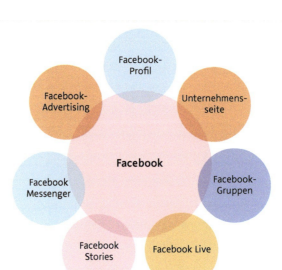

Abb. 42: Facebook ist ein All-in-one-System, das uns eine breite Palette an Möglichkeiten für unser Expertenmarketing bietet.

Ein ganz besonders wichtiges Instrument dabei sind Facebook-Live-Videos, denn Facebook liebt Video-Content, da gut gemachter Content auch für Interaktion sorgt. Außerdem hat Facebook bereits letztes Jahr angekündigt, dass Videoformate bevorzugt werden. Aber auch hier gilt: Sobald Sie in der Beschreibung oder im Kommentar einen Link posten, wird die Reichweite wieder herabgesetzt. Das können Sie umgehen, indem Sie beispielsweise ein Tool wie Ecamm-Live (für Mac-User) oder belive.tv nutzen und den Link einfach während der Übertragung einblenden und im Video nennen.

Bei allem, was Sie tun, ist es wichtig, dass Sie mit Ihren Inhalten Aufmerksamkeit erzeugen und vor allem den oder die Menschen hinter dem Unternehmen zeigen. Echt, authentisch, mit Ecken und Kanten und gerne auch mal provokativ und polarisierend. Das sorgt für Austausch und Diskussion.

! **Tipp**

Verzichten Sie bitte auf sogenannte »Engagement-Köder« bei Ihren Unternehmens-Postings. Beispiel: »Wenn Du ein Fan von veganer Ernährung bist, dann hinterlasse einen Kommentar.« Facebook hat im Zuge seiner Änderungen solche Postings ebenfalls in ihrer Reichweite drastisch reduziert, da sie weder einen sinnvollen Inhalt noch eine Interaktion darstellen.

Wie Sie auf Facebook aktiv sein können
Facebook-Profil: Es dient zum privaten Austausch und Vernetzen mit Freunden und Familie. Achtung: Wenn Sie Ihr privates Profil auch zum Posten von Business-Inhalten

nutzen, sollten Sie unbedingt im Infobereich Ihr Webseiten-Impressum mittels Link hinterlegen.

Facebook-Unternehmensseite: Hier können Sie Ihr Unternehmen und natürlich sich selbst als Experte präsentieren. Auch hier geht es mehr darum, den Menschen hinter dem Experten und seinem Unternehmen sichtbar zu machen. Nehmen Sie Ihre Fans mit hinter die Kulissen Ihres Business und zeigen Sie dabei auch Ihre private Seite. Allerdings heißt dies nicht, dass Sie alles mit Ihren Followern teilen müssen wie beispielsweise das Leben mit Ihrer Familie oder wie und wo Sie wohnen. Es geht vielmehr darum, Ihre Persönlichkeit oder Ihre persönliche Meinung und Einstellung nicht länger hinter einer Business-Fassade zu verstecken.

Da Facebook die Reichweite organischer Unternehmens-Posts immer weiter senkt, ist für viele Unternehmen allein aus diesem Grund eine Facebook-Unternehmensseite von Interesse, da diese für das Schalten von Facebook-Anzeigen benötigt wird.

Facebook-Gruppen: Eine weitere sehr interessante Möglichkeit sind Facebook-Gruppen. Hier können Sie entweder selbst eine eigene Gruppe zu Ihrem Expertenthema ins Leben rufen oder sich aktiv in anderen Facebook-Gruppen engagieren und dort mit Ihrem Expertenwissen sichtbar werden.

Wenn Sie eine eigene Gruppe auf Facebook gründen möchten, sollten Sie wissen, dass dies gerade zu Beginn, wenn noch wenige Gruppenmitglieder dabei sind, Zeit und Einsatzbereitschaft von Ihnen fordert. Es sollte immer klar sein, welches Ziel Sie damit verfolgen, und Sie sollten im Vorfeld klären, ob sich das Investment und Aufwand wirklich lohnt.

Es gibt auch sogenannte Facebook-Pop-up-Gruppen, die nur für einen gewissen Zeitraum eröffnet werden, um zum Beispiel einen Produktlaunch zu begleiten.

Facebook Live: Mein absolutes Lieblingstool für das Expert Branding und aktuell der beste Reichweitengarant auf Facebook. Wie oben schon angemerkt, liebt Facebook Videos und daran wird sich in absehbarer Zeit auch nichts ändern.

Ich selbst nutze Facebook Live für meine wöchentliche Facebook-Live-Show »Smart Fox TV«, bei der ich Tipps, Impulse und Strategien zu den Themen Expertenpositionierung, Expertenstatus und Expertenmarketing mit meinen Zuschauern teile und es auch zur Ankündigung meiner Webinare oder Angebote nutze. Wobei ich dies prinzipiell mit einem Expertentipp kombiniere, um den Menschen etwas mitzugeben, wenn sie mir ihre Zeit schenken, um bei meiner Facebook-Live-Show dabei zu sein.

Sie sollten übrigens nicht verwundert oder frustriert sein, wenn bei Ihren Shows nicht sofort viele Zuschauer live dabei sind. Die meisten User schätzen Facebook Live gerade auch deswegen, weil sie sich im Anschluss das Video, das auf Ihrer Facebook-Unternehmensseite so lange bestehen bleibt, wie Sie dies möchten, ansehen können, wann es für sie am besten passt.

Wenn Sie ein Tool wie Zoom.us für Ihre Webinare nutzen, können Sie diese parallel auf Facebook live streamen oder sie direkt, ohne Zusatztool, nur auf Facebook veranstalten. Sie können Speed-Coachings machen, FAQ-Sessions durchführen oder auch Interviews mit anderen Experten übertragen.

Ein Best Practice, wie auch ein Handwerksbetrieb Facebook Live für sich nutzen kann, zeigt das Unternehmen Ambitop$^{©}$ – Top-Terrassendach. Hier führt der Inhaber selbst durch sein Unternehmen. Er gibt dem Zuschauer Einblicke hinter die Kulissen, stellt seine Mitarbeiter vor und erzählt, was aktuell im Unternehmen gerade so los ist. Dies alles geschieht auf eine lockere, sympathische und unterhaltsame Art und Weise. Der Unternehmer vermittelt damit Transparenz, Kompetenz und Expertise ohne aufdringliche Kaufbotschaft, die hier völlig deplatziert wäre. Er baut vielmehr Vertrauen auf und verankert sich so langfristig als Experte in den Köpfen seiner (potenziellen) Kunden. Wenn diese dann Unterstützung für ihr Terrassendach brauchen, ist dieser Unternehmer ihr erster Ansprechpartner.

Sie haben mit Facebook Live also wirklich eine Fülle von Möglichkeiten für Ihr Expert Branding sowie für den Aufbau Ihres Expertenstatus und letztlich auch für Ihre Kundengewinnung. Beispiele dafür, wie ich Facebook Live nutze, finden Sie auf meiner Facebook-Unternehmensseite, schauen Sie einfach mal vorbei und lassen Sie sich inspirieren.

! **Wichtig**

Versuchen Sie nicht, zu perfekt zu sein. Beim Livestreaming geht es nicht um Perfektion, sondern um Authentizität. Da es live ist, erwarten die Zuschauer keine Hochglanz-Studio-Sendung. Sie wollen vielmehr lieber einen echten Eindruck gewinnen. Generell ist zu viel Perfektion auf den Social-Media-Kanälen eher hinderlich als förderlich, da vieles dann oft einfach zu glatt und zu sehr nach einer Werbebotschaft aussieht.

Martina Fuchs Experten+Marketing war live.
Gepostet von Ecamm Live for Mac [?] · 14. April um 17:16 · ⚙

Achtung Hungry-Bird-Syndrom! Warum Du jetzt nicht alles kostenfrei
anbieten und auch mit großen Rabatten vorsichtig umgehen solltest,
wenn Du Deiner Expertenmarke nicht dauerhaften Schaden zufügen
möchtest. #statusausgebucht

Abb. 43: Facebook Live bietet Ihnen vielfältige Möglichkeiten für den Aufbau Ihres Expertenstatus. Starten Sie in wenigen Minuten Ihre eigene Live-Show. (Quelle: https://www.facebook.com/
smartzumerfolg/videos/1934661323214231/)

Die Aufzeichnungen dieser Live-Videos eignen sich auch hervorragend zum Einsatz auf
anderen Kanälen wie zum Beispiel auf Ihrer Webseite oder auf Ihrem YouTube-Kanal.
Denken Sie also unbedingt auch an Content-Recycling für noch mehr Reichweite.

Facebook Stories: Dieses Feature ist in der Facebook- und Messenger-App auf Ihrem
Smartphone zu finden. Damit können Sie Live-Einblicke mittels Bilder oder kurzen
Video-Sequenzen geben, die nach 24 Stunden wieder gelöscht werden. Bildern und
Videos kann zusätzlich mit Filtern und Effekten ein eigener Look verpasst werden.

Mit Facebook Stories können Sie Ihre Fans und Follower ebenfalls mit hinter die Kulis-
sen Ihres Business nehmen. Sie können diese für eine sanfte Promotion nutzen, indem
Sie beispielsweise über ein aktuelles Projekt sprechen, an dem Sie gerade arbeiten.
Wenn Sie ein Webinar geben, stellen Sie kurz die Inhalte vor und betonen die Benefits,
die der Zuschauer hat, wenn er daran teilnimmt. Vergessen Sie nicht, ihm noch die
Möglichkeit zu geben, sich zu Ihrem Webinar anzumelden.

Sie können ein Interview führen, Ihren neuen Blog- oder Podcast-Beitrag anteasern, live von einem Event berichten, einen Mitschnitt von Ihrem Vortrag zeigen oder ein Produkt oder Tool in Aktion zeigen. Übrigens können Sie diese Stories und Bilder auf Ihrem Smartphone abspeichern und dann ebenfalls für andere Kanäle nutzen.

Facebook-Messenger: Dies ist ein Nachrichtenkanal mit großem Potenzial. Hier können Sie sich sowohl privat mit Freunden, Familie und Follower austauschen als auch als Unternehmen mit Interessenten, Fans und potenziellen Kunden, denn auch Unternehmensseiten haben ihren eigenen Messenger-Account.

Spannend wird es, wenn Sie den Messenger mit einem Bot-Anbieter wie Manychat nutzen, der einen sogenannten Facebook-Messenger Bot kreiert. Bot ist die Kurzform für Robot, also Roboter. Diese Bots erledigen selbstständig und automatisiert vordefinierte Aufgaben. So können Sie damit ganze Marketingkampagnen oder den Dialog mit Ihren Interessenten steuern.

Da diese Bots in der Kommunikation noch nicht so stark genutzt werden, sind die Öffnungsraten im Vergleich etwa zur klassischen E-Mail aktuell traumhaft. Sie können bei bis zu 90-95 % liegen, da die meisten User sofort reagieren, wenn eine neue Nachricht eingeht.

Nutzen Sie also den Facebook-Messenger-Bot, unter Berücksichtigung der neuen Regeln, gezielt für Ihr Expert Branding, indem Sie wertvolle Inhalte zum Beispiel als Video oder Podcast anbieten, zu Events, Vorträgen oder Webinaren einladen sowie kostenfreie Downloads anbieten, damit Sie den weiteren Dialog dann später auch über Ihren Newsletter fortführen können. So stellen Sie sicher, dass Sie unabhängig von Facebook bleiben.

Aber auch hier gilt: *Weniger ist mehr!* und *Dialog statt platter oder massiver Werbebotschaften.* Bieten Sie auch die Möglichkeit, dass Ihr Gegenüber die Bot-Nachrichten jederzeit stoppen kann, denn Sie wollen ja Menschen für sich und Ihre Expertise gewinnen, im besten Falle sogar begeistern und sie nicht damit nerven. Keine Zwangsbeglückung! So lautet eine meiner Devisen.

Facebook-Anzeigen: Da Facebook die organische Reichweite für Business-Beiträge mit werblichem Kontext weiter senkt, sollten Sie sich, wenn noch nicht geschehen, mit Facebook-Anzeigen intensiv beschäftigen. Auch wenn die Preise für Facebook-Anzeigen steigen, sind sie doch aktuell immer noch die kostengünstigste Werbeform und sie bieten einfach ein hervorragendes Targeting für eine zielgruppengenaue Online-Kampagne.

Alles in allem ist Facebook, wenn Sie es richtig nutzen und einsetzen, eine hochwirksame All-in-one-Plattform für Präsenz, Sichtbarkeit, den Auf- und Ausbau Ihres Expertenstatus sowie für Ihre Kundengewinnung.

Twitter

Twitter ist Mikroblogging in Echtzeit und besonders bei Journalisten sehr beliebt. Das macht diesen Kanal auch für Sie als Experten sehr interessant, denn wenn Sie hier regelmäßig relevante und hochwertige Inhalte teilen, kann Ihnen dies nicht nur den Weg in die Medien ebnen, sondern auch wertvolle Kontakte zu Journalisten ermöglichen.

Abb. 44: Journalisten sind auf Twitter nicht nur auf der Suche nach News in Echtzeit, sondern auch auf der Suche nach guten Storys.

Folgen Sie Journalisten, die für Sie wichtig sind. Legen Sie dazu am besten eine Liste an und achten Sie darauf, was diese Journalisten posten. Sie wissen ja, Journalisten sind immer auf der Suche nach News und spannenden Geschichten. Deswegen sollten Sie Augen und Ohren offenhalten, denn vielleicht haben Sie genau die richtige Story parat.

Sie sollten somit generell alle Ihre Blog- und Newsbeiträge sowie Postings von anderen sozialen Netzwerken wie Facebook oder Instagram auch auf Twitter teilen und das ruhig in einer höheren Schlagzahl, da hier der Newsdurchlauf um ein Vielfaches größer ist als zum Beispiel bei Facebook. Vergessen Sie auch nicht, Hashtags einzusetzen, damit Sie schnell zu Ihren relevanten Themen gefunden werden.

> **! Wichtig**
>
> Setzen Sie unbedingt Bilder und Videos ein, damit Sie im Newsfeed mehr Sichtbarkeit und Aufmerksamkeit erzeugen.

Und auch Livestreaming ist möglich und sollte von Ihnen genutzt werden. Dies können Sie entweder direkt über Twitter oder indem Sie dafür die App Periscope nutzen. Periscope gehört ebenfalls zu Twitter und hat das Livestreaming noch vor Facebook mit großem Erfolg eingeführt. Streamen Sie beispielsweise direkt von einem Live-Event, den Sie veranstalten. Zeigen Sie einen Mitschnitt von Ihrem Vortrag oder Workshop. Sie können auch eine Pressekonferenz live übertragen oder auch auf diesem Kanal regelmäßig eine eigene TV-Show ausstrahlen.

Sie können außerdem gleichzeitig auf Facebook und Twitter live gehen. Alles, was Sie dazu benötigen, sind zwei Smartphones oder ein Tablet und ein Smartphone.

Übrigens ist Twitter eine äußerst beliebte Plattform für Unternehmenslenker und Führungskräfte wie beispielsweise Elon Musk von Tesla, der vom Handelsblatt als erfolgreichster Twitter-CEO ermittelt wurde. In Deutschland ist hier noch viel Luft nach oben, was aber auch heißt, dass Sie sich als Unternehmer damit innerhalb Ihres Marktes oder Ihrer Branche eine eigene Positionierung schaffen und als Gesicht Ihres Unternehmens nach außen sichtbar werden können. Das wieder fördert und stärkt Ihr Expert Branding.

Xing

Das größte deutschsprachige Social-Media-Portal mit derzeit 17 Mio. Mitgliedern im D.A.CH-Raum ist für Ihr Expert Branding eine wichtige Plattform und sollte unbedingt zu Ihrem Portfolio gehören.

Für Ihr Expert Branding sollten Sie ein persönliches Premium-Profil auf Xing besitzen, um auch alle Funktionen nutzen zu können. Wenn für Sie darüber hinaus das Thema Recruiting von qualifizierten Mitarbeitern eine wichtige Rolle spielt, sollten Sie ebenfalls eine Unternehmensseite besitzen.

Legen Sie bei Ihrem Xing-Profil Ihr Augenmerk vor allem auf die Portfolio-Seite und konfigurieren Sie Ihr Xing-Konto so, dass diese Portfolio-Seite immer als Erstes angezeigt wird, wenn jemand auf Ihre Profil-Seite kommt. Hier sollten alle wichtigen und relevanten Infos zu Ihnen, Ihrer Expertise sowie Ihrem Angebot zu finden sein.

Die folgende Abbildung zeigt eine gut gestaltete Xing-Portfolio-Seite. Die Expertin ist präsent und dem Besucher zugewandt. Ihre Inhalte sind klar strukturiert und werden gut präsentiert, gute Bildsprache und gutes Bild-Text-Verhältnis.

Abb. 45: Xing-Portfolio-Seite der Expertin Stephanie Salecker (Quelle: https://www.xing.com/profile/Stephanie_Salecker/portfolio?sc_o=da980_e)

Darüber hinaus können Sie auf der Xing-Portfolio-Seite Downloads zum Beispiel zu einem zielgruppenrelevanten Beitrag, für wichtige Presseveröffentlichungen oder Ihren aktuellen Seminaren und Trainings hinterlegen, Videos einbinden, Kundenstimmen als Referenz platzieren, wichtige Zertifikate, Auszeichnungen oder Awards durch Bild- oder Logo-Integration als *Social Proof* abbilden oder aktuelle Termine veröffentlichen.

Und Sie sollten natürlich auch auf all Ihre anderen Social-Media-Kanäle und auf Ihre Webseite verlinken bzw. Ihr Xing-Profil damit vernetzen.

Wichtig und Interessant sind auch die Xing-Gruppen. Hier können Sie anhand Ihrer Buyer Personas relevante Xing-Gruppen recherchieren, dort Mitglied werden, um zum Beispiel innerhalb der Gruppenforen Beiträge zu veröffentlichen, auf Ihre Workshops oder Vorträge hinweisen, sich aktiv an Diskussionen beteiligen oder auch Fragen der anderen Gruppenmitglieder beantworten. So können Sie mit Ihrer Expertise punkten, echten Mehrwert liefern, Ihren Expertenstatus ausbauen und auch Kunden gewinnen.

Für weitere wichtige Tipps rund um Xing sehen Sie sich jetzt das Video-Interview an, das ich mit dem Xing-Experten und Kundengewinnungs-Coach André Schneider geführt habe. In dem Interview sprechen wir ausführlich darüber, wie Sie Xing erfolgreich für Ihr Expert Branding und zur Kundengewinnung einsetzen können. Scannen Sie einfach die folgende Abbildung mit Ihrer Haufe-App.

Interview mit dem Xing-Experten André Schneider

LinkedIn

Dieses Portal ist das internationale Pendant zu Xing und für Experten eine ebenso interessante Business-Plattform mit Schwerpunkt auf den B2B-Sektor. In Deutschland gibt es aktuell 14 Mio. Nutzer und weltweit liegt die Zahl bei ca. 675 Mio. Und genau darin liegt das Potenzial von LinkedIn. Wenn Sie nicht nur national, sondern international aktiv sind bzw. Ihr Expert Branding etablieren und Ihren Expertenstatus aufbauen möchten, dann darf diese Plattform in Ihrem Portfolio nicht fehlen.

Wie auf Xing sollten Sie hier alle relevanten Informationen in Ihrem Profil präsentieren. Sie können Unternehmensseiten anlegen, sich in Gruppen engagieren, die für Ihre

Zielgruppen oder Themen relevant sind, sich mit internationalen Kooperationspartnern vernetzen und sich über aktuelle Trends und Strömungen auf dem internationalen Markt informieren.

Nutzen Sie auch den, gegenüber Xing, wesentlich besseren und prominenteren Newsfeed, um auf LinkedIn regelmäßig Updates, Beiträge oder Videos zu posten.

Instagram

Dieser Kanal, der zu Facebook gehört, hat mittlerweile 17 Mio. User in Deutschland und wird weltweit aktiv von 1 Milliarde Menschen genutzt. Instagram ist besonders stark in der Zielgruppe der 14-29-Jährigen, deren Anteil laut Statista bei ca. 67 % liegt. Das sollten Sie berücksichtigen, wenn Sie diesen Kanal für Ihr Expert Branding einsetzen möchten. Allerdings verschiebt sich dieses Gefüge mittlerweile immer mehr, denn auch dieser Kanal wird bei den älteren Usern immer beliebter.

Instagram, das Sie mithilfe einer App auf Ihrem Smartphone oder Tablet nutzen können, ist ein reiner Bild- und Videokanal. Das heißt, sobald Sie in einer Branche wie Fashion, Beauty, Interior, Immobilien, Reisen oder Food tätig sind, sollten Sie Instagram auf alle Fälle berücksichtigen, denn hier können Sie mit ausdrucksstarken Bildern schnell und wirkungsvoll eine Community aufbauen.

Aber auch Coaches, Berater oder Trainer sind bei Instagram gut aufgehoben, denn sie können mit gut gestalteten Grafiken oder Bildern, die ein Zitat, einen Expertenimpuls oder ein Expertenstatement als Botschaft haben, ihre Community aufbauen. Sie sollten hier auch Ihre aktuellen Termine zu Events, Webinaren oder Workshops posten sowie Ihre aktuellen Blog- und Podcast-Episoden ankündigen und diese dann via Link in Ihrer Instagram-Bio promoten. Des Weiteren können Sie auf Instagram sowohl Ihr privates als auch Ihr berufliches Leben teilen und Einblicke hinter die Kulissen gewähren, in dem Umfang, der gut und richtig für Sie ist.

Ich persönlich bin ein Fan von Instagram und teile auf meinem Kanal sowohl Expertenimpulse, Statements, Zitate, meine neuesten Podcast-Folgen, Kunden- und Leserstimmen zu meinen Bücher, berichte via Instagram Stories von meinen Reisen und von Projekten, in denen ich gerade arbeite, von Events und Veranstaltungen, die ich besuche, oder poste aktuelle Termine von meiner Facebook-Live-Show »SmartFox TV«, von meinen Webinaren oder Workshops.

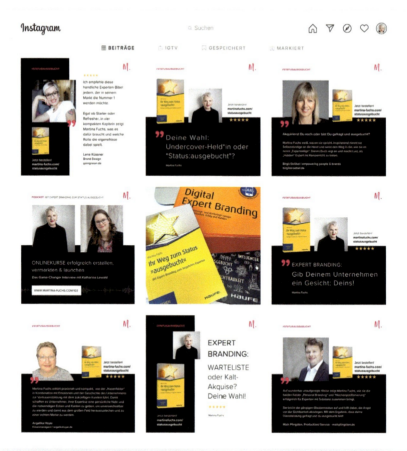

Abb. 46: Auf meinem Instagram-Kanal martinafuchs.official nehme ich Follower mit hinter die Kulissen meines Business, teile Zitate, Statements, Podcast-Episoden und natürlich meine Bücher. (Quelle: https://www.instagram.com/martinafuchs.official)

Besonders beliebt und wichtig sind Instagram Stories im Marketing. Täglich teilen gut 500 Mio. User ihr Leben und Arbeiten mit Instagram Stories, die nach 24 Stunden wieder verschwunden sind. Natürlich haben Sie auch bei Instagram die Möglichkeit, Ihre Stories auf Ihrem Smartphone zu speichern und diese auch, wenn sinnvoll, auf anderen Plattformen zu nutzen.

Auch IG-TV, das Instagram-TV-Format sollten Sie z. B. für längere Videos bis zu 60 Minuten regelmäßig einsetzen und nutzen. So können Sie beispielsweise eine eigene IG-TV-Show etablieren, die Sie einmal wöchentlich ausstrahlen. Das Gute ist, dass Sie dafür die Videos vorproduzieren können und dann einfach am Showtag hochladen und veröffentlichen. Am besten senden Sie immer am gleichen Tag zu einer festen Uhrzeit. Das Gleiche gilt für Instagram Live. Hier können Sie ebenfalls eine regelmäßige Live-Show etablieren. Der Unterschied zu IG-TV ist, dass Sie sofort live loslegen und senden. So können Sie z. B. eine Live-Übertragung von einem Event, Vortrag oder auch Seminar machen, Interviews führen oder Ihrer Community einen Backstage-Bericht bieten.

Darüber hinaus können Sie mit einem Business-Account auch auf Instagram Anzeigen und Online-Kampagnen fahren. Dies ist gerade für Onlineshops eine ebenso interessante wie profitable Möglichkeit genauso wie die Shopping-Funktion von Instagram zur Verlinkung von Produkten im Feed und in den Stories.

Instagram ist übrigens der Kanal mit der höchsten Dichte an Influencern. Dazu zählen in Deutschland beispielsweise Caro Daur mit über 2,3 Mio. Abonnenten oder DagiBee mit 6,1 Mio. Followern. Durch Werbedeals, bei denen sie ausgewählte Produkte in ihre Instagram Stories und Postings integrieren, haben sie sich eine lukrative Einnahmequelle geschaffen.

Tipp: Hashtags bei Instagram verwenden !

Setzen Sie Hashtags ein, um die Reichweite Ihrer Postings zu steigern. Aktuell können Sie bis zu 30 Hashtags pro Posting verwenden. Allerdings sollten Sie dies tunlichst in der Bildbeschreibung vermeiden, denn Sie wollen ja keinen »Hashtag-Friedhof« daraus machen. Setzen Sie hier maximal drei bis fünf Hashtags ein, die wirklich relevant sind. Gerne auch Unique Hashtags, die Sie persönlich dafür vergeben oder etablieren möchten. Weitere Hashtags können Sie dann in einem Kommentar unter Ihr Posting setzen, wenn Sie eine noch größere Reichweite generieren möchten.

Pinterest

Wie bei Instagram dominiert auch bei Pinterest das Bild, sei es als Foto, Infografik oder Video. Pinterest ist die visuell-virtuelle Pinnwand unter den sozialen Netzwerken und dient den über 300 Mio. Usern vor allem zur Inspiration, Motivation und zur Visualisierung der eigenen Wünsche, Ziele sowie persönlichen Träume. Bei Pinterest wird Zukunft visuell gestaltet.

Auf Pinboards kann der User zu einem bestimmten Thema oder Interessensgebiet eine Sammlung zum Beispiel zu seinen bevorzugten Urlaubszielen zusammenstellen. Generell ist diese Plattform sehr interessant für Branchen wie Immobilien, Interior Design, Reisen, Food, Fashion oder Beauty – überall dort, wo man mit Bildern eine große Wirkung erzielen kann. Wichtig ist hier allerdings die Ästhetik sowie eine hochwertige wie außergewöhnliche Präsentation.

Es wird auf Pinterest aber nicht nur nach schönen Dingen Ausschau gehalten, sondern auch zu Wissensthemen recherchiert, denn Pinterest ist ebenso ein Mekka für hochwertige Infografiken. Das bietet Ihnen die Möglichkeit, Ihr Expertenwissen mit Infografiken zu kommunizieren, die für Ihre Zielgruppen relevant sind. Machen Sie dazu einfach einen Pinterest-Check und lassen Sie sich zu Ihrem Thema inspirieren.

Achten Sie darauf welche Pins besonders oft geteilt sowie positiv bewertet wurden. Das gibt Ihnen entscheidende Hinweise, was Ihre Zielgruppe auf Pinterest bevorzugt interessiert.

Übrigens kann Pinterest auch eine sehr interessante Traffic-Quelle für Sie sein, denn jeder Pin kann durch einen Link mit Ihrer Webseite verbunden werden und so gezielt für neue Besucher auf Ihrer Webpräsenz sorgen. Sie können entweder direkt in Pinterest Ihre Bilder oder Videos pinnen oder aber auch direkt von Ihrer Webseite oder Ihrem Blog. Diese sind dann automatisch mit Ihrem Blogbeitrag auf Pinterest verlinkt.

Als User mit einem Pinterest-Business-Account sollten Sie auch mit Video-Pins, die eine maximale Länge von 15 Sekunden haben können, arbeiten. Sie können diese einfach und schnell mit dem Design-Tool Canva erstellen und so mehr Aufmerksamkeit für Ihre Pins generieren.

Darüber hinaus bietet Pinterest seit einiger Zeit ebenfalls die Möglichkeit, verschiedene Anzeigenformate zu schalten wie Promoted Pins, Promoted Video-Pins oder Promoted Carousels. Erweitert wird dies künftig durch Shopping-Ads, die es ermöglichen, Produkte direkt innerhalb der Pins zu kaufen.

Abb. 47: Mit Infografiken können Experten auf Pinterest punkten. Darüber hinaus ist Pinterest eine interessante Traffic-Quelle, da die Pins mit der jeweiligen Webseite verlinkt sind. (Quelle: https://www.pinterest.de/MartinaFuchs1/pins/)

Sehen Sie sich jetzt das Video-Interview an, das ich mit dem Marketingberater und Social-Media-Experten Andreas Pfeifer von den Heldenhelfern geführt habe. Hier gibt es erfolgserprobte Tipps aus der Social-Media-Praxis für Sie und wir sprechen darüber, wie auch Sie Instagram und Pinterest für Ihr Expert Branding erfolgreich nutzen können.

Interview mit dem Social-Media-Experten Andreas Pfeifer

Snapchat

Natürlich darf auch die Plattform Snapchat in unserer Übersicht nicht fehlen. Vor allem weil diese Social-Media-App zu den Shootingstars der letzten Jahre zählt. Aktuell nutzen 229 Mio. User diese App täglich, davon 9 Mio. allein in Deutschland.

Der Fokus liegt auf der Kernzielgruppe der 14-19-Jährigen. Hier finden Sie diejenigen User, denen Facebook zu alt geworden ist und die ihr Leben online nicht auch noch mit Eltern, Großeltern & Co. teilen möchten.

Mittels Bildern und kurzen, schnellen Videosequenzen von zehn Sekunden wird hier das eigene Leben in Echtzeit geteilt. Das Spannende an dieser Plattform ist, dass diese Inhalte nur eine kurze Zeitspanne zur Verfügung stehen. Das heißt, wenn Sie innerhalb dieser Zielgruppe und auf diesem Kanal agieren möchten, müssen Sie Ihre Kommunikation und Ihren Content exakt darauf ausrichten. Kurze, knackige Storys zum Beispiel von einem Live-Event, Behind-the-Scenes-Eindrücke oder Wissensvermittlung mit hohem Entertainment-Faktor.

Gerade diese junge Zielgruppe ist hochsensibel und straft Sie sofort ab, wenn Sie hier mit zu viel Ich- und plumpen Werbebotschaften agieren. Damit können Sie Ihre Marke sofort beschädigen. Beschäftigen Sie sich also zuerst intensiv mit dieser Plattform.

Holen Sie sich Impulse bei Influencern wie dem Modell Gigi Hadid oder anderen Unternehmen wie beispielsweise Sixt, FC Bayern, Fanta oder H&M.

Ob sich aber der Aufwand und Einsatz für den Aufbau Ihres Expert Branding auf diesem Kanal wirklich lohnt, sollten Sie kritisch hinterfragen. Gerade Instagram hat mit den Insta-Stories und allen dazugehörigen Features, die von Snapchat adaptiert wurden, dieser Plattform ernsthaft Konkurrenz gemacht und ist vielleicht für Sie und Ihre Ziele, auch durch die Verbindung zu Facebook, die bessere Alternative, insbesondere dann, wenn Sie dort schon eine Community und Reichweite haben.

TikTok
Diese extrem stark wachsende Videoplattform, die vormals muiscal.ly hieß, freut sich aktuell weltweit über 800 Mio. User mit einem Anteil von 5.5 Mio. Usern in Deutschland. Die Zielgruppe ist wie bei Snappchat extrem jung, also in der Regel unter 25 Jahren. Wobei man auch hier einen Trend zu älteren Usern erkennt. Wer hier punkten will, muss kreativ und trendy sein, Entertainment bieten und darf auf keinen Fall mit dem Werbehammer unterwegs sein. Promis wie The Rock, Heidi Klum, Dua Lipa, Rita Ora oder die Influencerin Bibis Beauty Palace tummeln sich hier genauso wie unsere Fußballclubs Borussia Dortmund oder der FC Bayern München.

Aktuell sehe ich diese Plattform noch nicht als Prio1-Kanal für Ihr Expert Branding, aber es lohnt sich, solche Plattformen als Early Adopter im Auge zu behalten. Besonders auch wegen des Mediums Video. Wer mag, kann einfach loslegen und sich ohne Anmeldung Videos ansehen. Wenn man dann ein Konto hat, stellt TikTok automatisch ein Programm zusammen, das abhängig von den eigenen Interessen immer mehr verfeinert wird. Gegenüber anderen Social-Media-Plattformen steht hier übrigens das Sammeln von Fans oder ein Community-Aufbau nicht im Vordergrund.

Qualität und Quantität von Social-Media-Kanälen und Fans
Nicht die Anzahl der Social-Media-Kanäle oder die Größe Ihrer Fanbase auf diesen Kanälen entscheidet über Erfolg oder Misserfolg, sondern vielmehr die Qualität Ihrer Inhalte, die Sie dort bereitstellen, und natürlich auch die Kontinuität und Regelmäßigkeit sowie die Qualität Ihrer Follower und Fans. Es ist besser, Sie fokussieren sich nur auf eine Social-Media-Plattform, zu der Sie persönlich eine große Affinität haben, mit der Sie aber natürlich auch Ihre wichtigste Zielgruppe erreichen. Schauen Sie immer nach der Plattform mit der größten Hebelwirkung für Ihr Expert Branding und Ihre Kundengewinnung. Dort sollten Sie kontinuierlich und verlässlich mit hochwertigem Experten-Know-how vertreten sein. Dieses Engagement wird sich für Sie auf alle Fälle auszahlen, denn das wird von Ihren Followern immer belohnt. Und eine starke Community ist genau das, was Sie als Experte anstreben sollten.

Sie sollten sich auch bei der Anzahl Ihrer Follower nie von der bloßen Quantität blenden lassen, denn auch hier kommt es immer auf Qualität an sowie auf die richtigen

Follower, die im besten Fall ein Abbild Ihrer Buyer Personas sind, Ihrer idealen Kunden. Dies ist eine Voraussetzung für Ihre erfolgreiche Kundengewinnung.

Tipp: Social-Media-Postings richtig einsetzen   !

Verzichten Sie bei Ihren Social-Media-Postings auf allzu große Perfektion sowie auf platte Werbebotschaften. Das führt nicht zum gewünschten Ergebnis und sollte vermieden werden. Denken Sie immer daran: Die Menschen möchten den Menschen hinter dem Unternehmen und hinter dem Experten erleben. Nahbar, echt und unverfälscht. Also weniger Plattitüden, Hightech & Photoshop, dafür mehr Nähe, Authentizität und Dialog. Allerdings sollten Sie bei Kanälen wie Instagram oder Pinterest schönes Design sowie Ästhetik nie außer Acht lassen.

Wenn Sie die Betreuung Ihrer Social-Media-Kanäle outsourcen, sollten Sie auf dem wichtigsten Kanal mit der für Sie größten Hebelwirkung trotz allem auch persönlich aktiv sein, denn selbst der beste Social-Media-Manager kann Ihre Persönlichkeit nicht ersetzen. Wie immer, ist auch hier Ihr O-Ton als Experte gefragt.

Tipp: Social-Media-Tools erfolgreich nutzen   !

Für das effiziente und zeitsparende Posten von Social-Media-Beiträgen können Sie Tools wie Social Pilot, Later oder Buffer nutzen. Damit können Sie Ihre Beiträge beispielsweise für den ganzen Monat im Voraus planen und automatisiert posten.
Bei Facebook können Sie dies auch direkt über Facebook vorplanen und automatisiert posten lassen. Diese direkte Arbeit mit dem Facebook-Postplaner kann Ihnen gegenüber einem Tool wie Social Pilot oder Buffer sogar einen Vorteil bei der Reichweite Ihrer Beiträge auf Facebook verschaffen. Und sollte Ihre Webseite oder Ihr Blog auf WordPress aufgebaut sein, so gibt es hier ebenfalls Plugins, die das automatisierte Posten Ihrer aktuellen sowie älteren Beiträge für Sie und Ihr Team auf Ihren Social-Media-Kanälen übernehmen.

9.7.3   Video-Marketing

Bis 2020 werden 80 % der Beiträge im Web aus Videos bestehen, so jedenfalls lautet die Prognose einer Cisco-Studie (Marshall 2015). Und auch der Ericsson Mobility Report prognostiziert für Video-Inhalte bis 2020 ein jährliches Wachstum von bis zu 55 %. Ursachen für dieses enorme Wachstum sind zum einen die Vorlieben für Video-Content auf den Social-Media-Plattformen sowie bei den Nachrichtendiensten, aber auch die stetig steigende Nachfrage nach Streaming-Services wie beispielsweise Netflix oder Amazon Prime.

Des Weiteren sind aber auch Smartphones und Tablets für diesen Trend verantwortlich, da sie unser Nutzerverhalten verändern. Bis 2020 werden 6,1 Milliarden Menschen ein Smartphone besitzen und 90 % der Weltbevölkerung hat Zugang zu mobilen Breitbandnetzwerken.

Für Sie bedeutet das: Video-Marketing sollte ein essenzieller Bestandteil Ihrer Expertenmarketingstrategie sein. Video-Marketing ist eines der stärksten, wenn nicht sogar das wirkungsvollste Instrument, um Ihre Expertenmarke aufzubauen und Ihre Expertenpersönlichkeit mitsamt Ihrer Expertise für Ihre Zielgruppe erlebbar zu machen.

YouTube

Als zentraler Video-Marketing-Kanal spielt YouTube eine Schlüsselrolle. YouTube ist, nach Google, die zweitgrößte Suchmaschine der Welt und löst, gemeinsam mit den Streaming-Diensten, zunehmend das klassische TV ab.

YouTube ist die ideale Bühne für jeden Experten, denn hier steht das *How-to*, das *Wie*, im Vordergrund. YouTube ist eine Ratgeber-Plattform. Hier können Sie mit Ihrer Problemlösungskompetenz glänzen und auf die wichtigsten Fragen Ihrer Zielgruppen wie Buyer Personas zum Beispiel mit einem Video-Tutorial antworten.

Des Weiteren sind Interviews für Ihr Expert Branding ein starkes Format oder eine Solo-Show in Form eines Experten-Talks. Der Experten-Talk eignet sich sowohl für Frage-Antwort-Sessions (FAQs), aber auch besonders gut für Schwerpunktthemen, mit denen Sie in Form einer Miniserie verschiedene Aspekte des Themas erklären und darstellen. Um diese Fragen zu ermitteln, sprechen Sie zuerst mit Ihren eigenen Kunden oder führen eine Umfrage mit Ihren Newsletter-Lesern oder innerhalb Ihrer Social-Media-Community durch. Des Weiteren können Sie mit einem Online-W-Fragen-Tool anhand Ihrer wichtigsten Keywords zielgruppenrelevante Fragen ermitteln.

Generell sollten Sie Ihre wichtigsten Keywords und Suchbegriffe kennen bzw. recherchiert haben, bevor Sie jegliche Art von Content produzieren. Dabei kann Ihnen ein Tool wie Keywordtool.io helfen (vgl. Abb. 48).

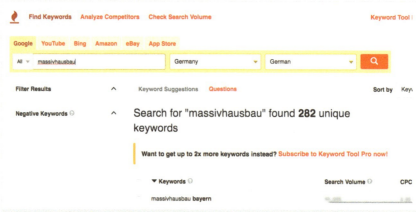

Abb. 48: Das Tool Keywoord.io hilft bei der Recherche relevanter Keywords. (Quelle: https://keywordtool.io/search/google/18226168?keyword=massivhausbau&country=de&language=de&category=web#suggestions)

Und auch ein Besuch bei Google Trends für YouTube lohnt sich, denn hier werden Suchtrends zu Keywords visualisiert und gleichzeitig mit wichtigen Ereignissen verknüpft sowie verwandte Keywords angezeigt. Dies lässt zum einen Prognosen zu, wie sich Keywords künftig entwickeln, und zeigt zugleich, was aktiv auf YouTube gesucht wird.

Abb. 49: Google Trends für YouTube. Dies ist ein Beispiel zum Suchbegriff DSGVO, das aufzeigt, wie sich dieser Suchbegriff anhand der Anfragen und dem Interesse zu diesem Thema in den letzten Monaten entwickelt hat. (Quelle: https://trends.google.com/trends/explore?gprop=youtube&q=DSGVO)

Auch Amazon ist eine perfekte Suchmaschine für Sie, denn anhand der Fach- und Sachbücher sowie der Ratgeberliteratur können Sie die wichtigsten Fragen und Themen zu Ihrem Fachgebiet recherchieren. Werfen Sie dabei einen Blick in das Inhaltsverzeichnis der Bestseller aus Ihrer Kategorie und schon haben Sie neue Ideen für Ihre Videos.

Wichtig: Wie bei jedem anderen Kanal gilt auch für YouTube: Kontinuierlich und regelmäßig müssen hier Inhalte veröffentlicht werden, um damit Reichweite und Sichtbarkeit für Ihren Expertenstatus aufzubauen.

Ein Best-Practice-Beispiel für Digital Experts ist der YouTube-Kanal von Christian Solmecke der Kanzlei WBS, der sich mit seinen täglichen YouTube Videos rund um das Thema Recht die Poleposition als Experte gesichert hat. Nicht allein durch seine Inhalte, sondern auch, weil er es versteht, das trockene Thema Recht auf unterhaltsame, lockere Weise für jeden verständlich auf den Punkt zu bringen. Davon profitiert natürlich auch sein Kundengewinnungsprozess.

Abb. 50: Der YouTube-Kanal des Rechtsanwaltes Christian Solmecke der Kanzlei WBS zeigt, dass man auch mit trockenen Themen wie Recht erfolgreiches Expertenmarketing betreiben kann. (Quelle: https://www.youtube.com/user/KanzleiWBS)

Das Beispiel zeigt, dass es definitiv für jeden Themen- oder Branchenbereich möglich ist, Videos erfolgreich für die eigene Expertenmarketing- und Kundengewinnungsstrategie einzusetzen.

! **Tipp: Setzen Sie Custom-Thumbnails ein**

Unter Custom-Thumbnails versteht man Bilder, die von Ihnen auf YouTube hochgeladen und dann als Vorschaubild angezeigt werden. Damit schaffen Sie ein einheitliches Erscheinungsbild, abgestimmt auf Ihre Expert Brand. Auf diese Weise sorgen Sie für eine hohe Wiedererkennung und vor allem für mehr Aufmerksamkeit und Sichtbarkeit bei den Suchergebnissen.

Abb. 51: Beispiel für einen von mir erstellten Custom-Thumbnail für eine Videoserie

Achten Sie immer darauf, dass das Thema, um das es im Video geht, auf diesem Vorschaubild zu sehen ist und dass Sie selbst auch sichtbar sind, da es ja um Ihr Expert Branding geht. Wenn Sie unterschiedliche Serien und Playlists auf YouTube anbieten, wie beispielsweise Tutorials, Interviews oder Facebook-Livestream-Aufzeichnungen, können Sie für jede dieser Serien einen eigenen Custom-Thumbnail als Matrix entwickeln. So erkennen Ihre Abonnenten sofort, um was es sich handelt, wenn Sie ein neues Video hochladen.

Und vergessen Sie bitte auch nicht, eine aussagekräftige Video-Beschreibung hinzuzufügen, die den Link zu Ihrer Webseite oder Landingpage – je nachdem, wohin Sie Ihre Zielgruppe führen möchten – enthält, und zwar bereits am Anfang.

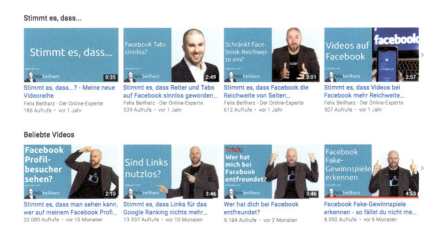

Abb. 52: Playlist des Online-Experten Felix Beilharz, der für seine Playlists eigene Thumbnails nutzt, die den Experten sowie das Thema des Videos im Thumbnail prominent zeigen. (Quelle: https:// www.youtube.com/user/felixbeilharzde)

Livestreaming

Der schnellste und einfachste Weg, heute mit Videos durchzustarten, ist für mich Livestreaming. Ob mit Facebook Live, Instagram Live oder Instagram Stories, Twitter-Live oder YouTube Live.

Alles was Sie dazu brauchen ist Ihr Smartphone, Tablet, Laptop oder Desktop und einen Account bei der jeweiligen Social-Media-Plattform. Achten Sie dann noch auf einen guten Ton und gutes Licht und schon geht es los. Sie können somit in wenigen Minuten Ihre eigene Experten-Live-TV-Show starten.

Meine Facebook-Livestreams entstehen entweder von meinem Laptop aus oder via Smartphone. Wenn ich in meinem Büro live gehe, dann achte ich auf gutes Licht und einen guten Ton. Dafür verwende ich beispielsweise ein Lavalier-Mikrofon oder ein Wireless-Mikrofon, Softboxen sowie ein LED-Ringlicht.

Sie können sich meine Livestreaming-Checkliste herunterladen. Sie bietet wertvolle Tipps und Tricks für Ihren Sofortstart. Sie enthält auch alle Tools, mit denen ich sowohl meine Videos als auch meine Livestreams produziere.

Livestreaming-Checkliste für Ihren Schnellstart

Tipp: Videos und Livestreams produzieren   !

Wenn Sie ein Video produzieren oder Ihren Livestream starten, sollten Sie sofort darüber
sprechen, worum es in diesem Video oder Livestream geht und was Ihr Zuschauer davon
hat, denn Sie wollen ihn ja für sich gewinnen. Sie müssen also die ersten Sekunden für Ihren
Teaser nutzen und erst dann kommt ein kurzes Intro, bevor Sie in die Sendung einsteigen.
Und wenn Sie mit Ihrem Video oder Livestream fertig sind, sollte ein kurzer Abspann mit
einem klaren Call-to-action erfolgen wie zum Beispiel »Jetzt den Kanal abonnieren!« oder
»Holen Sie sich jetzt Ihre Checkliste aufwww.xyz.com!«.

Ob Video oder Livestreaming, im Vorfeld sollten Sie natürlich als Erstes wieder die
Fragen klären, was Sie damit erreichen möchten, also welche Kernziele Sie damit
verfolgen. Dann sollten Sie im nächsten Schritt einen Themen- und Redaktionsplan
erstellen, der die wichtigsten Anliegen sowie Fragen Ihrer Bedarfsgruppen abdeckt,
basierend auch auf Ihren wichtigsten Keywords und Suchanfragen Ihrer Buyer Personas.

Und überlegen Sie auch, wie Sie den produzierten Content kombinieren sowie
kanalübergreifend auf mehreren Plattformen sinnvoll einsetzen. Das heißt, wenn Sie
auf Facebook live gehen, speichern Sie dieses Video ab und laden es in Ihrem YouTube-
Kanal hoch. Zusätzlich können Sie es im Blog Ihrer Webseite einbinden. Und wenn Sie
die Audiospur von der Filmspur trennen, haben Sie gleichzeitig eine neue Podcast-
Folge fertig. Das ist dann ein perfektes Beispiel für Content-Recycling. *Einmal produzieren, immer profitieren!* lautet hier eines meiner wichtigsten Mottos.

9.7.4   E-Mail-Marketing

Ihr eigener Newsletter ist ein ganz wichtiges Instrument innerhalb des Ökosystems
Ihres Expertenmarketings und ein zentraler Knotenpunkt zwischen Webseite, Blog
und den Social-Media-Kanälen.

Ziel ist es immer, die Besucher Ihrer Webseite, Ihres Blogs oder die Follower Ihrer
Social-Media-Kanäle zu Lesern Ihres Newsletters zu machen, denn nur so können Sie
mit ihnen regelmäßig in Verbindung bleiben und durch das kontinuierliche Teilen von
hochwertigen Kostproben Ihres Expertenwissens den wichtigsten Baustein, das Vertrauen in Ihre Expertise, aufbauen – die Basis, um dann im nächsten Schritt aus Ihren
Lesern Kunden zu machen.

Sie müssen auf Ihrer Webseite und den Social-Media-Kanälen die Möglichkeit bieten,
sich für Ihren Newsletter anzumelden. Damit unsere potenziellen Kunden dies tun,
müssen wir ihnen aber in der Regel einen etwas größeren Anreiz als die Anmeldung zu

unserem Newsletter bieten, denn unsere Zeit ist kostbar und wir werden immer selektiver bei der Frage, wem wir Zugang zu unserem E-Mail-Postfach gewähren.

Damit Sie Zutritt zum E-Mail-Postfach erhalten, brauchen Sie ein sogenanntes Freebie. Ein kostenfreies Download-Angebot in Form eines E-Books, einer Checkliste, eines Videos oder eines Reports, dass wirklich das Interesse Ihres potenziellen Kunden weckt, so dass er uns dafür gerne seine E-Mail-Adresse überlässt. Dabei ist es wichtig, dass dieser kostenfreie Download auch wirklich Mehrwert und Nutzen beim Leser stiftet und ihm zeigt, welche inhaltliche Qualität ihn auch bei Ihrem Newsletter erwartet. Denn wenn die Qualität nicht stimmt, wird sich Ihr potenzieller Kunde bei der nächstmöglichen Gelegenheit wieder aus Ihrem E-Mail-Verteiler austragen.

Also sollten Sie bei der Entwicklung Ihres Freebies wieder eine zentrale Frage oder ein wichtiges Anliegen Ihrer Buyer Persona im Fokus haben, zu dem Sie eine Antwort liefern, mit der Ihr Leser und potenzieller Kunde sofort einen ersten Erfolg in der Umsetzung erzielt. Dies muss übrigens kein 40-seitiges E-Book sein. Im Gegenteil, je kompakter und übersichtlicher Sie die Antwort präsentieren, zum Beispiel in Form einer Checkliste, umso mehr Erfolg werden Sie damit haben.

Wir alle leiden heute unter einem *Information-Overload*, das heißt, wir schätzen Experten, die es verstehen, das Wissen so kompakt und in der Essenz zu präsentieren, dass uns sowohl der Konsum dieses Wissens als auch die Umsetzung nur wenig Zeit und Aufwand kostet. Und vergessen Sie nicht, dass es sich bei diesem kostenfreien Angebot zunächst nur um eine Kostprobe Ihres Expertenwissens handeln soll und nicht um das ganze Rezept.

Für das E-Mail-Marketing benötigen Sie auf alle Fälle eine E-Mail-Marketing-Software, die es Ihnen ermöglicht, Ihre E-Mail-Liste anhand von Tags zu selektieren, so dass Sie später beim Aufbau Ihrer Marketing-Funnel, zum Beispiel zur Leadgewinnung oder zum Verkauf Ihrer Angebote, Ihre Versandaktionen zielgruppengerecht durchführen können und nicht alle Leser, auch diejenigen, die für dieses Angebot nicht in Frage kommen, damit belästigt werden. Dies könnte sonst sehr schnell dazu führen, dass sich viele Leser von Ihrem Newsletter wieder abmelden.

Diese Vorselektion Ihrer E-Mail-Liste lässt sich gezielt durch das Angebot unterschiedlicher kostenfreier Download-Inhalte steuern, indem Sie für jede Ihrer wichtigsten Buyer Personas ein eigenes Freebie erstellen, das genau den Nerv dieser Bedarfsgruppe trifft.

Auch zielgruppenspezifische Webinare zu einem bestimmten Thema eignen sich für die Listenselektion hervorragend. Jeder Anmelder erhält dann durch die Software einen Tag zum Beispiel »Sales-Webinar Mai20« oder »Internetrecht«, wenn er sich für dieses Thema angemeldet hat. Dann können Sie ihm anhand der dafür vorselektierten E-Mail-Liste ein entsprechendes Angebot unterbreiten oder ihn gezielt zu weiteren Webinaren rund um das Thema Internetrecht einladen oder ihm ergänzend Beiträge aus Ihrem Blog zu diesem Thema senden, wenn er dem Zusenden dieser Informationen explizit zugestimmt hat. Beachten Sie hier unbedingt die aktuellen DSGVO-Vorschriften.

Achtung   !

Seit 25. Mai 2018 ist die Datenschutz-Grundverordnung (DSGVO) aktiv. Diese hat zu umfangreichen Änderungen geführt, die auch das E-Mail-Marketing betreffen. Das heißt, wenn Sie die oben genannten Vorschläge umsetzen, dann beachten Sie bitte unter allen Umständen, dass Sie DSGVO-konformes E-Mail-Marketing betreiben, um Abmahnungen zu vermeiden. Wenn Sie hier unsicher sind, dann empfehle ich Ihnen, sich von einem Anwalt mit Schwerpunkt Internetrecht beraten zu lassen, der individuell auf Ihre Situation eingehen kann.

Als dieses Buch entstanden ist, war es noch so, dass Sie Interessenten, die sich beispielsweise für den Erhalt einer Checkliste in Ihre E-Mail-Liste eingetragen haben, nicht nur den Checklisten-Download zusenden dürfen, sondern im Anschluss daran auch Ihren Newsletter. Das hat sich mit dem sogenannten Koppelungsverbot innerhalb der Datenschutz-Grundverordnung (DSGVO) geändert.

Wie Sie hier rechtssicher nach den aktuellen Richtlinien vorgehen, dass sollten Sie am besten mit einem Anwalt klären, der auf Ihre individuelle Situation direkt eingehen kann, oder Sie informieren sich dazu beispielsweise auf einer Online-Plattform wie eRecht24. Dennoch sollten Sie den Aufbau Ihrer E-Mail-Liste zu einem zentralen Thema erklären, denn nur so sind Sie unabhängig von externen Quellen wie den Social-Media-Plattformen.

Natürlich dürfen Sie Ihren Newsletter weiterhin versenden. Sie müssen aber seit Mai 2018 darauf achten, Ihren Newsletter nicht mehr automatisch mit dem Download Ihrer Freebies zu verknüpfen. Seit Mai 2018 muss sich die Person *zusätzlich* für Ihren Newsletter mit einem Double-Opt-in-Verfahren anmelden und Ihnen dadurch explizit die Erlaubnis erteilen, dass Sie dieser Person den Newsletter zusenden dürfen.

Wenn Sie E-Mail-Marketing für Ihre Kundengewinnung einsetzen und dafür einen E-Mail-Marketing-Funnel aufbauen, sollten Sie immer auch darauf achten, dass Ihr Newsletter nicht zur Dauerwerbesendung wird, sondern es eine gute Balance zwischen fachlichen und werblichen Inhalten gibt.

Ihr Newsletter sollte immer eine Mischung aus konkretem Expertenrat und aktuellen Informationen rund um Ihr Fachgebiet sein. Persönliche Geschichten zum Beziehungsaufbau und auch Entertainment darf nicht fehlen. Ihre Leser sollen mit Ihrem

Newsletter auch Spaß haben. Gerade Emotionen sind die besten Verkäufer. Und wenn Sie dies beachten, dann können Sie Ihren Lesern auch ein Angebot zur Zusammenarbeit machen.

Abb. 53: Einfacher Marketing-Funnel zur Lead- und Kundengewinnung

9.7.5 Webinare

Webinare gehören für mich zu den wirkungsvollsten Instrumenten im Expertenmarketingmix, denn sie bieten die perfekte Bühne für die Präsentation Ihrer Expertise. Gerade wenn Sie als Berater, Coach oder Trainer tätig sind, Ihr Produkt also Ihr Expertenwissen ist, sollten Sie unbedingt Webinare in Ihren Expertenmarketingmix, aber auch in Ihre Kundenangebote integrieren.

Webinare unterstützen Sie vor allem dabei, …
- Ihre Expertise sichtbar und erlebbar zu machen.
- Ihren Expertenstatus auf- und auszubauen.
- Ihre E-Mail-Liste aufzubauen, die durch die Anmeldung der Teilnehmer wächst.
- Neukunden zu gewinnen, z. B. durch Strategie-Calls, die Sie im Anschluss an das Webinar kostenfrei anbieten, um so zu klären, wo und wie Sie diese potenziellen Kunden am besten unterstützen können.
- Ihre digitalen Expertenangebote wie z. B. Online-Mentoring oder Onlinekurse im Rahmen des Webinars zu vermarkten und zu verkaufen.
- einen exzellenten Kundenservice zu bieten, indem Sie z. B. bei erklärungsbedürftigen Produkten für Ihre Kunden Schulungs-Webinare anbieten.

- Ihre Trainings, Coachings und Beratungen auch online durchzuführen und so ortsunabhängig global mit Kunden zu arbeiten.
- Workshops, Seminare oder Online-Schulungen online mit internationalen Teilnehmern durchzuführen. Dies spart sowohl Ihnen als auch den Teilnehmern oder den Unternehmen, die Sie beauftragen, Zeit und Geld, da Reisekosten sowie Raummieten entfallen.

Sie sehen also, dass Webinare eine wirkungsvolle, gewinnbringende Maßnahme sind, sowohl für Ihr Expert Branding als auch für Ihre Kundengewinnung und für die ortsunabhängige Zusammenarbeit mit Kunden aus aller Welt.

So kann ganz schnell und einfach aus einem *Local Player* ein *Global Player* werden. Also prüfen Sie, wie und wo Sie Webinare für sich einsetzen können, und berücksichtigen Sie diese bei Ihren Marketing-Funnels und der Planung Ihres Expertenmarketings.

9.7.6   Podcasting

Neben Google und YouTube heißt die dritte große Suchmaschine im Web iTunes. Auch hier wird kräftig nach Expertenrat gesucht und mittels Podcast gestillt. Somit sind Podcasts für Experten ebenfalls eine sehr interessante und vor allem sehr wirkungsvolle Bühne, wenn es um den Auf- und Ausbau des eigenen Expertenstatus geht. Aber nicht nur dafür, sondern auch für die Leadgewinnung in Verbindung mit dem E-Mail-Listenaufbau, für die Vermarktung von Events und Webinaren sowie für die Kundengewinnung.

Da dieses Medium aktuell im deutschsprachigen Raum im Marketing noch viel Gestaltungsraum sowie wenig Wettbewerb bietet und iTunes in den ersten drei Monaten neue Podcasts ebenfalls stark unterstützt, bin ich ein großer Fan dieser Marketingplattform.

Podcasts › Wirtschaft › Neu und beachtenswert

Neu und beachtenswert

Noch mal von vorn...weil Du MEH...
Michael Turbanisch

Dirk Kreuters Vertriebsoffensive:...
Dirk Kreuter, Speaker...

Mit Webinaren erfolgreich
Die Webverbesserin

Kommunikation auf Kurs
Karin Breitkreuz

Happy, holy & confident. Dein...
Laura Malina Seiler

mymoneymind
Linda Benninghoff

LIFE PLAN - Was ist deine Geschichte?...
Marc Barthel

Die Make my Podcast Show
Sebastian Watzinger...

Solopreneur's Moshpit | Profitiere...
Gurdun Schönwälder...

IT Manager Podcast (DE, german) - IT-...
Innovative IT - eine ...

KonCAST: Marketing Digital | Pymes |...
Gabriel Andino, Onlin...

Mikroökonomen a.k.a....
Marco Herack

Abb. 54: In der Rubrik »Neu und beachtenswert« stellt iTunes hörenswerte Podcasts vor und unterstützt so neue Shows beim Marketing. (Quelle: iTunes)

Gerade auch Menschen, die nicht gerne schreiben oder vor der Kamera agieren, haben mit iTunes ein tolles Medium für ihr Expertenmarketing. So können Sie statt zu bloggen einfach podcasten und Ihre Beiträge auf Ihrem Blog bzw. Ihrer Webseite ergänzend zu iTunes veröffentlichen.

In dem eigenen Blog können Sie dann zur Audiodatei noch eine kurze Zusammenfassung zum Inhalt Ihrer Episode veröffentlichen sowie Tipps und Links, die Sie in Ihrer Sendung geben. Das Ganze nennt sich dann Shownotes.

Natürlich sollten Sie auch ein kostenfreies Freebie zum Download anbieten, um so mit Ihrem Podcast, im Rahmen der DSGVO-Richtlinien, Ihre E-Mail-Liste aufzubauen, damit Sie direkt mit Ihren Hörern in Verbindung treten und bleiben können.

Ein weiterer Vorteil: Durch den Marketingkanal Podcast steigern Sie nicht nur Ihre Sichtbarkeit, sondern auch Ihre Reichweite und sprechen damit auch Menschen an, die Sie über andere Kanäle so nicht erreichen.

Was Podcasting von allen anderen Marketinginstrumenten am stärksten unterscheidet, ist, dass Sie dabei die volle Aufmerksamkeit Ihres Hörers und somit potenziellen Kunden haben. Sie sind in seinem Ohr und kommen ihm so nahe wie bei keinem anderen Medium. Umfragen zeigen, dass Menschen Podcasts besonders gerne beim Auto-, Bus- oder Zugfahren, beim Fliegen, Sport oder auch beim Putzen hören. Letzteres kann ich bestätigen und auch im Auto, dank Apple Car Play, höre ich mittlerweile nur noch Podcasts. Gerade Apple Car Play eröffnet nochmals eine völlig neue Dimension und Reichweite im Bereich Podcast, denn mittlerweile wird jedes neue Fahrzeug damit ausgestattet und kann so das klassische Radio ersetzen.

Ein weiterer Vorteil ist, dass die Technik und auch die Hosting-Kosten überschaubar sind. Und wenn man die Produktion effizient plant, dann können Sie an zwei Tagen im Monat problemlos vier bis sechs Episoden produzieren.

Es ist auch ein sehr gutes Medium für Interviews, so dass Sie durch spannende Expertengäste in Ihrer Podcast-Show einen positiven Image-Transfer erleben. Darüber hinaus ist es für Ihre Zuhörer ein echter Mehrwert von der Expertise dieser Gäste profitieren zu können. Natürlich ist es auch für Ihr Expert Branding gut, wenn Sie als Gastexperte in anderen Podcast-Shows auftreten.

Übrigens lässt sich das Medium Podcast auch für Miniserien hervorragend nutzen, wenn Sie innerhalb Ihrer Expertise Schwerpunkte herausstellen möchten. Das habe ich beispielsweise für meine eigene Podcast-Show geplant, die ich jetzt im Frühjahr starte. Hier wird es dann innerhalb meines Podcasts Miniserien zu den Hauptthemen Expertenpositionierung, Expertenmarketing und Expert Branding geben.

Ein Best Practice für eine der erfolgreichsten deutschen Podcast-Shows im Bereich Wirtschaft ist Bernd Geropp, Geschäftsführercoach, mit seinem Podcast »Führung auf den Punkt gebracht!«. Für ihn und sein Unternehmen war der Start seiner Podcast-Show ein echter Game Changer und die beste Marketingentscheidung, die er für sich und seine Kundengewinnung getroffen hat, wie er mir in einem persönlichen Gespräch verriet. Hören Sie jetzt in unseren Experten-Talk hinein und holen Sie sich seine besten Expertentipps für den Aufbau Ihres Podcasts.

Interview mit Bernd Geropp

9.8   Interconnected-Marketing vs. Standalone-Marketing

Im Marketing kann sehr schnell sehr viel Zeit, Energie und Geld verbrannt werden, vor allem dann, wenn man nicht strategisch vorgeht, die Aufgaben und Ziele, die man damit erreichen will, vorher nicht klar definiert und vor allem auch dadurch, dass man nicht vernetzt denkt und handelt. Gerade Letzteres ist im digitalen Expertenmarketing unerlässlich, denn wir müssen alle unsere wichtigen Marketinginstrumente und -kanäle erfolgreich miteinander verknüpfen und aufeinander abstimmen, sowohl offline als auch online. Die digitale Welt fordert vernetztes Denken und Handeln.

Es beginnt damit, dass Sie Ihre Webseite mit allen Ihren Social-Media-Kanälen vernetzen, was zum Teil heute immer noch nicht selbstverständlich ist, und endet in der umfassenden Verknüpfung aller Marketingelemente innerhalb einer Kampagne. Dies bezeichnen wir als **Interconnected-Marketing**.

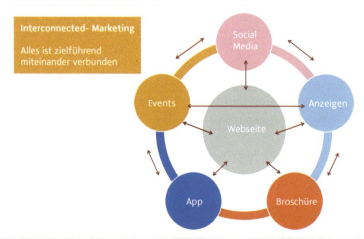

Abb. 55: Interconnected-Marketing: Bei diesem Beispiel ist es das Ziel, möglichst viele Besucher auf die Webseite zu führen. Alle Kanäle und Maßnahmen stützen das Ziel.

Legen Sie eine Matrix von all Ihren Marketingkanälen an. Jedes Mal, wenn Sie eine Marketingaktion oder -kampagne planen, verbinden Sie diese Kanäle anhand Ihrer Matrix miteinander, so dass diese alle auf das Ziel einzahlen, dass Sie damit erreichen wollen, beispielsweise ein neues Angebot im Markt platzieren oder den Aufbau Ihrer E-Mail-Liste forcieren. Für den Aufbau Ihrer E-Mail-Liste kann Ihre Matrix, je nach vorhandenen Marketingkanälen, wie folgt aussehen (vgl. Abb. 56):

Abb. 56: Interconnected-Marketing: Matrix zum Aufbau einer E-Mail-Liste

Tun wir dies nicht, dann sprechen wir von **Standalone-Marketingmaßnahmen**, also von einmaligen Marketingaktionen, die weder mit anderen Kanälen noch mit Marketingkampagnen sinnvoll vernetzt sind. Die Ergebnisse, die Sie damit erzielen können, sind in der Regel überschaubar. Nur in seltenen Ausnahmefällen, wie beispielsweise beim Versenden eines Sales-Newsletters an eine genau targetisierte sowie »aufgewärmte« Leser-Zielgruppe in Verbindung mit den richtigen Kooperationspartnern, lässt sich damit wirklich etwas erreichen.

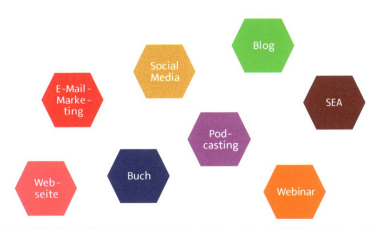

Abb. 57: Standalone-Marketing: Die einzelnen Maßnahmen und Kanäle sind nicht zielführend miteinander vernetzt.

In der Regel zeugen Standalone-Marketingaktionen eher von spontanem und blindem Aktionismus. So ist beispielsweise das Schalten einer einzigen Anzeige völlige Geldverschwendung. Sie müssen mehrere Anzeigen über einen längeren Zeitraum schalten, um wirklich Resultate zu erzielen, on- wie offline. Dies gilt natürlich auch für alle anderen Maßnahmen im Rahmen Ihres Expertenmarketings zum Aufbau Ihres Expert Brandings.

Vergessen Sie nicht: Expertenmarketing ist eine Langstreckendisziplin und kein Sprint. Deswegen ist es so wichtig, dabei strategisch vorzugehen.

9.9   Content-Marketing

Content is King! Das gilt erst recht für Ihr Expertenmarketing, denn dort ist Content-Marketing der Treibstoff für Ihr erfolgreiches Expert Branding. Gary Vaynerchuck, CEO von Vaynermedia und einer der ganz großen Namen im Online-Marketing, bringt es mit seinem Zitat auf den Punkt:

If you're not putting out relevant content in relevant places, you don't exist!

Gary Vaynerchuck

Abb. 58: Wer es heute versäumt, relevante Inhalte an den richtigen Touchpoints zu platzieren, ist für seine Zielgruppe nicht existent.

Warum ist Content-Marketing ein so wichtiges Instrument? Blicken wir dazu kurz auf die klassischen Medien wie Print, TV oder Hörfunk. Wenn hier Werbung ins Spiel kommt, dann hat sie eine zentrale Aufgabe: Es unterbricht und stört uns beim Lesen, hören oder zusehen. Mitten im besten Moment des Films startet der nächste Wer-beblock oder Sie hören gerade Ihren Lieblingssong im Radio und schon wird dieser frühzeitig für einen Werbespot ausgeblendet. So geht es uns auch beim Lesen einer Zeitschrift oder eines Magazins. Unser Lesefluss wird immer wieder von Anzeigen unterbrochen. Auch wenn wir dies wissen und uns daran gewöhnt haben, stören und ärgern uns diese erzwungenen Unterbrechungen dennoch und wir bestrafen dies, indem wir zur Fernbedienung greifen, zappen, den Kanal wechseln oder gleich zu den Streaming-Diensten von Netflix oder Amazon Prime gehen.

Klassisches Marketing mit seinen Kanälen ist also reines Unterbrechungs-Marketing, bei dem versucht wird, Ihre Aufmerksamkeit zu gewinnen oder besser gesagt zu erzwingen. Deswegen sprechen wir hier auch von Push- oder Outbound-Marketing, bei dem mehr oder weniger relevante Informationen und Inhalte großflächig verteilt werden.

Push-Maketing

- Klassische Anzeigenwerbung in den Printmedien, Radio und TV sowie im Kino
- Poster, Flyer
- Direktmarketing
- Bannerwerbung …

Der Anbieter sendet seine Werbebotschaften über viele Kanäle an die Kunden. Push-Marketing kennt nur eine Richtung.

Im Fokus steht allein das ANGEBOT

Abb. 59: Klassische Werbemaßnahmen wollen die Aufmerksamkeit Ihrer Zielgruppen erzwingen. Hier ist der Fokus allein auf das Angebot gerichtet.

Ganz anders verhält es sich mit Content-Marketing. Indem wir hochwertige, relevante Inhalte, abgestimmt auf die Bedürfnisse, Wünsche, Probleme oder Herausforderungen unserer Bedarfsgruppen und Buyer Personas, erstellen und veröffentlichen, stören und unterbrechen wir diese Personen nicht, sondern liefern ihnen Nutzen und Mehrwert. Wir bieten unseren potenziellen Kunden das, was sie wirklich brauchen und wonach sie sich selbst auf die Suche im Netz begeben.

Genau darin liegt der große Unterschied zwischen klassischem Marketing und Content-Marketing. Weg vom Unterbrechungs-Marketing hin zum Kundennutzen. Das ist übrigens auch das wichtigste Credo von Facebook seit diesem Jahr. Wenn Ihre Inhalte für Ihre Fans und Follower keine hohe Relevanz haben, sei es bei Ihren privaten oder beruflichen Posts, wird die Reichweite Ihrer Posts einfach gesenkt. Wir müssen uns also intensiv mit diesem Thema auseinandersetzen, damit wir mit nutzbringendem, hochwertigem Content bei unserer Zielgruppe punkten können. Im Übrigen trifft dies auch für Online-Anzeigenkampagnen zu. Je irrelevanter Ihre Anzeige für Ihre Zielgruppe, messbar an den Interaktionen, umso höher die Schaltpreise bei Facebook oder Google.

Erinnern Sie sich an die drei großen Perspektivenwechsel aus Kapitel 5.1? Einer davon lautet »Customer First«, Kunde vor Produkt oder Angebot. Das heißt ganz einfach, dass wir die Wünsche, Bedürfnisse und Probleme unserer Kunden in den Vordergrund stellen und nicht unsere Produkte oder Angebote. Beim Content-Marketing steht der

Kundennutzen im Vordergrund und wir signalisieren unserem Gegenüber: Ich sehe Dich, ich höre Dich, ich verstehe Dich und hier habe ich eine Lösung, die Dir auf Deinem Weg weiterhilft.

Abb. 60: Indem wir unsere Kunden und ihre Probleme in den Mittelpunkt stellen, signalisieren wir ihnen, dass wir sie und ihr Anliegen nicht nur wahrnehmen, sondern sie auch ernst nehmen.

Der große Vorteil am Content-Marketing ist, dass Sie nur die Menschen damit anziehen, die sich wirklich für Ihr Expertenthema interessieren, weil es ihr persönliches Anliegen ist. Sie generieren somit hochqualifizierten Traffic auf Ihren Kanälen. Wir sprechen hierbei auch von Inbound- oder Pull-Marketing. Dadurch werden Sie auch nicht als ein lästiger Störer wahrgenommen, sondern als hilfreicher Bedürfniserfüller und Problemlöser. Und das zahlt exakt auf Ihre Expertenmarke und Ihre zentrale Aufgabe, die Sie als Experte haben, ein: Für Ihre Kundengruppen sind Sie Problemversteher und Problemlöser in einer Person.

Pull-Maketing

- Internetseiten
- Foren
- Social Media
- Blogs
- Podcasts
- Newsletter (E-Mail)

Der Kunde sucht und findet Informationen, die ihm bei der Problemlösung helfen.

Im Fokus steht der Kunde
(Kundenbedürfnisse und Lösungen)

Abb. 61: Mit qualitativen Inhalten und Problemlösungen ziehen (»pull«) wir hochqualifizierte Interessenten und potenzielle Neukunden an.

Hier haben wir die wichtigsten Argumente zusammengestellt, wie Content-Marketing Sie unterstützt. Es hilft Ihnen, …

- Ihr Expert Branding sowie Ihren Expertenstatus kontinuierlich auf- wie auszubauen.
- sich als unverzichtbarer Ratgeber und Problemlöser bei Ihren Bedarfsgruppen zu verankern.
- hochqualifizierte sowie potenzielle Neukunden anzuziehen und zu gewinnen.
- das Vertrauen dieser potenziellen Neukunden zu gewinnen, denn dies ist die wichtigste Währung, wenn aus Ihren Interessenten Kunden werden sollen.
- durch Kontinuität und Qualität eine Beziehung zu Ihrer wichtigsten Zielgruppe aufzubauen und mit ihr in Verbindung zu bleiben, unabhängig davon, wo sich diese gerade innerhalb ihrer Kundenreise befindet.
- sich durch relevante und gut gestaltete Inhalte von Mitbewerbern abzugrenzen.
- bei der erfolgreichen Suchmaschinenoptimierung, indem sie mittels relevanter Keywords als Problemlöser und Wissensteiler gefunden werden, wenn es um Ihr Expertenthema geht.
- Ressourcen und Budget sinnvoll sowie wirkungsvoll einzusetzen.
- hohe Streuverluste zu vermeiden.

9.9.1 Customer First im Content-Marketing

Wenn es um die Content-Strategie für Ihr Expertenmarketing geht, dann startet die Reise bei Ihren wichtigsten Bedarfsgruppen und Buyer Personas und nicht bei den Content-Marketing-Kanälen. Sie müssen also auch hier wieder Ihren Kunden im Fokus haben und nicht den Kanal. Das heißt, wenn Sie Ihre wichtigsten Buyer Personas noch nicht ermittelt und differenziert ausgearbeitet haben, dann sollten Sie jetzt zu Kapitel 5 zurückgehen und zunächst Ihre Zielgruppenanalyse durchführen und Ihre Buyer Personas entwickeln, bevor Sie sich mit Ihrer Contentstrategie auseinandersetzen.

Wenn Sie dies allerdings bereits erledigt haben, sollten Sie jetzt die brennendsten und wichtigsten Anliegen Ihrer Buyer Personas kennen. Denn genau diese Fragen, Probleme, Wünsche und Herausforderungen sind die Basis für Ihre Content-Entwicklung sowie für die Wahl der Content-Formate und Kanäle.

Darüber hinaus sollten Sie ganz gezielt mit Ihren Bestandskunden sprechen. Mit den Lesern Ihrer Blogbeiträge und Ihres Newsletters, mit Ihren Social-Media-Followern und -Fans, mit den Hörern Ihres Podcasts oder den Abonnenten Ihres YouTube-Kanals. Natürlich gerne auch offline, indem Sie Ihre besten und wichtigsten Kunden telefonisch interviewen oder beispielsweise eine Umfrage mit den Lesern Ihrer Kundenzeitschrift oder den Besuchern Ihres Messestandes machen.

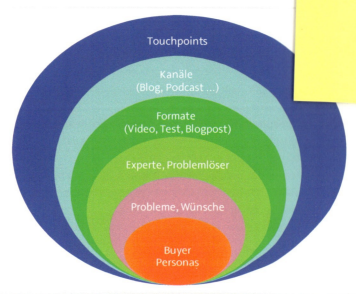

Abb. 62: Auch bei der Entwicklung Ihrer Content-Strategie und bei der Themen- und Redaktionsplanung steht Ihre Buyer Persona im Zentrum des Geschehens.

Fragen Sie, …

- welche Art von Hilfe und Unterstützung Ihre Interessenten, potenziellen Neukunden und Bestandskunden von Ihnen brauchen.
- was Ihre potenziellen Kunden in Bezug auf Ihr Expertenthema wirklich wissen wollen.
- worin aktuell ihr größter Kittelbrennfaktor besteht.
- welche Art von Inhalten sie sich wünschen.
- welche Content-Formate (z. B. Text, Audio oder Video) sie bevorzugen.
- welche Content-Kanäle, z. B. Blog, Podcast oder Newsletter, sie favorisieren.
- welche Technik sie zum Konsum des Contents bevorzugt nutzen (z. B. Smartphone, Tablet oder Laptop).

Das ist der schnellste, einfachste und wirkungsvollste Weg, um Ihrem Zielpublikum genau das zu bieten, was es möchte.

9.9.2 Content-Formate und Content-Kanäle

Wenn wir mit unserer Bedarfsgruppe und unseren Buyer Personas vertraut sind, sollten wir anhand der wichtigsten zielgruppenrelevanten Touchpoints, an denen wir unsere potenziellen Kunden treffen, die Content-Kanäle und Formate festlegen. Darüber hinaus müssen diese natürlich auch mit den von Ihnen im Vorfeld definierten Content- und Expertenmarketingzielen im Einklang stehen.

9.9.4 Content-Recycling und Content-Deepening

Wenn wir Content erstellen, geht es auch darum, diesen so effizient und effektiv wie möglich einzusetzen. Hier greift wieder mein Credo: Einmal produzieren, immer profitieren.

Content-Recycling
Dafür möchte ich Ihnen als erste Methode das Content-Recycling vorstellen. Dabei geht es darum, dass Sie einen Beitrag für Ihren Hauptkanal erstellen und diesen dann auf allen anderen Content-Marketing-Kanälen ebenfalls einsetzen. Nehmen wir als Beispiel ein Facebook-Live-Video, das Sie mittels Facebook Live auf Ihrer Facebook-Seite gestreamt haben.

Die Aufzeichnung dieses Facebook-Livestreams nehmen Sie und stellen das Video nun auch auf Ihrem Profil und in Ihrer Facebook-Gruppe, sollten Sie eine haben, zur Verfügung. Sie können dieses Video auch in weiteren Gruppen posten. Darüber hinaus können Sie dieses Video noch zusätzlich mittels Facebook-Anzeigen promoten.

Anschließend nehmen Sie dieses Video und laden es auf Ihren YouTube-Kanal hoch. Dann trennen Sie die Tonspur vom Video und machen aus der Audiodatei eine Podcast-Episode. Zu guter Letzt können Sie jetzt noch das Video oder die Audiodatei transkribieren lassen und den Text in einen Blogbeitrag wandeln, der wiederum auch die Audio- und/oder Videodatei beinhalten kann.

Diese vier Beiträge, also Facebook-Live-Video, YouTube-Video, Podcast und Blogbeitrag können Sie zeitverzögert auf allen weiteren Social-Media-Plattformen wie Twitter, LinkedIn, Xing oder Google+ teilen. So haben Sie aus einem Beitrag das Maximum an Sichtbarkeit und Reichweite für sich herausgeholt.

Abb. 65: Ein Content-Recycling-Zyklus dargestellt anhand eines Facebook-Live-Videos

Content-Deepening

Beim Content-Deepening geht es darum, nicht ständig neuen Inhalt zu produzieren, sondern Ihren bereits vorhandenen Blogbeiträgen ein Update zu verpassen und diese inhaltlich zu vertiefen. Dies tun Sie, indem Sie beispielsweise ein Video, eine Checkliste, eine Bildergalerie, einen Test oder eine Umfrage, eine Infografik oder eine Audiodatei hinzufügen. Das ist auch hinsichtlich Ihrer Suchmaschinenoptimierung eine sehr empfehlenswerte Vorgehensweise. Ein Best Practice in Sachen Suchmaschinenoptimierung sowie Content-Deepening ist hierwww.Chefkoch.de. Stöbern Sie zur Inspiration einmal in den Rezepten und Beiträgen dieser Online-Plattform.

9.9.5   Ablaufplan für das Content-Marketing

Um Ihnen die Planung Ihrer Content-Marketing-Strategie zu vereinfachen, habe ich hier nochmals alle relevanten Schritte für Sie zusammengefasst:

Ziele und Aufgabe

Legen Sie die Aufgaben fest, die das Content-Marketing für Sie erfüllen soll, wie beispielsweise mehr Sichtbarkeit für meine Expertise, Neukundengewinnung, Ausbau des Expertenstatus, und formulieren Sie daraus messbare Ziele, die Sie erreichen möchten.

Kundenpotenzial

Ermitteln Sie Ihre wichtigsten Zielgruppen und Buyer Personas (vgl. dazu Kapitel 3), auf die Sie sich in Ihrer Content-Marketing-Strategie für Ihre Kundengewinnung fokussieren.

Recherche und Umfrage

Arbeiten Sie, anhand Ihrer bestehenden Kunden- und Zielgruppen sowie anhand Ihrer Buyer Personas, die essenziellen Wünsche, Bedürfnisse, Probleme, Herausforderungen und aktuellen Kittelbrennfaktoren heraus, für die sich Ihre Leser, Hörer, Zuschauer eine Lösung wünschen.

Nutzen Sie dazu auch Umfragen mit Tools wie Google Forms, Typeform oder Monkey Survey bei Ihren Bestandskunden oder Newsletter-Lesern. Recherchieren Sie im Web nach wichtigen Suchbegriffen zu Ihrem Thema und analysieren Sie mithilfe von Google Trends die aktuellen Strömungen und Entwicklungen von wichtigen Keywords.

Sehen Sie sich jetzt das Tutorial-Video (Teil 1 und 2) in der Haufe-App an, in dem ich Ihnen Schritt für Schritt erkläre, wie Sie Google Forms zur Erstellung Ihrer Umfragen einsetzen können.

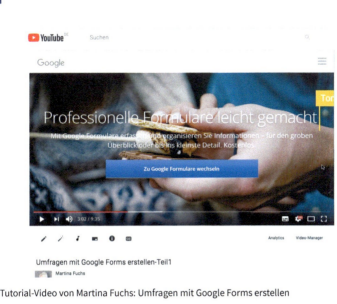

Tutorial-Video von Martina Fuchs: Umfragen mit Google Forms erstellen

Keywords und Suchbegriffe

Legen Sie nun anhand der Recherche- und Analyseergebnisse Ihre wichtigsten Keywords und Suchbegriffe fest, die Sie auf Ihrer Webseite und bei Ihrer Content-Produktion berücksichtigen und einbauen.

Übrigens liegt der Unterschied zwischen Suchbegriff und Keyword darin, dass wir bei Suchbegriffen aus der Perspektive des Suchenden agieren, während wir mit Keywords aus der Perspektive des Anbieters agieren. Sie sollten also immer aus beiden Positionen heraus Ihre Suchbegriffe und Keywords definieren und dafür Content anbieten.

Content-Kanäle und Formate

Anhand Ihrer Buyer-Persona- und Zielgruppenanalyse und den daraus resultierenden Touchpoints legen Sie nun die Expertenmarketingkanäle fest, auf denen Sie mit Ihrem Content präsent sein müssen, wenn Sie Ihre ideale Kundengruppe treffen möchten.

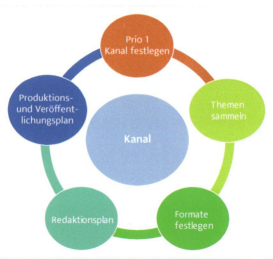

Abb. 66: Definieren Sie anhand Ihrer Buyer Personas und den daraus resultierenden Touchpoints Ihren Haupt-Content-Kanal und gehen Sie dann in die Planung.

Im nächsten Schritt legen Sie die wichtigsten Content-Formate fest – wie beispielsweise Newsletter, Video und Livestreaming, Webinare, Audio-Beiträge in Form von Podcasts oder beispielsweise auch Hörbücher, Infografiken oder Blogbeiträge, Social-Media-Posts, Tests, Umfragen, Checklisten, Mindmaps, Tutorials, E-Books, Whitepaper, Fotogalerien und Collagen, Lexikons, Interviews oder Studien.

Für die Auswahl Ihrer Content-Formate stellen Sie sich folgende Fragen:
- Eignet sich dieses Format für meine Buyer Personas und Zielgruppen?
- Für welche Inhalte ist dieses Content-Format geeignet?

- Eignet sich dieses Format für die bevorzugten Content-Kanäle?
- Was ist bei der Umsetzung, Planung und Produktion zu beachten?

Content-Formen

Sie können den Content für Ihr Zielpublikum in drei Schwerpunkte unterteilen, um so eine gute Balance zwischen Info- und Entertainment zu schaffen. Bei den drei Schwerpunkten handelt es sich um **News und Trends** (»Ich bin am Puls der Zeit«), **Wissen und Infotainment** (»Ich weiß jetzt, wie …, Ich kann jetzt …«) sowie **Inspiration und Entertainment** (»Ich bin jetzt voll motiviert …, Ich habe Spaß am …«).

- **News und Trends:** Nachrichten in Echtzeit, neue Methoden und Lösungsansätze sowie aktuelle Strömungen, Trends und Entwicklungen innerhalb Ihres Experten-Fachgebietes. Sie können auch News und aktuelle Ereignisse als Aufhänger nutzen, um diese in Bezug zu Ihrem Thema zu stellen und anhand dieser Analogie ein Thema Ihrer Expertise zu erläutern.
- **Wissen und Infotainment:** Tutorials, How-tos, Praxiswissen für sofortige Umsetzung, Expertenrat als Entscheidungshilfe, Schritt-für-Schritt-Anleitungen, die Ihren Buyer Personas helfen, sofort erste Erfolge zu erzielen.

Diese Content-Formen sind vor allem im Expertenmarketing und zum Auf- und Ausbau Ihres Expertenstatus wichtig.

- **Inspiration und Entertainment:** Menschen und Geschichten, die inspirieren, berühren, motivieren und unterhalten. Experten-Talks, Interviews und Case-Studies als Best Practice.

Tipp: Die Content-Creation-Formel   !

Um den größtmöglichen Gewinn für beide Seiten aus Ihren Beiträgen zu ziehen, sollten Sie vor der Content-Erstellung folgende Fragen für sich klären:

- Welchen Aspekt meines Expertenthemas möchte ich beleuchten und herausstellen?
- In welchem Umfang will ich dies tun: Einzelbeitrag, Miniserie, Monats-Schwerpunkt?
- Welche Kernbotschaft will ich damit vermitteln?
- Welches Content-Format wähle ich dafür (Video, Audio, Artikel)?
- Was soll der Leser, Hörer, Zuschauer im Anschluss wissen, verstehen, können?
- Was soll der Leser, Hörer, Zuschauer im Anschluss tun (Call-to-action)?
- Womit kann ich meine Leser, Hörer, Zuschauer überraschen?
- Was will ich für mich, für mein Expert Branding, für meine Kundengewinnung mit diesem Beitrag erreichen?
- Wie kann ich diesen Content so produzieren, dass ich ihn erfolgreich auf mehreren Plattformen im Sinne des Content-Recyclings einsetzen kann?

Themenplan

Auf Basis der von Ihnen recherchierten Probleme, Herausforderungen, Wünsche und Bedürfnisse erstellen Sie einen sogenannten Themenplan. Sie können dazu einzelne Rubriken anlegen, unter denen Sie die einzelnen Themen sammeln. Bei mir sind dies beispielsweise Kundengewinnung, Expertenmarketing oder Expert Branding.

Innerhalb dieses Themenplans und der einzelnen Rubriken können Sie wiederum Schwerpunkte setzen, die ein großes Thema über mehrere Wochen aus verschiedenen Perspektiven erläutern. Das Format der Miniserien ist sehr beliebt, da der Leser oder Hörer genau weiß, worauf er sich innerhalb einer gewissen Zeitspanne freuen kann. So bleibt er auch leichter am Ball und Ihnen wiederum erleichtert dies die Content-Erstellung, da Sie nicht jede Woche neue Inhalte produzieren müssen.

Innerhalb Ihres Themenplans kann es auch gewisse »Basisinhalte« geben, die jährlich wiederkehren. Zu meiner Zeit bei Cosmopolitan und Harper's Bazaar waren dies beispielsweise die Fashion-Highlights vom Laufsteg der Shows in Paris, Mailand oder New York, die neuesten Trendfrisuren und Styling-Tipps, das große Jahreshoroskop im Dezember oder das Diät/Ernährungs-Special nach Weihnachten. Daran hat sich bis heute nichts geändert!

Jeder Markt und jede Branche hat wichtige Messe-, Event- oder Kongresstermine, also Ereignisse, die einen Themenplan strukturieren können und von denen es sich lohnt zu berichten, denn Ihre Leser, Zuhörer oder Zuschauer wollen natürlich auch mit den aktuellsten Trends, Lösungsansätzen und Informationen versorgt werden.

Und wenn Sie bei Ihrer Arbeit saisonale Schwerpunkte haben, wie beispielsweise in der Baubranche, Fitness- oder Reiseindustrie, dann sollten Sie dies ebenfalls in Ihrem Themenplan berücksichtigen.

Redaktionsplan

Anhand des Themenplans entsteht anschließend Ihr Redaktionsplan. Hier legen Sie die Beitrags- oder Arbeitstitel fest, skizzieren in kurzen Stichpunkten den Inhalt, bestimmen, wer für die einzelnen Inhalte, wie zum Beispiel Artikel, Erfolgsstorys, Interviews oder Beitragsserien, zuständig ist. Des Weiteren fixieren Sie in dem Redaktionsplan die Abgabe-Deadlines sowie die Erscheinungstermine, die Content-Formate und Plattformen für den Beitrag sowie alle weiteren Verbreitungskanäle, über welche diese Inhalte veröffentlicht werden.

Laden Sie sich jetzt meine Vorlage für einen Redaktionsplan über die Haufe-App herunter. Diese Excel-Vorlage erleichtert Ihnen die Planung und gibt alle wichtigen Parameter vor, die Sie dabei berücksichtigen sollten. Sie können sie auch als Vorlage für einen Online-Redaktionskalender nutzen.

Vorlage für einen Redaktionsplan

Produktionsplan

Aufbauend auf den Redaktionsplan entsteht als nächster Schritt der Produktionsplan. Legen Sie darin die Produktionszeiten fest und produzieren Sie Ihren Content immer mindestens einen Monat im Voraus. Selbstverständlich können Sie auch Planänderungen vornehmen, wenn aktuelle News dies erfordern.

Legen Sie fest, welche Manpower, Tools, Technik und Ressourcen Sie für die Produktion benötigen. Erstellen Sie auf dieser Basis einen Produktionsablaufplan. Dokumentieren und automatisieren Sie wiederkehrende Vorgänge, soweit dies möglich ist, so dass Abläufe und Vorgänge auch von neuen Mitarbeitern jederzeit übernommen werden können.

Content-Produktion

Produzieren Sie nun Ihren Content anhand des Produktionsplans und achten Sie auf Content-Recycling, so dass Sie diesen Beitrag auf mehreren Kanälen sowie zum Content-Deepening einsetzen können. Fragen Sie sich beispielsweise, ob sich das Video dazu eignet, einen älteren Beitrag zu aktualisieren und inhaltlich zu vertiefen. Vergessen Sie auch nicht, Beiträge Ihrer Plattformen, die sich ergänzen oder aufeinander aufbauen, zu verlinken.

Content-Vermarktung

In dieser Phase geht es darum, Ihren Content auf allen zur Verfügung stehenden Kanälen zu verbreiten, also auf Ihren Marketingkanälen sowie den Social-Media-Plattformen.

Denken Sie auch an Cross-Promotions mit Zielgruppen-Besitzern, mit relevanten und reichweitenstarken Xing-, LinkedIn- oder Facebook-Gruppen zu Ihrem Thema, Media-Plattformen von wichtigen Fachverbänden sowie Online-PR-Plattformen wie open-pr.de. All dies sind interessante Möglichkeiten, sich mit seinem Fachwissen als Experte zu positionieren und sichtbar zu werden. Allerdings sollten Sie insbesondere bei fremden Gruppen und Plattformen die Spielregeln beachten und sich gegebenenfalls mit dem Betreiber abstimmen, bevor Sie aktiv werden.

Besonders erfolgreiche Social-Media-Posts oder Posts zum Leadaufbau können zusätzlich noch mit Facebook-Advertising für mehr Reichweite unterstützt werden, vor allem wenn diese mit einem Ziel wie beispielsweise der Leadgenerierung verknüpft sind.

Tool-Tipps

Evernote ist für mich ein Tool, ohne das ich heute nicht mehr leben kann. Innerhalb von Evernote habe ich verschiedene Notizbücher angelegt. Eines davon ist für meine Themenplanung. Hier sammle ich alle Beitragsideen, Bilder, Stichpunkte sowie Interviewgäste.

Ein sehr bewährtes Tool für die Erstellung von Themen-, Redaktions- sowie Produktionsplänen ist Trello. Dies ist eine in der Basisversion kostenfreie Projektmanagement-Software, mit der Sie allein oder im Team Ihre Projekte planen, organisieren und steuern können.

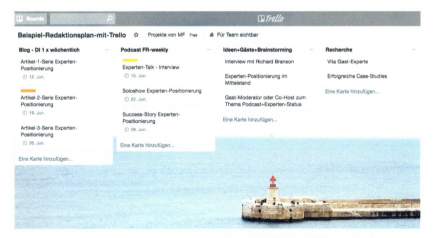

Abb. 67: Trello ist intuitiv und flexibel einsetzbar. Die einzelnen Karten auf diesem Board lassen sich einfach per *drag & drop* verschieben. So können Sie Ihren Redaktionsplan mühelos aktualisieren.

Für Ihre Social-Media-Planung und die Veröffentlichung Ihrer Beiträge empfehle ich Tools wie Hootsuite, Buffer, Post Planner oder Meet Edgar. Je nach Tool können Sie damit Ihre Social-Media-Beiträge im Voraus planen, so dass die Postings automatisch erfolgen.

Mit einem Tool wie Meet Edgar oder Recur Post haben Sie auch die Möglichkeit, älteren Content, der aber immer noch aktuell ist, erneut zu teilen. Gerade auf Kanälen wie Twitter, auf denen ein hoher Durchlauf im Newsfeed herrscht, ist das unbedingt empfehlenswert, denn damit sind Sie nicht nur auf den Social-Media-Kanälen kontinuierlich präsent, sondern sorgen eben auch für Besucher auf Ihrer Webseite.

9.9.6   Storytelling

Wenn es um die Erstellung von Content geht, egal in welcher Form, sollten wir uns mit einer ganz wichtigen Disziplin vertraut machen, nämlich dem Storytelling.

Storytelling ist die Kunst, wichtige Botschaften in Geschichten zu verpacken, die Menschen emotional berühren und besonders dadurch im Gedächtnis haften bleiben. Diese Kulturtechnik besteht seit Urzeiten. Geschichtenerzähler waren schon immer hochgeschätzt, ebenso wie ihre Kunst, wertvolles Wissen in weise und lehrreiche Geschichten zu kleiden, damit ihre Einsichten über viele Generationen erhalten bleiben. So finden wir bis heute wichtiges und wertvolles Wissen in Märchen, Erzählungen und Sagen.

Abb. 68: Die wichtigsten Vorteile des Storytellings für Ihr Expertenmarketing

Diese Kunst des Geschichtenerzählens können wir uns auch im Expertenmarketing zunutze machen, denn mittels Storytelling können Sie Ihr Expertenwissen in kraft- und machtvolle Botschaften kleiden und in Ihren Vorträgen, Webinaren, in einer Podcast-Episode oder auch in einem Blogbeitrag vermitteln.

Welche Vorteile hat das Storytelling, wenn wir es im Expertenmarketing einsetzen?

- 97 % unserer Kaufentscheidungen sind emotionaler Natur und werden vom limbischen System gesteuert. Geschichten sind emotionales Futter für Hirnareale, die ausschließlich über Emotionen und Bilder erreichbar sind. Mithilfe von Geschichten können Sie also Botschaften emotional so verpacken, dass das limbische System die Ampel auf Grün stellt und den Weg frei macht für die Aufnahme von ergänzenden Daten und Fakten.
- Geschichten bleiben im Gedächtnis, durch die Erlebnisse, die sie vermitteln. Wenn Sie also möchten, dass man sich an Sie und das, was Sie mit Ihrer Expertise vermitteln möchten, erinnert, dann erzählen Sie das nächste Mal eine Geschichte.
- Geschichten können uns helfen, mithilfe der Erfahrungen anderer etwas Wertvolles für unser eigenes Leben zu lernen und so auch Fehler zu vermeiden.
- Mit Geschichten, speziell mit einer eigenen Signature-Story, für die Sie bekannt sind, können Sie sich erfolgreich von anderen Wettbewerbern abgrenzen und unterscheiden.
- Mit Geschichten haben Sie die Möglichkeit Werte und Botschaften so zu vermitteln, dass sie nicht belehrend oder anmaßend wirken.
- Gute Geschichten begleiten Menschen auf eine Reise zu sich selbst, auf der sie wichtige und lehrreiche Impulse empfangen.

- Geschichten mit einer starken Botschaft motivieren zum Handeln.
- Gute Geschichten werden weitererzählt. Sie haben den W.O.M.-Faktor, also den Word-of-mouth-Faktor und erzeugen durch diese »Mundpropaganda« Viralität.

Ein gutes Beispiel für hervorragendes Storytelling mit W.O.M.-Faktor ist der Weihnachtsspot #heimkommen von EDEKA. Mit über 59 Mio. Aufrufen gehört er zu Recht zu den besten und vor allem emotionalsten deutschen Werbespots, die ich kenne. Taschentuchalarm garantiert.

Hier können Sie sich den Werbespot von EDEKA noch einmal anschauen:

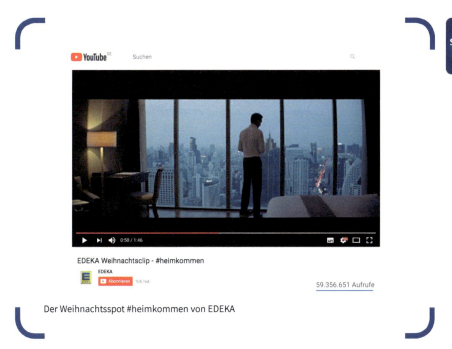

Der Weihnachtsspot #heimkommen von EDEKA

Die Heldenreise

Eines der wichtigsten Storytelling-Formate ist die Heldenreise, die wir alle in jedem guten Blockbuster finden, wie beispielsweise in *Star Wars*, *Harry Potter* oder *Das Streben nach Glück*. Während seiner Heldenreise durchlebt der Protagonist Höhen und Tiefen, muss Prüfungen bestehen, bis er letztlich in einem transformatorischen Prozess den Konflikt löst und gestärkt daraus hervorgeht.

Die Heldenreise ist ein perfektes Format für unseren Ansatz »Customer First«, denn darin stellen wir ebenfalls die Konflikte, Probleme und Herausforderungen unserer Kunden in den Mittelpunkt. Unser Kunde ist der Held und anhand seiner Reise durch Höhen und Tiefen, durch Konflikte und Herausforderungen zeigen wir, wie wir als

Experte, Ratgeber und Wegbereiter für unseren Kunden da sind und ihn zur Lösung und somit gestärkt aus dem Konflikt herausführen können.

Nutzen Sie das Storytelling-Format Heldenreise innerhalb Ihres Expertenmarketings für Ihr Expert Branding aber auch für Ihre Kundengewinnung.

Sehen Sie sich jetzt den Experten-Talk zum Thema Storytelling mit der Expertin Petra Sammer an und erfahren Sie, wie Sie Storytelling erfolgreich für Ihr Expert Branding einsetzen.

Interview mit Petra Sammer zum Thema Storytelling

Die 6-Wort-Geschichte

Urheber der 6-Wort-Geschichte ist Ernest Hemingway, der große Meister der Kurzgeschichte. Er wurde eines Abends von seinen Freunden in einer Wette herausgefordert, eine Geschichte in nur sechs Worten zu erzählen. Er wäre nicht Hemingway, hätte er sich dieser Herausforderung nicht sogleich gestellt. Seine Freunde mussten nicht lange auf die Kurzgeschichte warten. Hemingways 6-Wort-Story lautete: For sale: Baby shoes, never worn! Seine Freunde waren sprachlos und Ernest Hemingway selbst bezeichnete diese Kurzgeschichte später als sein bestes Werk.

Ich persönliche liebe diese Geschichte! Sie erinnert mich immer wieder daran, wie viel man in nur wenigen Worten ausdrücken kann. Vor allem aber hilft sie mir und meinen Kunden dabei, komplexe Themen und Inhalte auf das Wesentliche, auf die Kernaussage zu reduzieren.

Für mich ist die 6-Wort-Geschichte das Zen des Storytellings und eines der kraftvollsten Werkzeuge, das ich kenne und einsetze. Zum einen um im Positionierungs- und Strategieprozess schnell und direkt zur Essenz vorzudringen, zum anderen um im Expertenmarketing damit Claims, Slogans und den nicht immer beliebten Elevator-Pitch, also Ihre 60-Sekunden-Präsentation, zu erarbeiten.

Gerade der Elevator-Pitch kann eine Herausforderung sein, wobei hier anzumerken ist, dass er nur so lange eine Herausforderung ist, so lange Ihnen selbst nicht absolut klar ist, was Sie anbieten und für andere tun, welche Resultate Ihre Kunden mit Ihnen erzielen und wofür Sie stehen. Dabei kann Ihnen die 6-Wort-Geschichte helfen, denn sie fordert Sie auf, wirklich in die Tiefe, in die Essenz Ihrer Arbeit vorzudringen, sich damit auseinanderzusetzen und herauszuarbeiten, um was es dabei wirklich geht, und dies dann in sechs Worte kleiden.

Eine meiner 6-Wort-Geschichten lautet zum Beispiel: »Sichtbar werden – sichtbar sein – sichtbar bleiben.« Das ist ein Schlüsselthema in der Beratung und Arbeit mit meinen Kunden. Mit meiner Expert-Branding-Methode sorgen wir dafür, dass Sie und Ihre Expertise an den richtigen und wichtigen Touchpoints Ihrer Bedarfsgruppen, aber auch in den Medien sowie bei interessanten Kooperationspartnern nicht nur als führender Experte sichtbar werden und bleiben, sondern als solcher auch wahrgenommen werden.

Nutzen Sie diese Methode für sich und erarbeiten Sie jetzt Ihre persönliche 6-Wort-Geschichte.

Wenn Sie noch mehr Beispiele kennenlernen möchten, empfehle ich Ihnen meinen Blogbeitrag »Deine 6-Wort-Geschichte: Essenz Deines Business«, den Sie mithilfe der Haufe-App abrufen können. In dem Blog habe ich zu einer Challenge unter den Lesern aufgerufen und sie gebeten, mir in den Kommentaren ihre 6-Wort-Geschichte zu ihrem Business zu erzählen. Lassen Sie sich davon für Ihre eigene Geschichte inspirieren oder, noch besser, teilen Sie Ihre 6-Wort-Geschichte dort mit uns.

Blogbeitrag von Martina Fuchs: Deine 6-Wort-Geschichte: Essenz Deines Business

9.10   Mix aus Offline- und Online-Expertenmarketing

Jetzt kommen wir zu einem Punkt, der mir sehr wichtig ist, denn auch wenn ich meinen Fokus auf digitales Expert Branding und Marketing richte, so lege ich dennoch Wert auf einen gesunden Mix aus Online- und Offline-Marketingmaßnahmen, denn auch hier gibt es wichtige und vor allem wirkungsvolle Kommunikations- und Marketinginstrumente, auf die Sie nicht verzichten sollten. Dazu gehören auch die klassischen Werbeplattformen wie Print, Radio oder TV.

Darüber hinaus stelle ich seit dem letzten Jahr vermehrt fest, dass die Menschen wieder gezielt den persönlichen Austausch und Kontakt suchen, zum Beispiel auf Events, Seminaren, Kongressen oder beim Netzwerken. Je virtueller wir werden, umso wichtiger sind diese persönlichen Begegnungen für uns und für Ihr Expertenmarketing. Also wählen Sie sich die wichtigsten Events für Ihre Branche aus und gehen Sie raus. Bauen Sie Ihr Kontaktnetzwerk auf. Tauschen Sie sich mit Kollegen, Gleichgesinnten und natürlich vor allem mit Ihrer Zielgruppe aus und holen Sie sich dadurch frische, neue Ideen und Impulse.

Auf den folgenden Seiten lernen Sie die wichtigsten Offline-Tools für Ihr Expert Branding kennen.

Das eigene Buch

Ein eigenes Fach-, Sach- oder Ratgeberbuch gehört zu den wirkungsvollsten Instrumenten, wenn es um den Auf- und Ausbau Ihres Expertenstatus geht. Jedes Buch, das Sie schreiben und publizieren, zahlt auf Ihr Expert Branding ein, erhöht Ihre Sichtbarkeit, öffnet Ihnen Türen zu neuen Möglichkeiten und Kooperationspartnern, unterstützt Sie bei Ihrer Kundengewinnung und sorgt dafür, dass Sie sich damit von Ihren Mitbewerbern eindeutig abgrenzen.

Das eigene Buch ist Ihre Eintrittskarte in die Expertenliga und als solches ist es auch ein Ticket für den Zugang zu Presse und Medien sowie auf die Bühne als Vortragsredner bei Events, Messen oder Kongressen. Mit einem eigenen Fachbuch werden Sie automatisch als Experte wahrgenommen und dies wird zusätzlich unterstützt durch die Wahl des richtigen Verlagspartners. Denn auch Buchverlage verkörpern ein gewisses Image, das dann auch auf den Autor übergeht. Je renommierter der Buchverlag, umso höher auch das Ansehen für den Autor.

Für mich ist dies auch einer der Gründe, warum ich besonders Erstlingsautoren rate, ihr Buch in Zusammenarbeit mit einem Verlag herauszubringen und auf Self Publishing zu verzichten. Darüber hinaus haben viele angehende Autoren noch keine Vorstellung davon, welche Meilensteine dazu gehören, um ein Buch erfolgreich am Markt zu positionieren und zu verkaufen. Da ist der Schreibprozess selbst fast noch der einfachste Part an der Sache. Self Publishing ist dann eine Option, wenn Sie keinen Verlag finden, der an Ihrem Buchthema interessiert ist. Allerdings kann dies auch ein Indikator dafür sein, dass das Thema aus Sicht der Verlage einfach nicht oder noch nicht das Potenzial für einen Erfolg hat.

Aber schmeißen Sie bitte die Flinte nicht zu schnell ins Korn, denn eine oder zwei Absagen bedeuten noch lange nicht, dass Sie mit Ihrem Buchthema nicht doch erfolgreich sein können. Manchmal liegt es einfach nur daran, dass Ihr Buch-Exposé falsch aufgebaut war oder Sie schlichtweg den falschen Verlag für Ihr Thema angesprochen haben. Holen Sie in einer solchen Situation auf alle Fälle weitere Meinungen ein oder nehmen Sie Hilfe von einer Autorenberatung in Anspruch.

Es kann aber auch sein, dass Sie einfach nicht so lange auf die Veröffentlichung warten möchten, da Ihr Thema jetzt aktuell ist und Sie damit sofort auf den Markt möchten. Verlage planen und publizieren im Halbjahresrhythmus. Da kann es durchaus auch ein Jahr bis zur Veröffentlichung dauern. In diesem Fall ist Self Publishing oder eine E-Book-Version eine gute Alternative, wenn Sie nicht so lange warten können oder wollen.

In jedem Fall werden Sie, Ihr Expertenstatus und Ihr Unternehmen von einem eigenen Buch profitieren, sei es durch neue Kunden, eine größere Presse- und Medienpräsenz oder durch gewinnbringende Kooperationen.

Speaking

Die Bühne als Plattform für Ihre Expertise und für Ihr Expert Branding ist ein machtvolles Instrument. Vor allem, wenn Sie es verstehen, Ihr Publikum wirklich zu erreichen und zu fesseln.

Vorträge sollten auf alle Fälle in Ihrem Expertenmarketingmix einen wichtigen Platz einnehmen, denn hier können die Menschen Sie live und in Aktion erleben. Auf Vorträgen werden Sie als Experte regelrecht greifbar und das ist für Ihre Kundengewinnung Gold wert. Das kann auch ein gutes Webinar, so zeitsparend es für beide Seiten sein mag, einfach nicht ersetzen. Ich persönlich bin gern auf der Bühne, auch wenn diese Situation anfangs immer kräftig für Lampenfieber sorgt, aber die Interaktion mit meinem Publikum und vor allem die Reaktion der Teilnehmer auf die Inhalte sowie die Gespräche nach dem Vortrag möchte ich einfach nicht missen.

Auf Vorträgen nehme ich immer viele wertvolle Impulse mit, höre und sehe, wo es bei den Teilnehmern wirklich hakt, und kann anhand des wertvollen Feedbacks meine Vortragsthemen sowie meine weiteren Angebote noch besser schärfen.

Ich weiß, dass das Thema Bühne für viele eher abschreckend wirkt. Hier kann ein Speaker- und Präsentationstraining helfen und für die nötige Sicherheit sorgen. Außerdem müssen Sie ja nicht gleich vor Tausenden von Menschen sprechen. Suchen Sie sich ein Umfeld und einen Rahmen, der für Sie machbar und überschaubar ist, und gehen Sie dann regelmäßig auf die Bühne, denn reden lernt man am besten durch reden.

Und haben Sie keine Angst davor, nicht gut genug zu sein, einen Fehler zu machen, sich zu verhaspeln oder Emotionen auf der Bühne zu zeigen. Gerade Letzteres ist ein wichtiges Schlüsselelement für erfolgreiches Speaking. Wir müssen die Menschen vor uns erreichen und mit unseren Themen und vor allem Geschichten auch berühren.

Auch mal etwas Wildes zu wagen, wie meine geschätzte Kollegin und Freundin Maren Martschenko, die auch schon mal im Bademantel auf die Bühne geht, um ihren Standpunkt zu vertreten und anderen damit Mut zu machen. Also keine Angst davor, zu polarisieren, Ecken und Kanten zu zeigen, denn genau damit bleiben Sie in Erinnerung. Sie wissen ja, Expertenpersönlichkeiten zeichnen sich dadurch aus, dass sie neue, andere Wege gehen und die vertrauten Pfade den anderen überlassen.

Seminare und Workshops

Wie eingangs schon erwähnt, erleben Live-Events und somit auch Seminare oder Workshops gerade wieder ein Revival, denn reine Online-Trainings haben eine große Schwachstelle: Bei Fragen kann sich der Teilnehmer in der Regel nicht direkt an den Trainer oder Tutor wenden.

Das heißt, wenn ich mir meine Trainingseinheit ansehe, Fragen aufkommen und dann keine Möglichkeit zur Interaktion gegeben ist, passiert es häufig, dass diese Selbstlernkurse gerne in den virtuellen Schubladen verstauben. Deswegen sind Live-Seminare oder eine Mischung aus Live- und Online-Trainings auf dem Vormarsch. Wir wollen Austausch, wir wollen Interaktion und wir wollen direkt Antworten auf unsere Fragen.

Deswegen sollten Sie Seminare und Workshops in Ihre Angebote mit einbauen, denn auch diese unterstützen Ihr Expert Branding und helfen Ihnen beim Auf- und Ausbau Ihres Expertenstatus.

PR-Arbeit

Auf gute Pressearbeit sollten Sie auf keinen Fall verzichten, da Medien- und Presseberichterstattungen für Ihr Expert Branding äußerst wertvoll sind. Recherchieren Sie also die für Sie wichtigsten Magazine, on- wie offline, die von Ihrer Zielgruppe und vor allem von Ihren Buyer Personas konsumiert werden. Das können die allseits bekannten Nachrichten-, Wirtschafts- oder Publikumszeitschriften sein, aber eben auch wichtige branchenspezifische Fachzeitschriften. Je nach Thema steht Ihnen aber auch der Weg ins Fernsehen oder Radio offen. Auch hier kann das eigene Fachbuch ein Türöffner sein oder aber die Zusammenarbeit mit einer Presseagentur.

Nutzen Sie die Online-Presseportale wie open-pr.de oder firmenpresse.de für Ihre PR-Arbeit oder holen Sie sich Hilfe bei einem PR-Profi. Letzteres kann den Einstieg in die Pressearbeit enorm erleichtern, denn hier kann man bestehende Kontakte nutzen und vermeidet Fehler bei der Kontaktaufnahme mit Journalisten.

Dennoch möchte ich Sie auch ermutigen, direkt auf die Presse zuzugehen, denn auch Journalisten brauchen immer wieder neue Storys und sind somit durchaus dankbar, wenn man ihnen mit einem guten redaktionellen Bericht oder Themenvorschlag unter die Arme greift.

Recherchieren Sie beispielsweise im Impressum des Magazins, wer Ihr Ansprechpartner ist, oder rufen Sie im Verlag an, um den Journalisten oder die Redaktion direkt zu kontaktieren. Mit einer simplen E-Mail habe ich beispielsweise einer Kundin von mir zu einer halbseitigen Berichterstattung in der Münchner Abendzeitung verholfen. Einfach indem wir dem Redakteur eine gute Story geliefert haben. Also seien Sie kreativ und vor allem nicht zu schüchtern, wenn es darum geht, Kontakt zur Presse aufzunehmen.

9.11   Neun typische Fehler im Expertenmarketing

Um dieses große und wichtige Kapitel des Expertenmarketings abzuschließen, möchte ich auf die wichtigsten Fehler eingehen, die es zu vermeiden gilt, damit Sie erst gar nicht ins Straucheln geraten.

Abb. 69: Diese neun Fehler sollten Sie im Expertenmarketing auf jeden Fall vermeiden.

Fehler 1: Produkt vor Kunde

Auch wenn ich es bereits mehrfach hervorgehoben habe, möchte ich es trotzdem nochmals auf diese Fehlerliste setzen, da es ein zentrales Thema ist: Denken Sie daran, dass Sie Ihren Kunden, Ihre Buyer Persona mit ihren Anliegen, Herausforderungen, Bedürfnissen und Wünschen in den Mittelpunkt stellen und nicht Ihre Dienstleistung oder Ihre Angebote, wenn es um die Entwicklung Ihrer Expertenmarketingstrategie geht.

Fehler 2: Marketing First

Ich denke, nach der Lektüre dieses Buches sollte klar sein, dass Sie, um erfolgreich mit Expertenmarketing Kunden zu gewinnen, die vorausgehenden vier Schritte Positionierung, Kunden- und Bedarfsgruppen, Experten-USP und Wettbewerb sowie Signature-Angebot nicht außer Acht lassen dürfen. Beginnen Sie also immer mit Ihrer Positionierung, gehen Sie dann die einzelnen Schritte durch und starten Sie erst dann mit dem Aufbau Ihrer Expertenmarketingstrategie.

Abb. 70: Nur wenn Sie alle diese einzelnen Etappen meistern, werden Sie die Resultate für Ihr Expert Branding und Ihre Kundengewinnung erzielen, die Sie sich wünschen.

Fehler 3: Fehlende Strategie und Planung

Ein weiterer großer Fehler sind die sogenannten Ad-hoc-Marketingaktionen ohne Ziel, Plan und Strategie. »Nächste Woche starten wir mit XYZ – können wir da nicht noch schnell ein bisschen Social Media machen oder Facebook-Anzeigen schalten?« Dieses »schnell mal« zahlt sich selten aus, denn dadurch wird in der Regel mehr Geld verbraten als verdient. Um erfolgreiches Marketing zu betreiben, brauchen Sie Zeit, einen guten Plan und eine Strategie. Also Vordenken statt Nachzahlen lautet hier das Motto.

Fehler 4: Hope-Marketing

Auch diese Form des Marketings basiert auf fehlender Planung, Strategie sowie dem fehlenden Know-how in Sachen Bedarfsgruppen und Touchpoints. Da werden einfach mal alle Kanäle massiv bespielt in der Hoffnung, dass da schon was bei rumkommen wird. Wie beim Hornberger Schießen wird alles Pulver verschossen in der Hoffnung, damit irgendetwas zu treffen, statt gezielt und strategisch vorzugehen.

Oder es werden ständig neue Berater, Methoden, Tools oder Plattformen ausprobiert, wiederum in der Hoffnung, dass es jetzt endlich mit der Kundengewinnung klappt, statt sich einmal konsequent strategisch auszurichten, alle notwendigen Schritte durchzuführen und dann diesem Weg ohne Ablenkung bis zum Ziel zu folgen.

Fehler 5: Fehlende Kontinuität und Regelmäßigkeit

Jede Form des Marketings, aber insbesondere das Expertenmarketing, fordert Kontinuität und Regelmäßigkeit. Egal welche Marketinginstrumente und Kanäle Sie für sich wählen. Sie müssen hier regelmäßig, verlässlich und kontinuierlich präsent sein, um dadurch konstant Ihren Expertenstatus auf- wie auszubauen.

Fehler 6: Fehlendes Durchhaltevermögen

Auch Durchhaltevermögen darf nicht fehlen, denn Ihre Expertenmarketingmaßnahmen brauchen gerade zu Beginn eine Anlaufphase, um ihre volle Wirksamkeit entfalten zu können. Wenn Sie einen neuen Podcast starten, Ihren YouTube-Kanal aufbauen oder Ihren Newsletter etablieren, brauchen Sie dafür Engagement, Kontinuität sowie einen langen Atem, damit daraus ein echter Erfolg wird und kein One-Hit-Wonder.

Fehler 7: Ablenkung durch Shiny-Objects

Durch die Schnelllebigkeit in der digitalen Welt locken natürlich auch im digitalen Marketing nahezu täglich neue Produkte, Kurse, Methoden oder Tools um Ihre Gunst. Meist noch verbunden mit vollmundigen und großartigen Versprechen, die uns über Nacht die ultimative Lösung für siebenstellige Umsätze versprechen. Hier kann ich nur sagen: Finger weg!

Statt sich ständig ablenken zu lassen und immer wieder neu mit irgendwelchen Tools, Trainings oder Methoden zu starten und so eigentlich nicht vom Fleck zu kommen, sollten Sie sich lieber auf einen Ansatz, auf eine erfolgserprobte Strategie sowie auf die Tools fokussieren, mit denen Sie bereits erfolgreich arbeiten. So kommen Sie am schnellsten zum Ziel und dem gewünschten Ergebnis.

Fehler 8: Fehlende Wissens-Updates

Eine Grundvoraussetzung, um in der digitalen Welt bestehen zu können, ist lebenslanges Lernen. Wenn Sie nicht bereit sind, Ihr Fachwissen, Ihre Expertise auf dem neuesten Stand zu halten und sich mit den neuen Kommunikationsplattformen sowie digitalen Expertenmarketingstrategien auseinanderzusetzen, dann werden Sie früher oder später nicht mehr am Markt bestehen können.

Fehler 9: Expertenmarketing delegieren

Marketing ist Chefsache und muss Chefsache bleiben. Das gilt insbesondere für das Expertenmarketing. Sie und Ihre Expertise spielen hier die Hauptrolle beim Aufbau der Marketingstrategie sowie bei der Kundengewinnung. Dementsprechend muss Ihr Expertenmarketing perfekt auf Sie abgestimmt sein, damit es echt und authentisch ist. Das geht aber nicht, wenn Sie dies vollständig von Ihrer Agenda streichen und Ihrem Team oder einer Agentur überlassen. Hier ist Ihre aktive Mitarbeit gefragt.

Die Umsetzung der einzelnen Maßnahmen können Sie dann gerne wieder an Ihr Team delegieren, wenngleich Sie auch hier, bevor beispielsweise ein Artikel veröffentlicht wird oder eine neue E-Mail-Serie an potenzielle Neukunden rausgeht, zur finalen Freigabe nochmals ein Auge darauf haben sollten. So stellen Sie sicher, dass damit wirklich Ihr Ton getroffen wird und es Ihrem Expert Branding entspricht. Das ist besonders am Anfang wichtig, wenn Sie mit Ihrer Expertenmarketingstrategie starten und sich alle im Team erst finden müssen.

10 Expert Brand Experience

Wenn wir über Brand Experience sprechen, geht es um die **Wahrnehmung der Marke**, also um die Frage, wie Ihre Interessenten, Kunden und potenziellen Neukunden Ihre Expertenmarke wahrnehmen, verinnerlichen und erinnern, wenn sie ihr an den unterschiedlichsten Touchpoints (Kontaktstellen) begegnen. Ob nun beim Besuch Ihrer Webseite durch Inhalt, Bild und Design oder auf Ihren Social-Media-Kanälen durch Ihre Beiträge, Bilder und die Gestaltung dieser Plattformen. Live auf einem Vortrag, bei dem Kunden und Interessenten Sie und Ihre Präsentation erleben, im Shop, wo sie Ihr Produkt durch Verpackung und Logo im Regal erkennen.

Ihre Geschäftsräume ebenso wie Ihre Unternehmensadresse sowie Ihre gesamte Geschäftsausstattung mit Logo, Briefpapier und Visitenkarte erzeugen ein Image, ein Bild Ihrer Expertenmarke, das sich bei Ihren potenziellen Neukunden im besten Fall positiv einprägt.

Somit können wir sagen, dass alles ein Ausdruck Ihrer Expertenmarke ist und diese ein entsprechendes Resonanzfeld erzeugt, mit dem Sie im Idealfall genau die Kunden anziehen, mit denen Sie auch wirklich arbeiten möchten. Sollten Sie feststellen, dass auf dieser Ebene keine große Übereinstimmung herrscht, dann sollten Sie das Markenbild und die Botschaften, die Sie damit aussenden, genauer analysieren.

Expert-Brand-Markenbild und Markenwelt

Als Experte müssen Sie für Ihre Interessenten, potenziellen Neukunden und Bestandskunden ein Markenbild kreieren, das ein hundertprozentig authentischer Ausdruck Ihrer Expertenpersönlichkeit sowie Ihrer Expert Brand ist. Sie müssen eine Marken-Erlebniswelt schaffen, die es Interessenten ermöglicht, Ihre Expertenmarke und das, wofür Sie stehen, in allen Bereichen und, wenn möglich, sogar mit allen Sinnen zu erfahren und auch zu verstehen, damit sie sich damit identifizieren und verbinden können.

In dem Moment, in dem bei Ihrer Zielgruppe und bei Ihren Kunden eine Diskrepanz zwischen verinnerlichtem Markenbild und realem Markenerlebnis entsteht, schwächen Sie Ihre Expertenmarke und damit gleichzeitig auch Ihre Kundengewinnung, denn dies erzeugt bei Ihrem potenziellen Neukunden Irritation und im schlimmsten Fall sogar Misstrauen Ihrer Marke gegenüber. Der Kunde bzw. Interessent spürt, dass hier etwas nicht stimmt, stimmig ist. Wenn Sie sich mit Ihrer Dienstleistung oder Ihrem Produkt im Hochpreis- oder Luxussegment etablieren, erwarten Ihre Kunden auch eine entsprechende Brand Experience. Das heißt, angefangen mit Ihrer Geschäftsadresse, über die Büroeinrichtung, Ihrem Corporate Design bei Logo, Geschäftsausstattung, Werbemitteln und dem Packaging bis hin zu Ihrem Web- und Social-Media-Auftritt muss alles eine 5-Sterne-Brand-Experience für Ihre Zielgruppe sein.

Alles andere – wie die falsche Lage Ihres Büros, ein fehlendes oder schlechtes Corporate Design bei Logo, Präsentationen, Geschäftsausstattung sowie billige Papierqualität bei Verpackung, Briefbogen und Visitenkarte – würde dieses Markenerlebnis sofort schmälern und signalisieren, dass hier der Schein trügt. Unbewusst übertragen wir ein negatives Markenerlebnis automatisch auf Produkt, Dienstleistung und Experte und dies sorgt wiederum dafür, dass wir uns gegen einen Kauf oder eine Buchung entscheiden.

Best Practice für eine exzellente Brand Experience bietet Ihnen beispielsweise das Unternehmen Apple. Angefangen mit der Corporate Identity und dem Corporate Design, über Packaging, Produktdesign, hin zur Ladengestaltung, dem Kaufprozess und natürlich den Werbe- und Webauftritten ist hier alles perfekt aufeinander abgestimmt, durchdesignt und choreografiert – alles mündet in die Apple-Markenwelt.

Das gleiche Markenerlebnis haben Sie mit der Marke BMW oder mit Montblanc, Porsche oder Prada. Sie alle bieten ihren Kunden ganz bewusst eine außergewöhnliche Brand Experience, indem sie eine eigene Markenwelt kreieren. Dies fördert Identifikation und Markenbindung und hilft dabei, sich von Mitbewerbern klar zu unterscheiden.

Um eine solche Brand Experience und Markenwelt für sich zu schaffen, müssen Sie keine Nobelmarke sein. Jedes Unternehmen und jeder Unternehmer kann dies für sich umsetzen, indem er als Fundament ein klares Corporate-Identity-Konzept sowie ein professionelles Corporate Design, passend zu seiner Expert Brand und seiner Expertenpersönlichkeit entwickelt und darauf aufbauend seine Markenwelt Schritt für Schritt kreiert.

10.1   Brand Experience unternehmensgesteuert

Von einer selbstbestimmten unternehmensgesteuerten Brand Experience sprechen wir, wenn die Marken-Touchpoints in unserer Kontrolle liegen. Dazu gehören Corporate Identity und Design-Entwicklung, Logo, Packaging, Produktdesign, Ladengestaltung, Büroadresse, Design und Inhalt unserer Web- und Social-Media-Auftritte oder die Präsentationsunterlagen. Auf diese Touchpoints haben wir vollständigen Einfluss und sind dadurch auch verantwortlich für das Erscheinungsbild der Marke.

Diesen Einfluss sollten wir natürlich zu unserem Vorteil nutzen und die Gestaltung und Wahrnehmung unserer Expertenmarke nicht dem Zufall oder äußeren, nicht steuerbaren Einflüssen überlassen. Schaffen Sie eine Expertenmarkenwelt, die Ihre

Expertenpersönlichkeit und die Ihres Unternehmens spiegelt und mit der sich Ihre Zielgruppe gerne identifiziert und verbindet.

10.2   Brand Experience extern gesteuert

Hier sprechen wir über Markenerlebnisse an den Touchpoints Ihrer Zielgruppe, auf die Sie nur bedingt oder gar keinen direkten Einfluss nehmen können. Dazu zählen persönliche Empfehlungen von begeisterten Kunden an Partner, Familienmitglieder, Kollegen oder Freunde. Aber natürlich gibt es auch kritische Stimmen, wenn ein Kunde mit der Leistung oder dem Service nicht zufrieden ist. Dann macht er sich Luft auf Bewertungsportalen, Internetforen, mittels Produktrezensionen auf Amazon oder mit einem Kundenfeedback auf Google oder Ihrer Facebook-Unternehmensseite.

Auf solche Kundenreaktionen haben Sie nur insoweit Einfluss, als Sie auf kritische Stimmen, wenn möglich und sinnvoll, eingehen und aktiv nachfragen, was schiefgelaufen ist, denn in jedem Unternehmen läuft auch mal etwas nicht rund. Das kritische Kundenfeedback ist eine wertvolle Ressource für Sie, um Service, Produkt oder Beratung zu verbessern.

Wenn aber jemand völlig ungerechtfertigt negative Kritik über Sie und Ihr Unternehmen verbreitet, dann sollten Sie zum jeweiligen Portal Kontakt aufnehmen sowie einen Rechtsanwalt hinzuziehen.

Damit es aber erst gar nicht so weit kommt, sollten Sie als Experte mit Ihrem Unternehmen Ihren Kunden nicht nur eine exzellente Brand Experience, sondern auch eine entsprechende Customer Experience bieten. Dies geschieht nicht über Nacht, sondern ist, wie Ihr Expert Branding und der Aufbau Ihres Expertenstatus, ein fortwährender Entwicklungsprozess.

Machen Sie es sich also zur Gewohnheit, proaktiv Kundenfeedback zur Zusammenarbeit, Ihren Dienstleistungen oder Produkten einzuholen, um sich so immer weiter zu verbessern.

10.3   Die Strahlkraft der Expertenmarke

Um Ihrer Expertenmarke eine unverwechselbare Strahlkraft zu verleihen, brauchen Sie als Erstes ein Corporate-Identity-Konzept. Mit Corporate Identity (CI) ist die Unternehmenspersönlichkeit und damit der Ausdruck, das Selbstbild Ihrer Expertenpersönlichkeit und -marke gemeint. Die CI sorgt dafür, dass Sie sich klar von Mitbewerbern am Markt differenzieren und gleichzeitig einen hohen Wiedererkennungswert schaffen.

Unternehmen wie Google, Apple oder auch Facebook haben ganz klare CI-Konzepte und -Vorgaben entwickelt, auf deren Umsetzung strikt geachtet wird. Die Corporate Identity zieht sich wie ein roter Faden durch das gesamte Unternehmenskonzept und sie ist auch für das einheitliche Erscheinungsbild verantwortlich.

Abb. 71: Das Entwickeln einer Corporate Identity ist ein essenzieller Baustein für jede Experten-marke.

Unter dem Dach der **Corporate Identity** vereinen sich:

Corporate Design
Durch das Corporate Design wird das Erscheinungsbild des Unternehmens, basierend auf den Unternehmenswerten, geprägt und durch Logo, Typografie, Farben, Design von Web- und Social-Media-Auftritten, Werbemittelgestaltung, Packaging oder Geschäftsausstattung sichtbar gemacht. Die Entwicklung eines visuellen Leitfadens ist hier das zentrale Thema.

Corporate Communication
Bei der Corporate Communication geht es um die interne (Mitarbeiter) und externe (Öffentlichkeit) Unternehmenskommunikation, die durch entsprechende Guidelines geregelt wird.

Corporate Behaviour

Zentrale Themen sind hier der Umgang mit Mitarbeitern, Kunden, Lieferanten und anderen Stakeholdern des Unternehmens.

Corporate Culture

Die Unternehmenskultur beeinflusst das Corporate Design, die Corporate Communication und das Corporate Behaviour wesentlich. Besonders prägend sind dabei die Unternehmensgeschichte und natürlich auch wichtige Change-Prozesse, die im Laufe des Unternehmenszyklus stattfinden.

Corporate Philosophy

Das Herz der Unternehmensphilosophie ist das Unternehmensleitbild, das die Vision des Unternehmens, spezifische Ziele, essenzielle Werte und charakteristische Handlungsrichtlinien festlegt. Zur Corporate Philosophy gehört aber auch der eigentliche Unternehmenszweck und was das Unternehmen bereit ist, gesellschaftlich und wirtschaftlich beizusteuern.

Ob Sie nun Gründer, Solopreneur, Inhaber eines mittelständischen Unternehmens oder Konzernchef sind, die Entwicklung oder auch Weiterentwicklung der Corporate Identity Ihres Unternehmens ist ein essenzieller Punkt auf Ihrer Agenda.

Besonders die Weiterentwicklung des Corporate Designs sollte hierbei nicht außer Acht gelassen werden, denn ein veraltetes Erscheinungsbild kann sehr schnell die falsche Botschaft vermitteln. Stehen Sie beispielsweise für Pioniergeist, Innovation oder neueste Technologien, dann sollte das Erscheinungsbild Ihrer Expertenmarke und Ihres Unternehmens dies ebenso widerspiegeln.

Entwicklung des Corporate Designs

Für die Entwicklung sowie Umsetzung Ihres Corporate Designs auf Basis Ihrer Corporate Identity sollten Sie sich auf alle Fälle die Unterstützung eines Profis aus dem Bereich Grafikdesign holen. Gemeinsam mit Ihnen wird er ein einheitliches Erscheinungsbild für Sie entwickeln und einen Styleguide konzipieren, der beispielsweise Ihre zentralen Farben, die Typografie oder wiederkehrende Icons festlegt.

Das Ziel ist, dass Ihr Logo, Ihre Geschäftsausstattung, Ihr Webauftritt, Header für Ihre Social-Media-Kanäle, Icons und Slides für Ihre Präsentationen, Roll-ups oder Werbemittel alle einen einheitlichen *Look & Feel* vermitteln und vor allem Ihrem Expert Branding und dem Niveau Ihrer Expertenmarke entsprechen.

Wer hier spart, spart am falschen Ende und kann damit unversehens sein Markenbild und somit seine Corporate Identity beschädigen. Eine fundierte Beratung im Bereich Corporate Design durch einen Grafikdesigner kann keine Online-Plattform ersetzen.

Vergessen Sie nie: Es geht nicht nur um ein Logo, sondern um einen ganzheitlichen, authentischen und unverwechselbaren Ausdruck Ihrer Expert Brand.

Bilder und Fotografie

Bilder sind ein entscheidendes Medium für Ihr Expert Branding. Denn Sie sollten als Experte prominent sichtbar sein und sich nicht verstecken. Das gilt insbesondere für Ihre Webseite, die Start- und Angebotsseite sowie die Über-mich- bzw. Über-uns-Seiten, aber auch für all Ihre Social-Media-Kanäle, Ihre Download-Angebote wie E-Books, Reports, Checklisten und natürlich auch für die Offline-Medien wie Broschüren, Visitenkarten oder Roll-ups.

Dies gilt nicht nur für Einzelunternehmer, Selbstständige oder kleinere Unternehmen, sondern für Unternehmen jeder Größe. In jedem Fall muss geklärt werden, wer welche Expertenrolle einnimmt und wer auf welchen Bühnen wie sichtbar gemacht wird.

Achten Sie bitte bei der Auswahl Ihrer Bilder auf hochwertiges Bildmaterial. Das liegt mir ganz besonders am Herzen, denn nur ein einziges schlechtes Bild kann den Gesamteindruck Ihres Webauftritts oder einer Präsentation sofort schmälern. Also Finger weg von billigen Stockfotos. Investieren Sie besser in einen guten Fotografen. Wenn Sie aber auf Stockfotos zurückgreifen müssen, dann machen Sie sich die Mühe und recherchieren erstklassiges Bildmaterial für Ihren Einkauf.

Dies trifft natürlich auch auf Fotos von Ihnen selbst oder Ihrem Team zu. Schlecht gemachte Porträts oder nicht zur Ihrer Expertenpersönlichkeit passende Bilder, die eine völlig falsche Botschaft transportieren, können echte Erfolgskiller sein.

Der erste Eindruck zählt, und wenn ein potenzieller Neukunde im Web auf der Suche nach dem Experten ist, mit dem er seine Probleme oder Herausforderungen meistern kann, wird er sich natürlich auch gleich ein Bild durch das Bild machen, das er von Ihnen auf Ihrer Webseite findet. Verschenken Sie hier keine Aufträge durch schlecht gemachte Porträts.

Bei der Wahl des Fotografen sollten Sie auf jemanden setzen, der Erfahrung in People- und Business-Fotografie hat. Dabei ist wiederum der »Nasenfaktor« wichtig: Der Fotograf sollte Ihnen sympathisch sein. Nur dann können wir uns vor der Kamera auch öffnen und sind bereit, unsere Persönlichkeit zu zeigen. Des Weiteren sollten Sie ein ausführliches Briefing-Gespräch mit dem Fotografen führen. Er muss fähig sein, Ihre Expertenpersönlichkeit zu erfassen, und er sollte auf alle Fälle mit einem Storyboard für das Shooting sowie mit guten Shooting- und Location-Ideen auf Sie zukommen. So können Sie auch durch die richtige Bildkomposition ein Statement setzen und sich so wiederum von Ihren Mitbewerbern differenzieren.

Bei der Arbeit mit Ihren Bildern und der Verwendung auf Ihren Plattformen und in den sozialen Netzwerken sollten Sie auf eine einheitliche Bildsprache achten. Verwenden Sie ein zentrales Porträt von Ihnen auf allen Kanälen. Das erhöht sofort die Wiedererkennung, wenn Interessenten auf diesen Plattformen nach Ihnen suchen. Denken Sie daran, dass Porträts und Bilder auf all diesen Kanälen und in allen Formaten funktionieren müssen, also von groß bis klein. Weisen Sie Ihren Fotografen ausdrücklich darauf hin.

Lifestyle-Expertenmarke

Je nachdem in welchem Marktsegment und welcher Branche Sie tätig sind, spielt der Lifestyle, der mit diesen Branchen verbunden wird, bei Ihrer Expertenmarke eine wichtige Rolle. Auch damit kommunizieren Sie eine klare Botschaft.

Dies trifft besonders zu, wenn Sie in Bereichen wie Fashion, Beauty, Interieur, gehobener Gastronomie sowie exklusiver Hotellerie aktiv sind bzw. sich dort positionieren möchten. Besonders dann müssen Sie mit Ihrer Expert Brand ein entsprechendes Lifestyle-Bild erschaffen.

Dasselbe gilt für andere Branchen. Sehr sensibel ist beispielsweise der Green-Lifestyle. Hier müssen Sie ganz besonders darauf achten, dass sich das Thema Nachhaltigkeit und Ökologie in der Markenwelt Ihrer Expert Brand zeigt, um wirklich glaubwürdig zu sein. Angefangen mit Ihrem Fahrzeug bis hin zur Möblierung Ihrer Geschäftsräume oder der Wahl des richtigen Papiers für Ihre Verpackungen oder die Geschäftsausstattung. Alles muss ein stimmiges sowie ehrliches Gesamtbild ergeben.

10.4   Das Marken-Moodboard der Expert Brand

Ebenso wie der Styleguide für Ihr Corporate Design sollten Sie auch für Ihre Expert Brand einen Styleguide in Form eines Moodboards entwickeln, der neben dem Corporate-Design-Styleguide, Möbel, Raumfarben, Materialen, Kleidungsstil, Technik, Locations sowie wichtige Marken als Code enthält und vor allem visualisiert.

Der Vorteil von Moodboards ist, dass Sie dadurch ein visuelles Erscheinungsbild schaffen, das Ihnen auf einen Blick zeigt, was bei Ihrer Brand Experience wirkt und was nicht.

Diese Moodboards können Sie analog zum Beispiel mit einer Pinnwand, einer Leinwand oder einfach mit einer Kartonage im Format A3 oder A1 entwickeln, indem Sie dort Stoff- und Farbmuster anbringen sowie mit Fotos arbeiten. Sie können so ein Moodboard auch online erstellen mit Tools wie Canva oder gomoodboard.com.

Übrigens, Ihr Expert-Brand-Moodboard sollte sich permanent mit Ihnen mitentwi-ckeln und darum sollten Sie es in regelmäßigen Abständen auf Aktualität prüfen und gegebenenfalls weiterentwickeln.

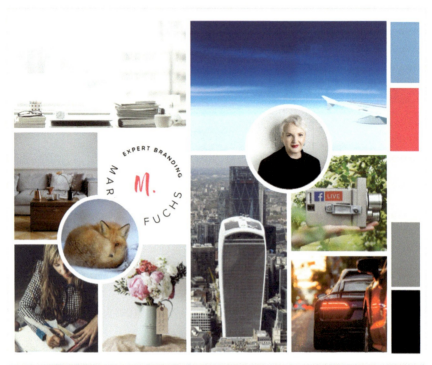

Abb. 72: Entwickeln Sie Ihren Expert-Brand-Styleguide mithilfe eines Moodboards.

Erwecken Sie Ihre Expertenmarke und das, wofür Sie stehen und als Experte wahr-genommen werden möchten, zum Leben und verleihen Sie damit Ihrer Expert Brand eine Strahlkraft, die jeden Winkel durchdringt und von überall auf einzigartige Weise für Ihre Kunden und potenziellen Neukunden sichtbar ist.

11 Expertenmarketing – Roadmap zum Erfolg

Der Aufbau Ihrer Expert Brand und Ihres Expertenstatus für die erfolgreiche Kundengewinnung und Positionierung als führender Experte in Ihrem Markt ist eine Langstreckendisziplin. Dies erfordert Ihre Bereitschaft, kontinuierlich daran zu arbeiten. Dafür braucht es eine Expertenmarketing-Roadmap, einen Fahrplan, der dafür sorgt, dass Sie auf Kurs bleiben, sich nicht in den Weiten des World Wide Web und seiner Möglichkeiten verirren und dabei Ihre Ziele aus den Augen verlieren.

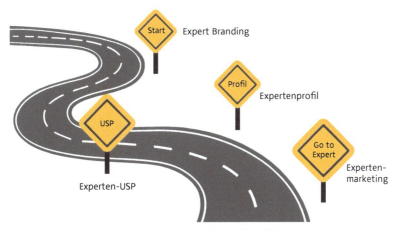

Abb. 73: Legen Sie Ihre Milestones fest und kreieren Sie damit Ihre Roadmap zum Erfolg.

Ihre Expertenmarketing-Roadmap ist also Ihr zentrales Steuerungselement bei diesem Prozess. Je ausführlicher Sie diese ausarbeiten, umso erfolgreicher und leichter wird die Implementierung für Sie. In diesem Kapitel lernen Sie die einzelnen Schritte und To-dos kennen.

11.1 Schritt 1: Ziele definieren

Sollten Sie Ihre Positionierungs- und Marketingziele noch nicht definiert haben, dann ist jetzt der Zeitpunkt gekommen, an dem Sie dies tun sollten. Wie in Kapitel 9.5 erläutert, sollten Sie so spezifisch und s.m.a.r.t. wie möglich klären, was Sie mit Ihrer Expertenpositionierung und Ihrem Expertenmarketing erreichen möchten. Darauf basierend legen Sie Ihre Kernziele fest. Dazu gehört auch, dass Sie exakt bestimmen, welche Ziele Sie mit jeder Ihrer Ziel- und Bedarfsgruppen sowie mit Ihren einzelnen Kommunikationskanälen erreichen möchten.

11.2   Schritt 2: Marketingmaßnahmen planen

Nachdem Sie Ihre Ziele definiert haben, starten Sie mit Ihrer Marketingplanung. Dazu verwenden Sie am besten einen 12-Monats-Kalender und tragen als Erstes Ihre Urlaubszeiten ein sowie die Zeiten, an denen Sie aufgrund von Fortbildungen, Messen, Kongressen oder längeren Geschäftsreisen nicht zur Verfügung stehen. Ich arbeite beispielsweise gerne mit den Vorlagen für Online-Kalender von Kalenderpedia.de, da ich darin schnell und unkompliziert Änderungen vornehmen kann und diese überall zur Verfügung habe.

Dann unterteilen Sie die zwölf Monate in vier Quartale und widmen jedem Quartal ein Ziel und Schwerpunktthema, das Sie in diesen zwölf Wochen umsetzen.

Dazu kann ich Ihnen den Planungsansatz und das Buch »The 12 Week Year« von Brian P. Moran empfehlen, der zeigt, dass Sie – wenn Sie Ihr Jahr im Rhythmus von zwölf Wochen planen – wesentlich effektiver und umsetzungsstärker sind als mit der üblichen Jahresplanung. Ich persönlich wende diese Methode an und bin von seiner Vorgehensweise überzeugt.

"If you fail to plan, you are planning to fail"

Benjamin Franklin

Abb. 74: Eines meiner Lieblingszitate, das mich selbst immer wieder daran erinnert, wie wichtig eine gute Planung ist.

Denken Sie daran, dass Sie immer **vom Ende her** planen sollten. Wenn beispielsweise der Relaunch Ihrer Webseite ansteht, legen Sie als Erstes den Go-Live-Termin fest und planen dann von diesem Termin ausgehend die einzelnen Umsetzungsmaßnahmen und Milestones. So wissen Sie genau, was bis wann erfolgen muss, damit Sie pünktlich online gehen können.

Anhand Ihrer Quartalsplanung und Ziele können Sie dann auch ganz einfach Ihre Monats- und Wochenplanung mit den einzelnen Maßnahmen zur Umsetzung und Zielerreichung festlegen.

11.3   Schritt 3: Milestones und Timeline festlegen

Je konkreter wir planen und die einzelnen Maßnahmen definieren, umso schneller und besser kommen wir voran. Dies hilft uns nicht nur, das Projekt im Detail zu durchdenken und eine klare Struktur dafür zu entwickeln, sondern es schützt uns zugleich vor Verzettelung und fördert so eine schnelle, effiziente Umsetzung.

Abb. 75: Planen Sie Ihre Milestones immer mit Pufferzeiten, damit Sie durch unvorhergesehene Ereignisse nicht unter Druck geraten. (Quelle: https://www.officetimeline.com/de/timeline-vorlage/powerpoint-vorlage)

Erarbeiten Sie Ihre Milestones aus den einzelnen Quartals-, Monats- und Wochenzielen und tragen Sie diese Milestones in einen Zeitstrahl ein. Sollten Sie mit PowerPoint arbeiten, kann ich Ihnen dafür das Tool Office Timeline empfehlen, das dieses Vorgehen durch passende Vorlagen sehr erleichtert.

Achten Sie aber unbedingt darauf, dass Sie bei Ihrer Marketing- und Projektplanung immer auch genügend Pufferzeiten für Unvorhergesehenes berücksichtigen, damit Sie Ihre gesetzten Termine auch dann einhalten können.

11.4   Schritt 4: Go Live und Action

Zu guter Letzt, nach erfolgreicher Umsetzung der einzelnen Milestones, ist der Zeitpunkt gekommen, mit den einzelnen Maßnahmen live zu gehen. In diesem Zusammenhang möchte ich hervorheben, dass gerade auch im digitalen Expertenmarketing eine schnelle Umsetzung gefragt ist.

Speed of implementation lautet das Zauberwort, das einen wichtigen Wettbewerbs-vorteil bezeichnet. Das fordert von Ihnen die Bereitschaft, sich von einem übertrie-benen Perfektionismus zu verabschieden. Seien Sie also nicht erst dann mit Ihren Marketingaktivitäten und Promotions am Markt präsent, wenn für Sie alles perfekt ist.

Besser ist es, zu den gesetzten Terminen mit Ihren Kampagnen und Expertenmarke-tingmaßnahmen am Markt präsent zu sein und diese dann »on the go« mithilfe von wertvollem Kundenfeedback weiterzuentwickeln und zu optimieren. Dabei kann auch das Pareto-Prinzip, auch bekannt als 80/20-Regel, hilfreich sein. Es besagt, dass 80 % der Ergebnisse mit 20 % des Gesamtaufwandes erreicht werden. Die verbleibenden 20 % der Ergebnisse, die Perfektionisten anstreben, erfordern mit 80 % die meiste Arbeit. Denken Sie an diese Regel, bevor Sie in die Falle des Perfektionismus laufen.

11.5   Checkliste zum Expert Branding

Nachfolgend habe ich die wichtigsten Meilensteine und Aufgaben für Ihr Expert Bran-ding in einer Checkliste zusammengefasst, der Sie für die erfolgreiche Umsetzung ein-fach nur Schritt für Schritt folgen müssen.

1. Expertenpositionierung
- Erarbeiten Sie Ihr Expertenprofil mit den Fragen aus diesem Buch sowie anhand Ihrer persönlichen Geschichte, Ihrer Wertewelt, Ihrer Fachkompetenz und Ihrer Motivation.
- Erstellen Sie anhand Ihres Expertenprofils Ihren Experten-Avatar.
- Klären und lösen Sie mögliche mentale Blockaden in Bezug auf Ihre Expertenposi-tionierung und Ihren Expertenstatus.
- Definieren Sie Ihre Positionierungsfelder und legen Sie diese fest.
- Erarbeiten Sie Ihre Dachmarke, wenn Sie über mehrere unterschiedliche Angebote verfügen, oder trennen Sie, was sich nicht unter einem Dach vereinen lässt.

2. Kunden und Bedarfsgruppen
- Erarbeiten Sie Ihre wichtigsten Zielgruppen in Bezug auf Ihre Expertise.
- Ermitteln Sie die Auslöser, wann Ihre Zielgruppe zur Bedarfsgruppe wird.
- Erstellen Sie von Ihren wichtigsten Bedarfsgruppen je eine Buyer Persona und definieren Sie deren Kernthemen.
- Visualisieren Sie die Buyer Persona in Form eines Avatars.
- Definieren Sie die wichtigsten Touchpoints Ihrer Buyer Personas.
- Erarbeiten Sie auf Basis der Touchpoints die Customer Journey.
- Prüfen Sie die einzelnen Phasen der Customer Experience auf ihr Wow-Potenzial.

3. Markt und Wettbewerb
- Ermitteln Sie Ihre drei bis fünf wichtigsten Mitbewerber am Markt.
- Analysieren Sie diese Mitbewerber in den folgenden Bereichen:
    - Zielgruppe
    - Angebot
    - Marketing
    - Kommunikation
    - Sichtbarkeit
    - Touchpoints
    - Customer Journey
    - Customer Experience
    - Expert Branding und Expertenstatus
- Legen Sie die Stärken und Schwächen Ihres Wettbewerbs fest.
- Klären Sie, wie Sie die Schwächen Ihres Wettbewerbs in einen Vorteil für sich umwandeln können.
- Prüfen Sie, ob es Möglichkeiten zur Kooperation mit Ihren Mitbewerbern gibt.

4. Experten-USP
- Definieren Sie Ihre wichtigsten Experten-Alleinstellungsmerkmale anhand der Ergebnisse aus der Wettbewerbsanalyse.
- Integrieren Sie diese Alleinstellungsmerkmale in Ihr Marketing und kommunizieren Sie diese auf Ihren Marketingkanälen.

5. Signature-Angebot
- Entwickeln Sie, wenn noch nicht vorhanden, aus Ihrer Expertise eine eigene Methode oder Ihr eigenes System.
- Kreieren Sie aus Ihrer Expertise ein unverwechselbares Angebot, das Signature-Angebot, das es in dieser Form nur bei Ihnen gibt.

6. Expertenmarketing
- Definieren Sie die Aufgaben die Ihr Expertenmarketing für Sie erfüllen muss.
- Legen Sie die Ziele fest, die Sie mit Ihrem Expertenmarketing erreichen möchten.
- Identifizieren Sie anhand Ihrer Ziele und der Touchpoints Ihrer Bedarfsgruppen die für Sie wichtigsten Marketingkanäle.
- Überprüfen Sie Ihre Webseite und Social-Media-Kanäle: Müssen Sie diese optimieren und ergänzen bzw. neue Kanäle hinzufügen?
- Klären Sie, ob alle Marketingkanäle optimal miteinander vernetzt sind und sich gegenseitig unterstützen.
- Legen Sie Ihre Content-Marketing-Strategie fest.
- Definieren Sie, auf welchen Kanälen Sie mit welchen Inhalten wie oft präsent sein möchten.
- Erarbeiten Sie eine Signature-Story für Ihre Expert Brand.

- Legen Sie fest, welche Offline-Marketingmaßnahmen Sie langfristig in Ihren digitalen Expertenmarketingmix integrieren möchten, wie beispielsweise Vorträge, ein eigenes Buch oder Live-Seminare.
- Verbinden Sie Offline- und Online-Marketingmaßnahmen miteinander.
- Erstellen Sie Ihre Expertenmarketing-Matrix bestehend aus Ziel- und Bedarfsgruppe, Ziele, Kanal, Maßnahmen, Content und Kennzahlen.

7. Brand Experience
- Entwickeln oder überprüfen Sie Ihr Corporate-Identity-Konzept.
- Erarbeiten Sie ein einheitliches Corporate Design für Ihr Expert Branding.
- Legen Sie einen Corporate-Design-Styleguide fest.
- Entwickeln Sie einen Lifestyle-Guide für Ihre Expert Brand.
- Kreieren Sie ein Expert-Brand-Moodboard.

8. Expertenmarketing-Roadmap
- Definieren Sie Ihre Ziele.
- Erstellen Sie Ihren Marketingplan kurz-, mittel- und langfristig.
- Legen Sie die einzelnen Milestones dazu fest.
- Basierend auf den Milestones entwickeln Sie Ihre Timeline für Umsetzung, Implementierung und Go-Live.

> **! Wichtig**
>
> Sollten Sie noch am Anfang stehen und kein eigenes Team haben: Lassen Sie sich von dieser umfangreichen Checkliste nicht entmutigen! Denn natürlich haben Sie »nebenbei« auch noch Ihren beruflichen und privaten Alltag zu meistern. Holen Sie sich am besten professionelle Unterstützung für die Umsetzung und teilen Sie die einzelnen Maßnahmen einfach in leicht verdauliche Etappen auf. Auf diese Weise bauen Sie nachhaltig und kontinuierlich, langfristig und konsequent Ihre Expertenmarke, Ihr Expert Branding auf.

Kurzes Fazit

Mit **Digital Expert Branding** haben Sie eine Methode und Strategie an der Hand, die es Ihnen ermöglicht, sich als führender Experte am Markt zu positionieren und als solcher von Ihren bevorzugten Kunden- und Bedarfsgruppen wahrgenommen zu werden. Alles was Sie dafür benötigen, halten Sie hier in Händen und das Schöne daran: Es gab für Sie noch nie eine bessere Zeit als jetzt, um als Experte sichtbar zu werden, zu sein und zu bleiben.

Die Fülle an digitalen Kommunikations- und Marketingkanälen, Medien und Tools warten nur darauf, von Ihnen dafür genutzt zu werden. Diese Tools und Medien machen es heute für jede Expertenpersönlichkeit, für jeden Unternehmer, unabhängig von Unternehmensgröße oder Marketingbudget möglich, sich erfolgreich als führende Expertenmarke zu positionieren und zu etablieren.

Abb. 76: Lassen Sie den Status *Hidden Champion* hinter sich und werden Sie zur unverwechselbaren Nummer 1 in Ihrer Branche.

Grundlegend für Ihren Erfolg ist die Bereitschaft, als Experte sichtbar zu werden, die Strategien aus diesem Buch umzusetzen und kontinuierlich jeden Tag etwas zu tun, was Ihrer Expertenmarke Strahlkraft verleiht. Deswegen lautet meine abschließende Botschaft an Sie: **#noexcuses** – keine Ausreden mehr! Verabschieden Sie sich jetzt vom Status *Hidden Champion* und nehmen Sie endlich Ihren Platz in der Expertenliga ein.

Gerne unterstütze ich Sie – über dieses Buch hinaus – weiterhin bei der Entwicklung Ihres digitalen Expert Brandings sowie beim Aufbau Ihres Expertenstatus. Entsprechendes Material finden Sie auf meiner Webseite www.martina-fuchs.com und in meinem Podcast und Blog. Dort können Sie auch meinen Newsletter abonnieren. Oder Sie vernetzen sich ganz einfach mit mir auf einem meiner Social-Media-Kanäle.

Und bitte vergessen Sie nicht, Ihre Erfolge, die Sie mit diesem Buch erzielen, mit mir zu teilen oder mir generell Feedback zu geben. Nutzen Sie dazu einfach die Kontaktmöglichkeiten auf meiner Webseite.

Und jetzt wünsche ich Ihnen jeden erdenklichen Erfolg und freue mich, wenn wir in Verbindung bleiben!

Martina Fuchs, im Mai 2020

Abbildungsverzeichnis

Tabellenverzeichnis

Literaturverzeichnis

Alle hier aufgeführten Weblinks wurden zuletzt am 18. Februar 2018 abgerufen, sofern nicht anders angegeben. Auch die Beschreibung der Plattformen mit Nutzerzahlen erfolgt nach bestem Wissen mit Stand vom April 2020. Irrtümer vorbehalten.

Apfel, Petra (2020): »Christian Drosten von der Charité. Der Corona-Professor: Deutschland hat den besten Mann für die Virus-Krise«, Artikel vom 15.03.2020, in: Focus Online, online verfügbar unter: https://m.focus.de/gesundheit/news/covid-19-experte-der-charite-corona-professor-deutschland-hat-den-besten-mann-fuer-die-virus-krise_id_11762766.html

Beilharz, Felix (2017): Crashkurs Social.Local.Mobile-Marketing. Haufe, Freiburg.

Buggisch, Chr. (2018): Social Media und Messenger – Nutzerzahlen in Deutschland 2018, online verfügbar unter: https://buggisch.wordpress.com/2018/01/02/social-media-und-messenger-nutzerzahlen-in-deutschland-2018/

DTVE Reporter (2015): Mobile video traffic to grow 55 % per year, says Ericsson, online verfügbar unter: http://www.digitaltveurope.com/2015/06/03/mobile-video-traffic-to-grow-55-per-year-says-ericsson/

Ducker, Chris (2017): Rise of the Youpreneur, 4c Press, Cambridge.

Dürand, D., Kroker, M., Schnitzler, L. (2017): Digitale Transformation. Wie der deutsche Mittelstand zur Elite aufschließen kann, online verfügbar unter: http://www.wiwo.de/unternehmen/mittelstand/digitale-transformation-wie-der-deutsche-mittelstand-zur-elite-aufschliessen-kann/20083160.html

Gründerlexikon (o. J.): Wettbewerbsanalyse: Untersuchen Sie das Angebot in Ihrem Markt!, online verfügbar unter: https://www.gruenderlexikon.de/checkliste/informieren/marktanalyse/wettbewerbsanalyse/

Hartling, D. (2006): Corporate Philosophy – Die Unternehmensphilosophie, online verfügbar unter: http://www.hartling.name/corporate_identity/corporate_¬philosophy.html

Heinemann, G. (2017): Mobile First hat ausgedient – Mobile Only ist angesagt, online verfügbar unter: https://www.internetworld.de/e-commerce/online-handel/mobile-first-ausgedient-mobile-only-angesagt-1393083.html

Heinrich, S. (2016): Warum Content-Marketing? – Die häufigsten Fragen von Unternehmern, online verfügbar unter: https://content-marketing-star.de/warum-content-marketing/

Lange, M. (2015): Das »FISH Modell« und der »Content RADAR« – zwei Strategie-Tools fürs Content-Marketing, online verfügbar unter: http://www.talkabout.de/das-fish-modell-und-der-content-radar-zwei-geniale-tools-fuer-content-marketing/

Lawal, M. (2018): Was die Änderungen im Facebook Newsfeed für Unternehmen bedeuten, online verfügbar unter: https://blog.hootsuite.com/de/¬aenderungen-im-facebook-newsfeed/

Marshall, C. (2015): By 2019, 80 % of the World's Internet Traffic Will Be Video [Cisco Study], online verfügbar unter: http://tubularinsights.com/2019-internet-video-traffic/

Melnik, V. (2017): Buyer Persona: Die komplette Anleitung, um sie zu erstellen und zu verwenden, online verfügbar unter: https://www.chimpify.de/marketing/buyer-persona

Miller, B. (2015): Unternehmensidentität-Säule 2: Corporate Philosophy, online verfügbar unter: http://www.business-netz.com/Unternehmensfuehrung/Corporate-Philosophy

Moritz, A., Soft-Skills (2018): 55-38-7 Regel nach Mehrabian, online verfügbar unter: https://www.soft-skills.com/55-38-7-regel-nach-mehrabian/

Pahrmann, Corina; Kupka, Katja (2020): Social Media Marketing. Praxishandbuch für Twitter, Facebook, Instagram & Co. O'Reilly (5. Auflage).

Rammer, Chr. (2016): 1.600 mittelständische Hidden Champions in Deutschland, online verfügbar unter: http://www.zew.de/de/presse/pressearchiv/1600-mittelstaendische-hidden-champions-in-deutschland-stark-in-der-nische-aber-schwach-beim-wachstum/

Ryte Wiki (2018): Customer Journey, online verfügbar unter: https://de.ryte.com/wiki/Customer_Journey

Ryte Wiki (2018): Brand Experience, online verfügbar unter: https://de.ryte.com/wiki/Brand_Experience

Sammer, Petra (2017): Storytelling. O'Reilly, d.punkt.verlag GmbH, Heidelberg.

Scholz, H. (2017): 10 Tipps für einen gesunden Umgang mit dem Smartphone, online verfügbar unter:https://www.mobile-zeitgeist.com/10-hacks-fuer-ruhe-vor-dem-smartphone/

Sonnabend, N. (2017): Elon Musk schlägt sie alle, online verfügbar unter: http://www.handelsblatt.com/technik/it-internet/ceos-2017-auf-twitter-elon-musk-schlaegt-sie-alle/20799806.html

Starting up, (o. J.): Corporate Identity, online verfügbar unter: https://www.starting-up.de/marketing/corporate-identity.html

Steuer, P. (2017): Status Quo Snapchat – Lohnt sich der Spaß überhaupt noch für Unternehmen?, online verfügbar unter: http://philippsteuer.de/status-quo-snapchat-lohnt-sich-der-spass-fuer-unternehmen/

Troll, S. (2016): Optimiere Deine Content-Strategie mit Hilfe von Buyer Personas, online verfügbar unter: https://www.seokratie.de/buyer-personas/

Weck, A. (2015): 25 Jahre World Wide Web: So sah die erste Webseite der Welt aus, online verfügbar unter: https://t3n.de/news/erste-webseite-der-welt-666629/

Weißmann, C. (2015): Vielfältige Content-Marketing-Formate für vielfältige Webauftritte, online verfügbar unter: http://www.textbest.de/blog/content-formate-einleitung/

Wikipedia, (2017):

Eintrag »Alleinstellungsmerkmal«, online verfügbar unter: https://de.wikipedia.org/wiki/Alleinstellungsmerkmal

Eintrag »Customer-Experience-Management«, online verfügbar unter:

https://de.wikipedia.org/wiki/Customer-Experience-Management

Eintrag »Dachmarke«, online verfügbar unter: https://de.wikipedia.org/wiki/Dachmarke

Eintrag »Gregory Porter«, online verfügbar unter: https://de.wikipedia.org/wiki/Gregory_Porter

Eintrag »Touchpoint«, online verfügbar unter: https://de.wikipedia.org/wiki/Touchpoint

Stichwortverzeichnis

Die Autorin

Martina Fuchs, Digital Marketing Consultant und Expert Brand Strategist, ist mit ihrer Münchner Beratungs-Agentur, die sie nach ihrer erfolgreichen Medien-Karriere bei internationalen Magazinen wie Cosmopolitan, Harper's Bazaar sowie Homes & Gardens gründete, seit 25 Jahren in der Welt der Medien und des Marketings zu Hause.

Mit ihrer Methode »Digital Expert Branding« hat sie im »Personal Branding« neue Maßstäbe gesetzt und mit der Expert Branding Matrix ein Framework entwickelt, das ambitionierten Unternehmern dabei hilft, sich on- wie offline erfolgreich als führende Experten zu positionieren und die eigene Expertise in ein hochprofitables Business zu transformieren und strategisch wirksam zu vermarkten.

Ihr Bestseller »Digital Expert Branding« zählt laut dem Handelsblatt zu den wichtigsten Wirtschafsbüchern von Frauen. Ihre Expertise schätzen nicht nur Unternehmen wie Santen Pharmaceuticals, Haufe.Lexware, Panasonic, Red Bull oder Schwarzkopf & Henkel Cosmetics, sondern auch mittelständische Unternehmen, Dienstleister, Selbstständige und Einzelunternehmer.

Bereits 2001 war sie bei der Entwicklung eines der ersten großen Frauen-Onlineportale »womensnet« von Henkel beratend tätig. Und auch die Entstehung der neuen erfolgreichen Karriere-Plattform »KARRIEREBOOST.DE« von Haufe und Schäffer-Poeschel hat sie maßgeblich beratend begleitet.

Ihr eigener Corporate-Blog wurde von der Münchner Webwoche mit dem Isarnetz Blog Award zum besten Unternehmensblog ausgezeichnet.

Ergänzend zu ihrer Beratertätigkeit ist sie als Expertin für die Cosmopolitan Supporther-Academy, einer Karriereplattform für Frauen, aktiv sowie als Autorin, Speakerin und Podcasterin. Des Weiteren gibt sie ihr umfangreiches Wissen in Workshops und Online-Trainings weiter.

Sie ist auf allen wichtigen Socialmedia-Plattformen wie LinkedIn, Facebook, Instagram, YouTube, Xing und Twitter präsent sowie im Web unter: www.martina-fuchs.com zu finden.

Video zur Autorin Martina Fuchs

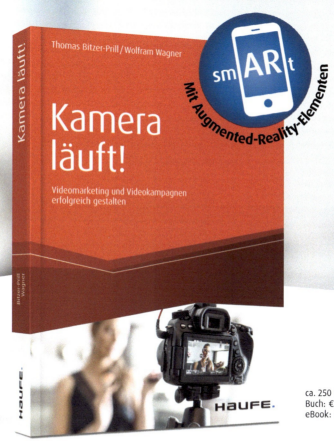